ZIVILRECHTLICHE UND PROZESSRECHTLICHE ABHANDLUNGEN

HERAUSGEGEBEN

VON

DR. WILHELM KISCH
PROFESSOR AN DER UNIVERSITÄT STRASSBURG.

HEFT II.

A. MENDELSSOHN BARTHOLDY. DAS IMPERIUM DES RICHTERS.

STRASSBURG.
VERLAG VON KARL J. TRÜBNER.
1908.

DAS IMPERIUM DES RICHTERS.

EIN VERSUCH
KASUISTISCHER DARSTELLUNG NACH DEM
ENGLISCHEN RECHTSLEBEN IM JAHRE 1906/7

NEBST ZWEI ANHÄNGEN: CRIMINAL APPEAL ACT 1907
UND PROBATION OF OFFENDERS ACT 1907.

VON

A. MENDELSSOHN BARTHOLDY
ORD. PROFESSOR DER RECHTE AN DER UNIVERSITÄT WÜRZBURG.

STRASSBURG.
VERLAG VON KARL J. TRÜBNER.
1908.

ADOLF WACH

GEWIDMET.

Vorrede.

Vom englischen Prozeßwesen ist bei uns im Lauf der letzten 18 Monate ungewöhnlich viel gesprochen worden; man möchte fast von einer englischen Mode reden, der sich die deutschen Juristen und die öffentlichen Kritiker unserer Rechtszustände ergeben hätten, während eine durch ihr Alter ehrwürdige Tradition bis dahin den internationalen Verkehr ausschließlich unter den Rechtsgelehrten des europäischen Kontinents zugelassen hatte. Wir sind von vornherein dem Leser die Erklärung schuldig, daß die folgenden Untersuchungen über die Stellung des Richters in England nicht den Anspruch erheben wollen, mit dem Wind jener Mode segeln zu dürfen. Sie sind unabhängig von ihr und ohne gründliche Kenntnis ihrer einzelnen Erscheinungen geschrieben; auch äußerlich ist jede Berührung zwischen dieser Schrift und der Literatur vermieden, die sich, vielfach anregend und belehrend, aber auch sehr breit und ungleichwertig, an die Programmrede eines preußischen Herrenhausmitgliedes über nötige Justizreformen anschließt.

Daß wir, bei nächster Verwandtschaft des Stoffs, ja bei wirklichem Verwachsensein der hier und dort behandelten Gegenstände, mit keinem Wort in jenen literarisch-legislativpolitischen Streit eingreifen möchten, hat mehrere Gründe, deren erster mit einem Satz aus den „Betrachtungen im Sinne der Wanderer“ angedeutet sei: „Da nun den Menschen eigentlich nichts interessirt als seine Meinung, so sieht jedermann, der eine Meinung vorträgt, sich rechts und links nach Hülfsmitteln um, damit er sich und andere bestärken möge. Des Wahren bedient man sich so lange es brauchbar ist, aber leidenschaftlich rhetorisch ergreift man das Falsche, sobald man es für den Augenblick nutzen, damit, als einem Halbargumente, blenden, als mit einem Lückenbüßer das Zerstückelte scheinbar vereinigen kann. Dieses zu erfahren war mir erst ein Ärgerniss, dann betrübte ich mich darüber, und nun macht es mir Schadenfreude. Ich habe mir das Wort gegeben ein solches Verfahren niemals wieder aufzudecken.“ Unser Ehrgeiz richtet sich vielmehr gerade darauf, daß von der Stellung des Richters im englischen Rechtsleben eine Vorstellung gewonnen werde, die von der künftigen Verwertung durch den Willen nicht beeinflußt oder gar abhängig sei; wir möchten uns der Wahrheit bedienen auch wo sie nicht brauchbar ist und statt jener leidenschaftlichen Rhetorik ihr gerades Gegenteil anstreben, die „zarte Empirie, die sich mit dem Gegenstand innigst identisch macht, und dadurch zur eigentlichen Theorie wird“. Wir wissen, daß dieses Ziel nicht von uns erreicht werden kann. Goethe selbst hat seiner innigzarten Wanderer-Betrachtung den Satz angefügt: „Diese Steigerung des geistigen Vermögens aber gehört einer hochgebildeten Zeit an.“ Nicht nur, daß unserer Zeit der Anspruch auf diese Bezeichnung fehlt — wir müssen auch bekennen, daß in der deutschen Rechtswissenschaft die empirische Darstellung sich geringen Ansehens erfreut. Unter den vielen notwendigen Unsicherheiten und Fehlern im geistigen Leben einer Zeit, die von der Maschine beherrscht ist, muß auch das Recht sein volles Teil tragen. Aber es bleibt doch immer auffällig, daß man die empirische Methode und den Wert der Erfahrung überhaupt an einem Ort „leidenschaftlich rhetorisch“ preisen hört, an dem sie nur in einem häßlichen Zerrbild denkbar ist, und sie gerade da verachtet, wo sie den höchsten Gewinn brächte. Man fordert im Ton des Reformators, daß Richter in ihrem Puppenstand sechs Monate als Volontärs bei einer Großbank eingelegt werden, damit ihnen später die nötige Erfahrung zum Urtheil in Ehescheidungsprozessen nicht fehle, oder daß sie ein halbes Jahr neben dem Verwalter eines Domänenguts über die Felder laufen, um das wünschenswerte psychologische Verständnis für die Beleidigungen des Herrn Peters durch die Presse zu gewinnen; vielleicht erleben wir noch, daß der Referendar sich durch ein Probejahr als Chauffeur bei einem Mitglied des Kaiserlichen Automobilklubs die Qualifikation zum Senatspräsidenten beim Reichsgericht erwirbt — und wehe dem Überfahrenen, der vor diesem in der Schule des Lebens geprüften Richter sein Recht sucht! Indessen wird der Schaden, den ein ungeschicktes Zuviel an Lebenserfahrung in der Praxis anrichten kann, immer gering bleiben gegenüber dem Unheil, das einer Wissenschaft aus dem Verlust des Kontakts mit dem Leben erwächst. Der gut geschulte, im höchsten Sinn gebildete Praktiker ist das Idealbild auf jener Seite; der erfahrene, nichts Menschliches fremd nennende Theoretiker auf dieser. Von jenem gilt heute wie vor hundert Jahren Scotts Wort: „*a lawyer without history or literature is a mechanic, a mere working mason; if he possesses some knowledge of these, he may venture to call himself an architect*“. Für den Rechtsgelehrten aber kann es kein höheres Ziel geben als Goethes „zarte Empirie“.

Auf die deutsche Prozeßrechtswissenschaft darf das Volk stolz sein; sie ist im Ausland als Vorbild geachtet; sie hat durch die Kommentare den starken Einfluß auf die Praxis, der ihr gebührt. Doch mag für sie die Zeit kommen, in der sie sich nach kühnem Aufschwung zum Sammeln neuer Kräfte auf den Boden niederläßt und damit zugleich die strengste Probe auf die Richtung ihres Geistesfluges macht. Schon heute können die Bedenklichen darauf hinweisen, daß wir unter den glänzendsten Forschungen nach dem wahren Prozeßwesen und unter den feinsten Auslegungen des Gesetzes doch die Darstellung des deutschen Rechtsgangs vermissen, wie er wirklich ist. Vor wenigen Jahren ist bei dem Suchen nach den Gründen der Prozeßverschleppung öffentlich ausgesprochen worden, daß wir heute noch einen rheinischen und einen ostpreußischen, einen sächsischen und einen bayerischen Prozeß haben, von denen der Laie nimmermehr würde glauben wollen, daß sie von e i n e r Prozeßordnung beherrscht und von e i n e r Wissenschaft genährt seien. Aber das Unternehmen einer Darstellung dieses *usus forensis* fordert größere Vorarbeiten und einen sichereren Unterbau von Volkskunde und Laienrecht, als er heute für uns gegeben ist. Der Versuch, mit einer nicht gewöhnlichen Methode etwas Ersprießliches zu leisten, mußte auf einem zeitlich und räumlich streng begrenzten Stoffgebiet unternommen werden, um nicht zu prätentiös zu erscheinen; zur Erleichterung der Aufgabe dient die räumliche Distanz, die den Beobachter in eine gewisse Höhe über die betrachteten Dinge erhebt. Das *imperium* des Richters ist am englischen Rechtsleben des Justizjahres vom September 1906 bis zum Sommer 1907 in seinen Äußerungen und in seinen Elementen studiert. Dabei mußten zur eigenen Anschauung und den langsameren Berichten der Fachzeitungen natürlich im weitesten Maß die augenblicklichen Nachrichten der Tageszeitungen über wichtige Prozesse, über gewünschte und wirklich zustande gebrachte Reformen im Rechtsleben und über verwandte Erscheinungen des öffentlichen Lebens benutzt werden. Das Meiste und Beste hat dazu der „Daily Telegraph" gegeben, neben dem oft sogar die „Times" entbehrlich erscheinen.

Wir können die Vorrede mit einem dritten Zitat aus dem Schatzkasten Goethescher Weisheit schließen, das zugleich Warnung an den Leser und Entschuldigung des Verfassers in sich trägt: „Man braucht nicht alles selbst gesehen noch erlebt zu haben; willst du aber dem andern und seinen Darstellungen vertrauen, so denke, daß du es nun mit Dreyen zu thun hast, mit dem Gegenstand und zwey Subjekten."

Inhalt.

Erstes Kapitel.

Der Richter und der Staat.

Daß *iustitia fundamentum regnorum* sei, ist in den mächtigsten Reichen immer am willigsten anerkannt worden. Die Dichter, denen die Wahrheit am meisten am Herzen gelegen hat, haben auf ihre Weise den Spruch ihren Völkern und Zeiten eingeschärft. Die Sprüche Salomonis geben den Königen die Lehre:

מֶלֶךְ שׁוֹפֵט בֶּאֱמֶת דַּלִּים כִּסְאוֹ לָעַד יִכּוֹן׃

Ein König, der die Armen mit Treuen richtet, befestigt seinen Thron auf immer. Und weiter:

תּוֹעֲבַת מְלָכִים עֲשׂוֹת רֶשַׁע כִּי בִצְדָקָה יִכּוֹן כִּסֵּא׃

Ungerechte Handlungen müssen dem Fürsten ein Greuel sein. Denn nur durch Gerechtigkeit steht fest der Thron [1]). (Die Übersetzung nach der Ausgabe des Alten Testamentes mit Targom Aschkenasi und Tikonim l'biur von Moses Mendelssohn, J. Euchel u. a., Wien 1817, Band 20.) An die Obrigkeit richtet Hans Sachs

---

[1]) צְדָקָה ist freilich gerade in den Sprüchen eher die Gerechtigkeit des Menschen vor dem Gesetz, Sittlichkeit oder Frömmigkeit, als die Justiz. Aber da sich für die Vorstellung der Juden überhaupt ein Gesetz in unserem modernen Sinn nicht vom religiösen Gebot und vom Sittengesetz scheiden läßt, und ein frommer, ein gerechter, ein reiner Wandel synonym sind, kommt für die Auslegung der Stelle diese subjektive Bedeutung von Zdakah weniger in Betracht. רֶשַׁע ist durchaus nicht immer gottlos im religiös-moralischen Sinn, obgleich der Plural des dazu gehörigen Adjektivs רָשָׁע meist die Gottlosen im engsten Sinn bezeichnet. Zum Beispiel heißt מֹאזְנֵי רֶשַׁע falsche Gewichte oder falsche Wage, und gelegentlich bedeutet *rescha* sogar widerrechtlich und *raschah* schuldig im Kriminalrecht.

in seiner kläglichen Tragedi „Die zween Ritter von Purgund" (Anno salutis MDLII. Am 16. Tage Januarij) die gleiche Mahnung, recht aufrichtig aus der Not seiner Zeit heraus:

So hat die tragedi ein endt
Auß der werden drey stück erkennt,
. . . .
Das dritt beim Hertzog von Burgund
Der ein solch weises Urtheil fund,
Damit alle Ding bracht zurecht.
Hie lehr die Obrigkeit gar schlecht,
Wo sie von ihrem unterthan
In nöten wirdt geruffet an,
Das sie der sach selber nachtracht
Mit fleiß hab auff all umbstend acht,
Das alls ubels gerochen werdt
Weil sie tregt in der Hand das schwerdt,
Zu rach der mutwilligen bösen
Die frommen zu schützen und lösen
Nach der waren Gerechtigkeit
Dardurch ihr nam weit unde breit,
Gedechtnuß wirdig aufferwachs
Das wünscht vō Nürnberg H. Sachs [2]).

Siebzig Jahre später hat in England Fletcher einer dramatischen Handlung [3]), in der dem geprellten Bösewicht die Tracht des Juristen nur zu gut und glaubhaft sitzt, doch zuletzt die Krone der königlichen Gerechtigkeit aufgesetzt. Der Zuschauer wird durch die Hölle eines Staates geführt, in dem das Recht käuflich

---

[2]) Nach der ersten Quartausgabe der Werke, Kempten 1613, 2. Band, Dritter Theil, S. 56, 57.

[3]) *The spanish Curate*, von Fletcher und Massinger, 1622. Das Stück ist nach einer spanischen Novelle *Poema tragico del Español Gerardo, y Desengano del amor lascivo*, Madrid 1615, gearbeitet und spielt in Spanien. Aber gerade in der Figur des Advokaten Bartolus ist der englische Dichter selbständig schöpferisch, und die Stellung, die er dem Richter gibt, ist ganz britisch.

ist; Bartolus, der „habgierige Jurist" der *dramatis personae*, spricht zu seinem Klienten:

„*We surgeons of the laws do desperate cures, sir;*
. . . .
You give good fees, and those beget good causes
The prerogative of your crowns will carry the matter
Carry it sheer: the assistant [4]) *sits to-morrow,*
And he's your friend: your monied men love naturally
And as your loves are clear, so are your causes
. . . .
Line your cause warmly, sir; the times are agueish
That holds a plea in heart. Hang the penurious!
Their causes, like their purses, have poor issues.
. . . .
Live full of money, and supply the lawyer
And take your choice of what man's lands you please, sir,
What pleasures or what profits, what revenges;
They are all your own." [5])

Grausamer ist der schlechte Jurist nie geschildert worden als in diesen paar Zeilen. Aber um so glänzender hebt sich das

---

[4]) *Dramatis personae: Assistant which we* (d. h. wir Engländer) *call a Judge.*

[5]) Bartolus: „Wir Wundärzte von der Jurisprudenz machen tolle Kuren; gebt Ihr uns gute Gebühren, die machen dann gute Prozesse. Die Prärogative Eurer Doppelkronen wird die Sache glatt durchbringen: der Richter hält morgen Sitzung und ist Euer Freund; Eure vergoldeten Männer sind natürlicher Liebe voll, und so klar Eure Liebe ist, so klar ist auch Euer Recht." Darauf sagt der Klient: „Daran soll es dem Richter nicht fehlen", und Bartolus „Nein, beileibe nicht. Füttert Eure Sache recht warm, Herr; die Zeiten sind schlecht und verfroren; das macht, daß Eure Klage ihm recht am Herzen liegt. Der Teufel hole die armen kargen Schlucker; ihre Ansprüche haben wie ihre Geldbeutel, dürftigen Ausgang. Habt reichlich Geld und verseht den Anwalt damit und wählt Euch aus, welches Mannes Land Euch gefällt, was für Genüsse, was für Gewinn oder welche Rache: das alles ist euer eigen!"

Bild des gerechten Richters von dem dunkeln Grunde ab, wie er über dem Getriebe der gemeinen Menschheit thront:

„*The deputy of the great king who is*
The substitute of that impartial judge
With whom or wealth or titles prevail nothing."

Wieder dreihundert Jahre später suchen wir im mächtigen englischen Reich die Stelle, die der Richter im Staat einnimmt, fragen, ob er die Stütze der Herrschaft ist, der Stellvertreter des Königs und durch ihn Gottes; wir finden, daß der *Poet laureate* des 20. Jahrhunderts jene Apotheose Fletchers aus seinem Volke und seiner Zeit heraus geschrieben haben könnte.

Der König ist im letzten Jahr nur einmal mit seinen Richtern in unmittelbare Berührung gekommen; aber die Gelegenheit war, obgleich sie durch eine prunkhafte Zeremonie geboten wurde, von ernster Bedeutung für das englische Rechtswesen. Der alte Kriminalgerichtshof von London war zu eng geworden; der *Central Criminal Court*, der in ihm tagte, hatte die Zahl der Seelen, über die ihm die höchste Jurisdiktion gegeben war, die Bewohner der Stadt und Grafschaft London und der angrenzenden Teile aus den Grafschaften Middlesex, Essex, Kent und Surrey, von ungefähr anderthalb Millionen im Jahr seiner Einsetzung (1834) auf sechs Millionen anwachsen sehen; über elfhundert Angeklagte erscheinen im Lauf eines Gerichtsjahres in seinen Räumen vor ihren Richtern. Bis in das 20. Jahrhundert hinein hat trotzdem der Bau aus dem Jahr 1785 diese kleine Welt von bestraften Verbrechen und vindizierter Unschuld zu fassen vermocht. Jm Jahr 1902 hat die *City of London* aus Eigenem ein neues Gerichtshaus für die hohe Strafjustiz ihres Gebiets zu bauen begonnen und am 27. Februar 1907 ist der neue *Central Criminal Court* vom König eröffnet worden. Inmitten der verschiedenen hauptstädtischen Richter in ihren stolzen Amtstrachten — die Mitglieder des *Court of Common Council* in der mazarinfarbenen Robe, die Richter der *Kings Bench* in Scharlach und Hermelin, die Magistratsbeamten der Stadt, *Recorder* und *Aldermen*, und die vielbelasteten Richter der Londoner Polizeigerichte; die Königlichen Räte in ihren stattlichen Perücken als Führer der Anwaltschaft, jeder auf seinem Platz ein sicheres, festes Glied im mächtigen Justizkörper — empfängt der König aus den Händen des *Lord Mayor* die Adresse, die ihm für die Gnade der Eröffnung dankt, die Geschichte des Baus erzählt und mit einem Gebet um göttlichen Segen für die Rechtsprechung in den Mauern des neuen Gerichts schließt. Er dankt in einer Art juristischer Thronrede:

„*The old buildings which have now been replaced were, however, of great historical interest, for they witnessed during the century of existence a change in the administration of criminal justice far greater than has taken place in any preceding century. The barbarous penal code, which was deemed necessary years ago, has gradually been replaced in the progress towards a higher civilisation by laws breathing a more humane spirit, and aiming at a nobler purpose. It is well that crime should be punished but it is better that the criminal should be reformed. Under the present laws the mercy which is shown to first offenders is, I am well assured, often the means of reshaping their lives and many persons, especially children and young offenders, who, under the old system, might have become hardened criminals, are now saved from a life of crime, and converted into useful citizens. Still more remains to be accomplished in the direction of reclaiming those who have fallen into crime, and I look with confidence to those who will administer justice in this building to have continual regard to the hope of reform in the criminal, and to maintain and strengthen in their new home those noble traditions which have gathered round the high position they occupy. I am well assured that the independence and learning of the judges, supported by the integrity and ability of the other members of the profession of the law, will prove in the future, as they have in the past, a safeguard of order, right conduct, and true humanity.*

We sincerely join in your prayer that God's guidance, without which we can do nothing, may be vouchsafed, to those whom duty calls to administer justice in this court.“

Der Staatssekretär des Innern, zu dessen Geschäftskreis die Justizverwaltung fast ganz gehört, spricht hier durch den Mund des Königs. Herbert **Gladstone**, der dieses Amt im liberalen Kabinett bekleidet, ist ein eifriger Anhänger des „Besserungs"-Gedankens und der bedingten Strafentlassung *). Deshalb ist es natürlich, daß in der gemäßigten Form königlicher Kundgebungen ein Wunsch der Regierung an die Richter zum Ausdruck kommt

---

*) Gladstone hat auch als Staatssekretär des Innern durch eine Verfügung vom 12. August 1907 den Straferlaß als Belohnung für gute Führung erheblich ausgedehnt. Das *ticket of leave*-System geht in England auf den Anfang der 60er Jahre zurück; nach einem ziemlich scharfen Gesetz gegen die Gewohnheitsverbrecher vom Jahre 1869 bildet sich im Anschluß an die *Prevention of Crimes Act* von 1871 der Straferlaß für gutes Verhalten im Gefängnis aus (*Royal Commission 1879, Convict Supervision Department 1880,* Einführung des „lokalen" Straferlasses 1898). Die Erfahrungen waren wenigstens insofern gut, als die Gefängnisdelikte erheblich zurückgingen; im letzten Berichtsjahr blieben 89% Männer und 98% Frauen ohne Gefängnisstrafe, gegen 88% und 97% im Vorjahr. Da der Straferlaß bisher nur bei Strafen von mehr als Halbjahrsdauer gewährt wurde, im Jahr 1906 aber 94 bzw. 97% aller zu Freiheitsstrafen Verurteilten Strafen unter drei Monaten bekamen — die große Mehrzahl davon würde nach deutschen Begriffen als Polizeidelikte oder Übertretungen anzusehen sein —, so hat der Staatssekretär von der Befugnis Gebrauch gemacht, die ihm nach dem Gefängnisgesetz von 1898 sect. 8 zustand, und hat folgende Verfügung erlassen:

Prisons (England and Wales)

(Remissions and punishments)

Rules made by the Secretary of State for the Home Department, under the Prison Acts 1877 and 1898, with respect to Remissions and Punishments.

37 (a) A convicted prisoner sentenced to imprisonment, whether by one sentence or cumulative sentences, for a period exceeding one calendar month shall be eligible, by special industry and good conduct, to earn a remission of a portion of his imprisonment, not exceeding one-sixth of the whole sentence. Hierzu ist ein Erläuterungsschreiben an die Gerichtssekretariate ergangen, in welchem u. a. betont wird, daß der Gefangene, der zu einer Strafe von mehr als einem Monat oder zu mehreren Freiheitsstrafen im Gesamtbetrag von mehr als einem Monat verurteilt ist, sich den Erlaß im Maximum eines Sechstels der ganzen Strafe durch Fleiß und gutes Verhalten im Gefängnis verdienen kann, daß aber andererseits jeder *misconduct* im Gefängnis wieder durch Verlust eines Teiles dieses Straferlaßanspruchs geahndet wird. Die neue Regel soll für alle Gefangenen gelten, die am 1. September in

und ihnen die Aufgabe der Wiedergewinnung des Verbrechers für die bürgerliche Gemeinschaft besonders ans Herz gelegt wird. Indessen wechseln in solchen Dingen die Anschauungen und Stimmungen regelmäßig, und der konstitutionelle Monarch wird vielleicht ein anderes Mal statt der Besserung die Vernichtung, die völlige Ausstoßung des Verbrechers fordern müssen. Sicherlich wird dagegen auch in der absehbaren Zukunft sein Vertrauen zu seinen Juristen das gleiche bleiben; er wird für die äußere Ordnung in seinem Land, für die Sittlichkeit der Untertanen und für die wahre Menschlichkeit keine bessere Bürgschaft suchen und finden, als in der „Unabhängigkeit und Gelehrsamkeit der Richter, die von der Ehrenhaftigkeit und Tüchtigkeit der übrigen Glieder des Juristenstandes unterstützt wird".

Die Richter haben denn auch bei der Eröffnung des neuen Kriminalgerichts selbst zum König sprechen dürfen; an die Übergabe des Gebäudes durch die Stadt, die sie erbaut, schloß sich natürlich die Übergabe der Gerichtssäle an die Richter. Der *Lord Mayor* schenkt dem Herrscher das Haus, um Gericht darin zu halten; der Herrscher setzt seine Richter hinein und diese danken ihm dafür durch den Mund des Lord-Oberrichters:

„Dieser Zentralgerichtshof für Kriminalsachen hat sich viele Generationen hindurch die Achtung und Bewunderung der Juristen in allen Kulturländern erworben. An seiner Spitze haben einige der größten Richter gestanden, die je die englische Richterbank

---

Haft sind. Man hat berechnet, daß an diesem kritischen Tag, da in England etwa 18 000 *local prisoners (local prisons* sind der Gegensatz zu den *convict establishments)* in Haft sind, mehrere tausend entlassen werden müßten; deshalb werden die Entlassungen auf einige Wochen verteilt. Die St. Giles Christian Mission arbeitet mit den Behörden zusammen, indem sie die Entlassenen speist, zum Fortkommen unterstützt und in der ersten freien Zeit zu kontrollieren versucht. Ganz glatt geht aber die Massenentlassung doch nicht vor sich. Einer von den Benefiziaten der neuen Regel ging vom Gefängnis geraden Weges zum *Buckingham Palace*, als dessen Eigentümer er sich ausgab, haranguierte die Polizei auf den Straßen und wurde erst nach dem Eintritt der Nacht in einer Vorstadt aufgegriffen und in eine Irrenanstalt verbracht.

geziert haben, und seine Mauern haben die Beredsamkeit der glänzendsten Anwälte von der englischen Bar gehört.[7])

Aber mehr als das: sein Verfahren ist jederzeit gewesen voll Gerechtigkeit für den Angeklagten; unverbrüchlich hat er dem Grundsatz des englischen Rechts angehangen, daß jeder als unschuldig gehalten werden muß, solange ihm nicht mit den gesetzlich zulässigen Beweisen seine Schuld dargetan ist. Dieser Grundsatz hat das Gericht in der Vergangenheit — und ich vertraue darauf, daß das immer auch in der Zukunft so sein wird — zu einem Gericht gemacht, das Eurer Majestät Krone und Namens würdig ist.

Wir, die wir die Ehre haben, von Eurer Majestät mit unserem Amt betraut zu sein, halten uns beständig den Gedanken im Sinn, daß von Eurer Majestät, und von Eurer Majestät allein, unsere Jurisdiktion herkommt, daß wir für Sie und in Ihrem Namen handeln. Dieser Gedanke sollte uns, einer wie den andern, was

---

[7]) „*This Central Criminal Court has commanded for generations the respect and admiration of lawyers in all parts of the civilised world. It has been presided over by some of the greatest judges that have adorned the English bench, and its walls have echoed the eloquence of some of the most brilliant advocates of the English Bar.*

But beyond that, its procedure has always been marked by justice to the accused and unbroken adherence to the principle of the English law that every person is deemed to be innocent until he is proved by legally admissible evidence to be guilty. That principle has made this tribunal in the past—as I trust it will always be in the future—a tribunal worthy of your Majesty's crown and name.

We who have the honour of holding your Majesty's commission keep steadily before us the thought that from your Majesty, and your Majesty only, is derived our jurisdiction, that we act for you and in your name, and this thought ought to make us, one and all, whatever our position may be, determined that we will strain every nerve, will spare no effort, so that we may be not unworthy instruments in the exercise of the greatest of the prerogatives of your Majesty — justice and mercy.

That your Majesties may long be spared to add fresh lustre to a throne established by law and supported by justice is the earnest prayer of everyone who is permitted to serve your Majesty in the profession of the law.

In Rowe's Tragödie *Tamerlane (London, printed for Jacob Tonson 1703)* nennt der ideale Herrscher die Gerechtigkeit „*the common Debt I owe to thee, to All; the Charter by which I claim my Crown.*“

immer unsere Stellung sein mag, zu dem Entschluß bringen, daß wir jeden Nerv anstrengen und keine Mühe scheuen, um nicht unwürdige Instrumente in der Ausübung der höchsten Prärogativen Eurer Majestät zu sein: der Gerechtigkeit und der Gnade.

Daß Euren Majestäten lange beschieden sein möge, einem vom Recht aufgerichteten und von der Justiz gestützten Thron neuen Glanz zu geben, ist das ernstliche Gebet eines Jeden, der Eurer Majestät im juristischen Beruf dienen darf."

Die Stellung des Richters im Staat ist in den beiden Reden des Königs und des *Lord Chief Justice* so genau bezeichnet, als das mit einigen Schlagworten möglich ist [8]). Man hat fast nichts von dem, was gesprochen wurde, auf die Rechnung des Festes oder gar höfischen Zeremoniells zu setzen. Der Richter könnte auch hinter dem Rücken des Souveräns nicht anders sprechen, als er in der Anrede an ihn getan hat. Im öffentlichen Leben des englischen Volks ist der Gedanke der Belehnung, des *public trust*, in dem der Beamte sein Amt hält, viel lebendiger und bis in Kleinigkeiten der täglichen Übung hinein wirksamer, als die kontinentale Vorstellung glauben möchte. Die Meinung, daß der Beamte des Staats sich durch Fähigkeiten, die er im Examen dem Staat nachweist, sein Amt selbst erwirbt, steht mit jener Auffassung im schroffen Streit; sie herrscht aber auf dem Kontinent. Scheut man den Klang eines paradoxen Satzes nicht, so kann man kurzweg das Examen als den Kern der Verschiedenheit zwischen dem kontinentalen und dem englischen Beamten bezeichnen. Der Staat fordert dort so gut wie bei uns von dem Mann, der ein Amt ausüben soll, Eigenschaften des Verstandes und Charakters und

---

[8]) Der König und die Prinzen des königlichen Hauses sind selbst Mitglieder des Juristenstandes, der König ist „Bencher" von Middle Temple, der Prinz von Wales gehört der Bar als Glied von Lincoln's Inn an, und auch Gray's Inn und Inner Temple zählen Angehörige des Königshauses zu den Ihrigen. Die Übung stammt aus dem 19. Jahrhundert; indessen ist sie dem alten Treueverhältnis entsprungen, in dem die englischen Herrscher von jeher zu den *Inns of Court* standen, und das auch darin zum Ausdruck kam, daß die Juristenhöfe ihr Land und ihre Gebäude von der Krone zu einer geringen nominellen Rente gepachtet hatten, also *de facto* beim König zu Gast wohnten.

oftmals darüber hinaus eine bestimmte soziale Stellung, Vermögen, Ansehen und Autorität. Nur der erfahrenste, tüchtigste Anwalt wird Richter am Obergericht; Landbesitz im Gerichtssprengel mußte bis zum Jahr 1906 der Friedensrichter haben; der jüngste *County-Court Judge*, den der König ernannt hat (Staffordshire, Ende August 1907) hat sich durch seine hervorragende Teilnahme an der Auslegung des Haftpflichtgesetzes vom Dezember 1906 und einen vortrefflichen Kommentar dieses Gesetzes für das Richteramt empfohlen. Aber kein englischer Richter wird über dem Bewußtsein seines persönlichen Wertes, der seine Wahl herbeigeführt hat, das Gefühl dafür verlieren, daß er „von des Königs Majestät, und von ihr allein" seine richterliche Gewalt hat, daß der Souverän ihm sein Amt anvertraut hat, und daß er aus persönlicher Ritterlichkeit, als Lehnsmann dieses Amt nach seinen Kräften verwaltet — nicht so, daß ihm selbst ein besonderer Ruhm oder rasche Beförderung [9]) aus der Amtsführung erwächst, denn eine aufsteigende

[9]) Die Zahl der oberen Stellen ist zu klein, als daß man ernstlich von einer regelrechten Karriere sprechen könnte. Anfang März 1907 hat ein großer Richterschub auf den Tod eines Law Lords hin stattgefunden. Der Vorsitzende des Appellgerichtshofes, *Master of the Rolls* (M. R.) Collins, bekam den offenen Sitz im Oberhaus als Rechtslord angeboten und nahm ihn an; er sitzt jetzt als Lord Collins im Oberhaus und hat sich an den Debatten über die *Criminal Appeal Bill* schon lebhaft beteiligt. Er hat juristisch in allen Graden gedient, ist im Jahr 1883 *Queens Counsel*, 1891 Richter erster Instanz, 1897 Richter am *Court of Appeal* und dann Präsident dieses Gerichts geworden. Er ist jetzt im Oberhaus der Kollege des früheren Lordkanzlers Halsbury, der ihn seinerzeit zum Richter ernannte und der auch seinen Nachfolger in der Würde des *Master of the Rolls* Sir H. H. Cozens-Hardy aus der Anwaltschaft in die Richterstellung berufen hat. Das war im Jahr 1899; und Cozens-Hardy, der damals schon einer der angesehensten Anwälte und über 60 Jahre alt war, ist also in sieben Jahren vom jüngsten Richter erster Instanz zur zweithöchsten Richterstelle Englands (die *law lords* nicht eingerechnet) aufgestiegen. Sein Nachfolger im *Court of Appeal* ist Sir W. Rann Kennedy (1871 Anwalt, 1885 Rat, 1892 Richter in *Kings Bench Division*) und ihm folgt als Richter in *Kings Bench Division* W. Pickford, K. C. Die beiden letzteren haben sich in Handelssachen hervorgetan, Pickford hat auch schon in der Kriminaljustiz gewirkt. — Wie unregelmäßig diese Beförderungen

Beamtenlaufbahn gibt es im englischen Richtertum nicht —, sondern so, daß er das Amt dem Souverän ungemindert im Ansehen des Volkes wird zurückgeben können, als ein treuer Verwalter.

Die Stellung des Richters zum Souverän ist auch für seine Stellung zum Parlament und im politischen Leben des Landes maßgebend. Indessen spielt dabei auch die eigenartige historische Bedeutung des Parlaments als Gerichtshof und die Krönung der Gerichtsverfassung durch das *House of Lords* als höchster Instanz ihre bedeutende Rolle. An drei Gruppen von Erfahrungstatsachen aus dem letzten Gerichtsjahr soll also die Stellung des Richters im Staat noch geschildert werden: wie der Richter zu den großen Parteien des Landes steht; wie das *House of Lords* die Kollegialität zu den anderen Gerichten hält, und wie das Parlament als Gesetzgeber bei der Beratung der *Criminal Appeal Bill* sich zu den Strafrichtern des geltenden Rechts gestellt hat.

Daß die Gerichte ihres Amtes unbekümmert um die Politik walten sollen, ist eine landläufige und überall leidlich erfüllte Forderung des modernen Staatslebens. Indessen tut man sich mit ihrer Befriedigung um so schwerer, je bedeutender die einzelnen Richter-Persönlichkeiten im öffentlichen Wesen dastehen. Nimmt man dazu, daß in England die Zugehörigkeit zu einer der beiden großen Parteien niemals als eine staats- oder auch nur regierungsfeindliche und deshalb bei einem Beamten zu perhorreszierende Handlungsweise und Gesinnung bewertet wird — der Gedanke, daß ein Richter politisch dem reinen Sozialismus huldigen könne, ist vorläufig in England bis zur Lächerlichkeit unpraktisch —, so wäre an sich ein Zusammen- oder Durcheinanderwirken von Amtstätigkeit und politischer Parteistellung leicht anzunehmen. Im Unterhaus sitzen viele Anwälte; die beiden großen Männer der englischen *bar*, die sich in Ehescheidungs- oder *breach of promise*-Prozessen oft im Feuer des Kreuzverhörs gegenüberstehen, Sir E. Carson und Sir Rufus Jsaacs, sind, soviel wir wissen, auch im

---

eintreten, kann man sich auch daran vergegenwärtigen, daß die Stelle des M. R. von 1873—1897 nur zweimal, seitdem aber schon fünfmal frei wurde.

Unterhaus Gegner, dieser ein Partisan der jetzigen Regierung, jener in den Rechtsfragen oft führendes Mitglied der unionistischen Opposition. Schließlich nimmt die Regierung auch ihre beiden juristischen Minister, den *Lord Chancellor* und den *Solicitor-General* aus dem Juristenstand, oft unmittelbar aus der praktischen Tätigkeit heraus; beide Posten werden selbstverständlich nur Angehörigen der herrschenden Partei übertragen. Lord Loreburn und Sir Lawson Walton sind gute Liberale; niemand würde die Verleugnung ihrer oft bekannten politisch-sozialen Überzeugungen von ihnen fordern wollen.

Indessen werden die Richter als solche doch offenbar sehr selten in den politischen Kampf gezogen; die Parteien behandeln juristische Gesetzesvorschläge gern als *non-party bills*, und bei der Ernennung der Richter vermeidet seit einem Menschenalter jedenfalls jede Regierung die Rücksicht auf die politische Farbe des Kandidaten. Schon früher war von der großen Richterernennung im März 1907 die Rede; der jetzige *Master of the Rolls* war über ein Jahrzent liberales Parlamentsmitglied, als der konservative Lordkanzler Halsbury ihn zum Richter machte; derselbe Kanzler hat ihn an den *Court of Appeal* gebracht, und keinem konservativen Blatt ist es eingefallen, seine Berufung auf die höchste Richterstelle im Appellgericht durch die liberale Regierung als einen Akt der Parteipolitik zu bezeichnen. Daß die *Justices of the peace* zum größten Teil der altkonservativen Partei angehören, hat früher oft den Liberalen und den radikalen Unionisten Anlaß zur Klage gegeben, obgleich bei der Forderung der Ansässigkeit im Bezirk nichts natürlicher war als die Neigung zur agrarischen Partei. Indessen ist gerade in jenen Klagen jetzt eine entscheidende Wendung gekommen, die liberale Partei ist durch die Beseitigung der Agrarqualifikation, die sie im vorigen Jahr erreicht hat, theoretisch befriedigt; als im Oberhaus am 22. April 1907 der konservative Marquis of Bath die Regierung um die Vorlegung von Aktenstücken ersuchte, die zu einer liberalen Petition an den Lordkanzler wegen der einseitigen Besetzung der Friedensrichterstellen aufklärendes offizielles Material gäben, da gab Lord Loreburn für die Regierung die Versicherung ab, daß nach ihrer Ansicht durchaus kein Grund für die Meinung vorliege, als sei die Amtsübung der Friedensrichter nicht vollkommen *fair*. Er halte dieses Amt sehr hoch, da außer der schwierigen und wirtschaftlich wichtigen Aufgabe der Gewerbeaufsicht (Konzessionswesen) den *Justices of the peace* fast alle Kriminalsachen in irgend einem Stadium des Verfahrens durch die Hände gingen. Gerade deswegen sehe er das Amt nicht als eine Belohnung für politische Dienste an. „*Whatever might be said about the distribution of decorations, titles, or other marks and badges of honour, under no circumstances should any office of trust, such as the position of a justice, be given to any person who was not quite fit for it in the opinion of those most competent to judge* [10]) — und das sind die Lord-Lieutenants der Bezirke, deren Vorschläge der Lordkanzler prüft und fast immer billigt. Daß die Regierung beim Beginn ihrer Amtsführung sich einer übergroßen Mehrheit von konservativen Friedensrichtern gegenüber fand und daß sie auch in ihren eigenen Ernennungen die Hoffnungen, Wünsche und Forderungen ihrer Parteigänger im Land oft habe enttäuschen müssen, das liege eben daran, daß nach einer alten und innerlich doch auch gefestigten Tradition die Stelle des Friedensrichters dem Angesehensten — wenn auch nicht dem Angesessenen — im Bezirk zufällt, und vorläufig die „Honoratioren" meist zu der andern Partei halten. Der Führer der Opposition im Oberhaus, Lord Landsdowne, konnte sich darauf beschränken, diese Erklärung zu unterstreichen und den Lordkanzler dazu zu beglückwünschen, daß er endlich für immer die böswilligen Erfindungen über politische Motive bei den Richterernennungen zerstreut habe. Übrigens wolle die Opposition der Regierung aufs willigste an die Hand gehen, wenn es gelegentlich gelte, einen alten unfähigen Friedensrichter abzuhalftern — man darf wohl den Nachsatz dazudenken: selbst wenn er politische Verdienste um die unionistische Sache hätte.

Freilich kommt auch in diesen Wohlklang gelegentlich eine Dissonanz. Kaum war das Parlament vertagt, so kam ein ziemlich unerwarteter und deshalb noch schroffer wirkender Angriff von der

---

[10]) Parlamentsbericht des Daily Telegraph vom 23. April 1907.

Regierungsseite auf den schottischen Law-Lord Robertson, der in der Opposition gegen die gescheiterte *Land Values Bill* (*Scotland*) mit den schottischen Großgrundbesitzern eine führende Stellung eingenommen hatte. Der Kriegsminister Haldane, der in den Fragen der innern Politik und des Verfassungskampfs zu den gemäßigten Mitgliedern des Kabinetts gezählt wird, erklärte in einer Rede in Drinning am 25. August, daß das Oberhaus sich durch seine intransigente Haltung auch die Sympathie derer zu verscherzen drohe, die eine Zweite Kammer an sich für eine staatsrechtliche Notwendigkeit halten; unter den Übergriffen der konservativen Oberhausmehrheit figurierte an erster Stelle die Opposition des hohen Richters, dem der Staat sechstausend Pfund im Jahr zahle, damit er sich außer und über der Parteipolitik halte. „*He liked everybody to have free speech, but there was one class of person paid to keep out of politics, and that class was the judges*" (Zeitungsbericht). Solche Äußerungen dürfen natürlich staatsrechtlich nicht ernst genommen werden; dem *lawlord* ist Rat und Stimme in rein politischen Fragen so wenig beschränkt wie dem Lordkanzler selbst; an eine Vorschrift ähnlich dem Ausschluß der geistlichen Peers von Gerichtssprüchen des Oberhauses, die ein Todesurteil in sich schließen könnten, darf man bei den Rechtspeers nicht denken. Aber Haldanes Polemik ist immerhin von symptomatischer Bedeutung; sie zeigt, daß die „überpolitische" Stellung der Richter doch sehr leicht in eine rein gouvernementale umgedeutet werden kann. Einstweilen ist der Richter in England noch nicht für eine politische Verschnittenenstellung bezahlt; er erfüllt seine politischen Pflichten im Parlament und im öffentlichen Leben in voller Freiheit, ohne daß ein ausgesprochenes Parteibekenntnis auf sein richterliches Ansehen einen schlechten Einfluß haben könnte. Das Parlament respektiert seinerseits die Integrität und unparteiische Amtsführung der Richter und läßt sie in ihrer Domäne ohne Krittelei schalten. Das *House of Commons* weicht von der Haltung der Zweiten Kammer in diesen Dingen kaum ab. Der Tadel gegen ein englisches Gericht ist so vorsichtig und hypothetisch gefaßt — wenn er überhaupt vorkommt — wie die Kritik fremder Rechtszustände frei und manchmal hochfahrend ist[11]). Nehmen wir als Stichtag den 13. Juni 1907, so finden wir im Ober- und Unterhaus die gleiche schonende Behandlung heikler Fragen des Rechtslebens; dort interpelliert Lord Newton die Regierung über die lange Dauer der Untersuchung wegen angeblicher Mißstände des hauptstädtischen Polizeiwesens; aber die Interpellation soll nur die Gelegenheit zu einem bewundernden Lob der *Metropolitan Police* und zu abfälliger Kritik der umständlichen Regierungskommission und ihrer Informatoren bieten; die Regierung antwortet ausweichend, die Materie sei *sub judice* — die Kommission, die unter dem Vorsitz von Sir R. Isaacs tagt, hat richterliche Befugnisse für die Untersuchung bekommen — und deshalb sei über das Ergebnis noch nichts zu sagen. Im Unterhaus kamen am gleichen Tag Anfragen der Opposition wegen des „Falles Edalji" [12]) und wegen des Justizstillstands in Irland zur mündlichen Antwort auf die Tagesordnung. So hoch die politischen

[11]) So im *House of Commons*, Sitzung vom 21. Juni, gelegentlich einer Anfrage an den Staatssekretär des Auswärtigen über die Fähigkeit der Richter bei dem ägyptischen Appellgericht für Eingeborene. Der irische Abgeordnete, der die Frage stellte, bezeichnete das Gericht als ein *Punch-and-Judy-Tribunal*, also zu deutsch als ein Kasperltheater. Die Regierung läßt natürlich derartige Fragen ablaufen; aber das Parlament selbst verbittet sie sich nicht.

[12]) Der Fall Edalji hat im vergangenen Jahr so viel Aufsehen erregt, daß er hier in seinen wesentlichen Zügen beschrieben werden muß. In der Nähe des Dorfes Great Wyrley, das im Kohlendistrikt nicht weit von Birmingham liegt (Grafschaft Staffordshire) wurde (1903) eine Reihe von scheußlichen Tierverstümmlungen verübt; Pferden wurde abends oder bei Nacht auf ihren Weideplätzen der Leib aufgeschlitzt; das Mitleid mit der Qual der Tiere, die Sorge der Besitzer um ihr wertvolles und zum Geschäft unentbehrliches Eigentum und das Grauen der Bevölkerung vor einem halb wahnsinnigen Unhold oder einer organisierten Verbrecherbande — das schien die einzige Wahl — brachten die Gegend in die höchste Erregung. Schließlich verhaftete die Polizei am Morgen nach einer neuen Schandtat den Sohn des Geistlichen von Wyrley, den Solicitor G. Edalji als den Täter. Der Vikar Edalji scheint, trotzdem er schon ein Menschenalter auf seiner durch Heirat erlangten Pfarre sitzt, von einem großen Teil der Einheimischen mit feindseliger Scheu betrachtet zu werden; er hatte auch Konflikte mit den weltlichen Schulbehörden und stand mit der

Leidenschaften gerade zu dieser Zeit in Irland wieder gingen und so bedenklich der Rechtszustand angesichts der Unmöglichkeit

---

Polizei auf dem schlechtesten Fuß, seit ein Inspektor den damals noch schulpflichtigen Sohn George einiger Unfugsdelikte bezichtigt hatte — gerichtlichen Austrag hatte das nicht gefunden. Viele Jahre hindurch hatte auch in dem Ort eine Epidemie von anonymen Briefen gewütet; von diesen Briefen und von allerhand Mystifikationen durch falsche Zeitungsannoncen war auch die Familie Edalji schwer geplagt. Die Verhandlung gegen G. Edalji wegen des verstümmelten Pferdes fand vor dem Schwurgericht des Distrikts statt; die zuerst erhobene Beschuldigung wegen der anonymen Briefe ließ der Ankläger fallen; doch scheint der nebensächlich in der Verhandlung geführte Beweis, daß Edalji die Briefe geschrieben habe, viel dazu beigetragen zu haben, daß die Geschworenen ihn einstimmig schuldig sprachen, obgleich sein Vater beschwor, daß der Sohn die Nacht der Tat im selben Zimmer mit ihm schlafend zugebracht habe und der Schuldbeweis im wesentlichen an einigen Pferdehaaren hing, die man an einem Rock des Edalji gefunden und mit den Haaren des verletzten Tieres identifiziert hatte — wobei jedoch die Möglichkeit offen blieb, daß diese Haare erst auf der Polizeistation an den sofort beschlagnahmten Rock gekommen sein könnten. Während Edalji seine Strafe abbüßte, kamen neue Verletzungen gleicher Art vor; ein Soldat, der ein Geständnis gemacht und dann widerrufen hatte, verschwand aus den Händen der Behörden nach Südafrika und ist verschollen; ein Kohlenarbeiter wurde wegen eines neuen Falles verurteilt. Zugunsten Edaljis erhob sich eine lebhafte Bewegung, der sich auch fast alle seine Universitätslehrer und viele Standesgenossen anschlossen; das *Home Office* gab zunächst einen Straferlaß; als aber Edalji selbst seine Rehabilitation betrieb und A. Conan Doyle zu seinen Gunsten eine Zeitungskampagne eröffnete, berief der Staatssekretär eine freie Untersuchungskommission und diese kam zu einem sehr gewunden ausgedrückten *non liquet* in bezug auf die Schuld an den Verstümmelungen; zu gleicher Zeit ließ der Bericht durchblicken, daß Edalji der Schreiber der anonymen Briefe sei. Darauf gewährte die Regierung einen „*free pardon*", schlug aber das Gesuch um eine Entschädigung rundweg ab. Dagegen richtet sich jetzt die Agitation der Freunde Edaljis. Abgesehen von der reinen Geldfrage, sagen sie, sei in der Verweigerung der Entschädigung und in dem Bericht die Meinung des *Home Office* ausgedrückt, daß Edalji nicht nachweisbar schuldig, aber auch nicht erwiesenermaßen unschuldig sei. Dazu kommt, daß jetzt, Ende August 1907, plötzlich die Tierverbrechen in Wyrley wieder begonnen haben; die Polizei hat

unparteiischer Juryurteile über die Viehtreibereien [13]) geworden war, so vorsichtig und vornehm haben doch selbst die Führer der unionistischen Iren in der hitzigsten parlamentarischen Debatte ihre Beschwerden gegen die irische Rechtlosigkeit gefaßt; wenn man den irischen Nationalisten in ihrem offenen Hohn gegen die Rechtsordnung nicht das gleiche nachrühmen kann, so ist das nur ein Punkt in dem vollkommenen Gegensatz zwischen irischem und englischem Wesen, phantastischer Anarchie und nüchterner Rechtlichkeit. Die irischen Zustände liegen denn auch eigentlich außerhalb unseres Stoffkreises, während der Fall des indoenglischen Notars Edalji sich in seinem Zentrum zugetragen hat. Das Unterhaus hat sich mehrere Male mit ihm beschäftigt, am eingehendsten auf eine Interpellation des Oppositionsmitgliedes Smith an den Staatssekretär des Innern am 18. Juli 1907 [14]). Aus dieser Verhandlung sind drei Argumente hervorzuheben: in der Rede des Interpellanten der Vorwurf, daß der Staatssekretär, zur Nachprüfung der rechtskräftig entschiedenen Sache aufgerufen, die Untersuchung einer von ihm ernannten Drei-Männer-Kommission

---

einen eingesessenen Fleischergesellen auf unsichere Indizien hin verhaftet; die Familie Edalji und Conan Doyle haben einen Dritten, der noch nicht namentlich bezeichnet ist, im Verdacht. Sicher ist nur, daß G. Edalji mit den Verstümmelungen und den Briefen, die nach seiner Verurteilung vorgekommen sind, nichts zu tun hat.

Der Erwähnung wert ist, daß der frühere Richter am Appellgericht Sir Romer, den der Staatssekretär in die Untersuchungskommission berufen wollte, seine Teilnahme mit der Begründung abgelehnt hat: „*if such an inquiry is embarked upon, it must be done according to the ordinary rules of procedure of criminal trial.*“ Der Fall Edalji hat auf die Beratung der *Criminal Appeal Bill* stark eingewirkt.

[13]) Das typische Delikt im irischen Landstreit ist, daß den Pächtern der Grundstücke, deren frühere Pächter vom Eigentümer wegen Nichtzahlung der Pachtzinsen exmittiert wurden, das Vieh von der Weide weggetrieben wird. Die neuen Pächter gelten als Streikbrecher, und wenn man bedenkt, daß auf dem letzten Trades-Unions-Kongreß in Bath ein Redner die Brandmarkung auf der Stirn für jeden Arbeiter verlangte, der einen leergestreikten Posten annimmt, so erscheint die Behandlung der Grazier, der neuen Pächter, durch die vertriebenen Iren allerdings noch glimpflich.

[14]) Parlamentsberichte der Times und des Daily Telegraph.

und nicht ordentlichen Richtern übertragen hat, und weiter die Anklage, daß im Bericht der Kommission Edalji, in der Hauptsache exkulpiert, doch eines anderen Delikts schuldig bezeichnet wird, nämlich des Schreibens anonymer Briefe von anstößigem und kalumniösem Inhalt, während gerade diese Beschuldigung aus dem Verfahren des ordentlichen Gerichts ausgeschieden worden war; in der Antwort des Staatssekretärs bildet eine eindringliche Warnung an das Haus, daß es sich nicht zum Tribunal konstituieren solle, vielmehr den einstimmigen Schuldspruch der Jury achte, den Höhepunkt. Das war kein durchschlagendes Argument in der Debatte, denn sie dreht sich nur um die Wiederaufnahme, die in den Händen des Staatssekretärs des Innern liegt; sie richtet sich natürlich immer gegen das Urteil, impliziert aber keineswegs eine unerlaubte oder gar respektlose Kritik des rechtskräftigen Spruchs. Im Fall Edalji ist es dem Ausländer erlaubt, zu sagen, daß das ganze Verfahren mitsamt dem Wahrspruch der Geschworenen jeder Garantie für ordentliche Rechtsprechung entbehrt und einen von jenen Fehlschlägen der Justiz bildet, die überall gelegentlich vorkommen und nur in verschiedenen Ländern auf verschiedene Art und mehr oder minder gutwillig zugestanden und ausgeglichen werden. Die Distriktspolizei, der die Untersuchung zufiel, hatte ihre vorgefaßte Meinung über den Täter; der Richter war ein Stellvertreter der ordentlichen Magistratsperson, ohne rechtliche Kenntnisse und ohne die sichere Hand des erfahrenen Verhandlungsleiters; der Ankläger verwirrte den Prozeß durch mehrmaligen Wechsel in den Beschuldigungen und den Hauptbeweisen, die Verteidigung wurde im übertriebenen Gefühl gekränkter Unschuld des Klienten nachlässig und ohne positive Entlastungsbeweise geführt, und die Jury war nicht nur von einer verkehrten Instruktion beeinflußt, sondern auch voreingenommen, wie jedes Gericht von ansässigen Geschworenen, das über einen Menschen anderen Standes, anderer Bildung, anderer Nation oder Rasse zu urteilen hat; wir schweigen von dem Schreibsachverständigen, der auch in diesem Prozeß seine unheilvolle Rolle gespielt hat. Trotz alledem ist in den lebhaften Erörterungen des Falles in der Presse und im Parlament die Ehrfurcht vor dem *bona-fide*-Wahrspruch der Geschworenen nirgends vergessen worden, und die Angriffe gegen den Richter waren immer mit der *professio* des größten Vertrauens in den ordentlichen, im Recht erfahrenen ständigen Magistrat versehen.

Umgekehrt ist bei den Richtern eine freimütige Kritik juristischer Regierungserklärungen und Debatten im Unterhaus wohl erlaubt. Daß der englische Richter dem Willen des Gesetzgebers selbst freier gegenübersteht als sein kontinentaler Amtsbruder, davon sprechen wir später *ex professo.* Vollends sind aber authentische Auslegungen der Gesetze oder Erklärungen über das ungeschriebene Recht von der Regierungsbank unverbindlich. Der Fragesteller im *House of Commons* und der *law officer*, der ihm Rede und Antwort steht, wollen das Publikum vor falschen Rechtsauffassungen bewahren, die gerade im Schwang sind; aber das ist auch des Richters Aufgabe, der häufig über den Einzelfall hinaus von seiner Kathedra zum Publikum spricht. Der Parlamentsjurist hat gewöhnlich zeitlich den Vortritt, denn bis ein offener Übelstand in den Rechtsbegriffen und Geschäftsübungen des Volks vor den Richter — nicht nur *in chambers*, wo er mit der Partei unter vier Augen ist, sondern zu öffentlicher Verhandlung — kommt, vergeht natürlicherweise geraume Zeit; für die *Questions* im Parlament aber steht bis in die letzten arbeitsreichsten Tage einer Session reichliche Zeit zur Verfügung. Die Regierung kann ihre Meinung in den Gerichtsferien kundtun, wenn das Parlament im August noch tagt; in diesem Jahr hat der *Solicitor-General* noch am 26. August im Unterhaus eine Frage wegen des Limerickwahnsinns[15]) beantwortet, der wirtschaftlich und rechtlich die

[15]) Man weiß nicht, woher der Name Limerick oder vielmehr die Verwendung des irischen Städtenamens zur Bezeichnung des Spieles kommt, das die Leser der englischen und amerikanischen Magazine in diesem Winter förmlich besessen hat. Eine periodische Zeitschrift, die ihren Leserkreis vermehren will, veröffentlicht eine Strophe möglichst sinnlosen Inhalts, in der eine Zeile fehlt. Der Leser füllt sie aus und sendet seine Lösung nebst einem niedrigen Geldbetrag ein. Die besten Lösungen — ein Komitee von möglichst angesehenen Schriftstellern richtet darüber — bekommen hohe Geldpreise, die nach dem Totalisatorprinzip berechnet werden. Die Zeitschrift setzt z. B. hundert Preise von je einem Pfund aus und verteilt den Überschuß, der aus

bedenklichsten Formen angenommen hatte; die Auskunft fiel freilich in diesem Fall sehr vorsichtig aus: die Untersuchung darüber, ob bei den *Limerick Competitions* die Lotteriestrafgesetze verletzt würden, liege in den Händen der zuständigen Polizeibehörde, und wer Beschwerden habe oder Auskunft wünsche, möge sich dorthin wenden. Aber in anderen Fällen gibt der Generalanwalt seiner Rechtsauffassung bestimmteren Ausdruck, sucht vielleicht seiner Auslegung eines Gesetzes, das er selbst durch das

---

den eingesandten Beträgen über die hundert Pfund hinaus bleibt, unter die besten zehn Dichter zu gleichen Teilen. Auf diese Art sind Gewinnerpreise von mehreren hundert Pfund zusammengekommen; die Zeitungswettbewerbe haben in England von jeher ein dankbares Publikum gehabt; die Chronik berichtet, daß vor einigen Jahren beim Ausschreiben für die richtige Bestimmung siegreicher Fußballklubs die betreffende Zeitung 45 000 Briefe in der Woche bekam und einen besondern Postdienst für sich einrichten ließ. Die Limerick-Wettbewerbe scheinen aber diese Zahlen weit überschritten zu haben, und die heftige Reaktion bei dem soliden Teile der Zeitschriftenleser und bei den Vätern, deren Kinder ihre Groschen mit Limericklösungen los wurden, ist begreiflich. Die Gerichte haben sich aber noch nicht mit der Frage befaßt, ob ein strafbares Spiel oder gar Betrug vorliegt. Die Regierung hat vorläufig erklärt, daß beides vorliege, falls, wie behauptet wird, die „besten“ Lösungen nicht nach dem Verdienst, sondern nach dem Zufall gewählt würden. Früher waren die Gerichte gegen ähnliche Manipulationen ziemlich streng. Im vergangenen Jahre hatte eine Zeitung Metallscheiben in die Briefkästen werfen lassen, jede Scheibe trug eine Zahl und die Aufforderung, das Ding aufzubewahren, denn es könne 100 Pfund wert sein. Das Nähere in der heutigen Ausgabe der . . . . Zeitung. Dort stand dann eine vom Herausgeber bestimmte Zahl, und der Besitzer der Scheibe, die diese Zahl trug, konnte die 100 Pfund erheben. Das Gericht erster Instanz sprach von der Anklage des Lotterievergehens frei, weil der Fonds, aus dem die Preise gezahlt wurden, nicht unmittelbar aus Beiträgen der Bewerber gebildet sei. Die zweite Instanz unter der Führung des *Lord Chief Justice* ließ sich von diesem formellen Bedenken nicht hindern und verurteilte das Unternehmen als Lotterie. Das Geld für die Preise komme eben doch dadurch zusammen, daß die Scheibenbesitzer sich die Zeitung kauften, um die Nummer zu erfahren. Daß sich das nicht exakt ausrechnen und nachweisen läßt, tut nichts zur Sache.

Unterhaus gebracht hat, noch besonderen Nachdruck zu geben; dann regt sich der Richter gegen das *praeiudicium*, das nicht rechtlich für ihn, aber doch in Wirklichkeit unter den Leuten, die davon hören, geschaffen wird. In der *Chancery Division* des höchsten Gerichts hat sich Justice Neville am 21. Juni öffentlich darüber ausgelassen, daß dem Publikum durch eine Auskunft im Unterhaus über die Richtigkeit der Konkurrenzklausel Sand in die Augen gestreut werde. In dieser Auskunft hatte der Regierungsvertreter dem Richter nicht nur das Recht, sondern geradezu die Pflicht zuerkannt, solche Verbotsklauseln als ungültig zu behandeln, wenn er sie unzweckmäßig (*unreasonable*) finde; dabei wäre dann rasch das Ende derartiger Verabredungen überhaupt gekommen und vorläufig eine ziemlich große wirtschaftliche Unsicherheit erregt worden. Das hätte indessen den Richter nicht zu seinem Protest gegen die Regierungserklärung bemüht; scharfe operative Eingriffe in eine unrechtliche Handels- oder Gewerbepraxis scheut er durchaus nicht. Aber er sagt: ich bin in meinem Urteil gebunden an die feste Auslegung, mit der die Gerichte [16]) die Rechtsfrage des Konkurrenzverbotes schon erledigt haben. Die geht darauf hinaus, daß eine unbillige Beschränkung der Gewerbefreiheit erst dann vorliege, wenn der Vertrag dem durch die Klausel Geschützten mehr gewährt als zum Schutz seines Gewerbebetriebes nötig ist. Das ist grundverschieden von jener Regierungsmeinung, sagt der Richter. Den Schutz, den ein Geschäftsmann gegen künftige Konkurrenz in seinem Bereich braucht, kann er sich durch eine gültige Vertragsklausel sichern, auch da, wo vom politisch-nationalökonomischen Standpunkt der Allgemeinheit aus die Beschränkung der Konkurrenz nicht wünschenswert oder zweckmäßig ist. Das mag den meisten Leuten unbequem sein, aber es ist geltendes Recht. Vielleicht ist es auch dem einzelnen Richter, der gerade das Urteil spricht, nicht nach seinem Herzen. Aber auf alle Fälle kann nur größerer Schaden erwachsen, wenn das Publikum in der Meinung bestärkt wird, der Richter müsse oder dürfe die wirtschaftlich unzweckmäßige Konkurrenzklausel als nichtige Vertragsabrede behandeln.

---

[16]) In diesem Fall der *Court of Appeal.*

Daß im übrigen zwischen dem Richterstand und den beiden großen Parteien des englischen Parlaments, man könnte auch sagen, zwischen dem Parlament als Gesetzgeber und den Richtern als Rechtsprechern ein näheres und peersmäßigeres Verhältnis besteht als in den Kontinentalstaaten oder in Amerika, daran hat die Herkunft des Parlaments aus dem Königsgericht und die lebendige Teilnahme des Oberhauses am ordentlichen Gerichtswesen gewiß ihren vollen Teil. Kein Senat als Staatsgerichtshof, kein verfassungsmäßiger Sitz hoher Richter in den Peerskammern kann hier zum Vergleich verwendet werden. Die Verbindung zwischen dem vornehmsten staatsrechtlichen Körper Englands und seiner Gerichtsorganisation ist so eng als mannigfach. Sie gewährt dem Richter, den seine Arbeitskraft zur höchsten Stufe der Laufbahn führt, den Rang des Peer und — was mehr ist — den unmittelbarsten Einfluß auf die Gesetzgebung, zumal in juristischen Dingen. Sie hält den Richterstand in enger Fühlung mit dem öffentlichen Leben des Landes. Sie macht einen Gedankenaustausch und Ausgleich zwischen dem Richterstand von England, Schottland und Irland möglich [17]). Sie ist noch besonders durch die eigenartige Stellung des *Lord Chief Justice* gestützt, der Sitz und Stimme im Oberhaus hat, aber dem Oberhausgericht nicht angehört — er kann in einem Prozeß, der zuletzt vom *House of Lords* entschieden wird, als Richter der ersten Instanz oder des Appellgerichts das angegriffene Urteil gesprochen haben. Aber mehr als solche Einzelheiten tut das Gefühl, daß der Richter im Staat unter den Nächsten am Thron steht. Er ist nicht Staatsdiener, sondern einer der Herren im Staat.

Das Wesen der Jurisdiktion und der richterlichen Gewalt zeigt sich beim *House of Lords* nicht anders als beim Grafschaftsgericht oder gar beim *Supreme Court*. Die Verschiedenheit in den

---

[17]) Jetzt besteht der Gerichtshof des Oberhauses aus fünf englischen Juristen: dem früheren Lordkanzler Earl of Halsbury, den Lords Lindley, James of Hereford, Macnaghten und Collins — die beiden letztern stammen aus Irland —, aus zwei schottischen: dem jetzigen Lordkanzler Loreburn und Lord Robertson und aus drei irischen: O'Brien, Ashbourne und Atkinson.

Formen des Verfahrens bedeutet um so weniger, je stärker das *imperium* des Richters, das Gewicht seines persönlichen Ansehens ist. Die sachliche Zuständigkeit ist beim höchsten Gericht keine besondere. Wohl gibt es Dinge, die nur das *House of Lords* von allen richterlichen Instanzen des Reiches tun kann [18]). Aber im übrigen ist die Bagatellsache des kontinentalen Prozeßrechts — ein Mietstreit oder eine Beleidigungsklage — ebensogut Gegenstand der Prüfung und Entscheidung durch die Lords wie eine Kapitalsache, eine subtile Frage des internationalen Rechts [19]) oder ein neuer Streitpunkt des ungeschriebenen Rechts, dem sein Präjudiz gesprochen werden soll. Hier müssen Beispiele aus dem letzten Gerichtsjahr Zeugnis geben; sie fehlen für keine von den angeführten Kompetenzen:

Die erste Sitzung des Oberhauses als höchsten Appellgerichtshofes, die im Jahre 1907 stattfand (14. Februar), galt einem Preßprozeß. Der Eigentümer einer Bäckerei im Londoner Ostend fühlte sich durch einen Artikel des Daily Expreß beleidigt, in welchem das Verdikt einer *Coroners Jury* über den Tod eines Bäckergesellen unter heftiger Kritik des Betriebes erörtert war; die Zeitung hatte den Bäckermeister, der einen deutschen Namen trägt, aber in Middlesex geboren und englischer Bürger ist, mit der Flut von Beschimpfungen überschüttet, die der gelben Presse immer gegen den Fremden, den „*Alien*", leicht von der Feder gehen. Indessen konnte für einen Teil der tatsächlichen Behauptungen der Wahr-

[18]) Irische Ehen können durch Richterspruch nur von Tisch und Bett getrennt, nicht geschieden werden. Zur Scheidung bedarf es eines Gesetzes, und die Beratung über ein solches Gesetz gehört zu den Kompetenzen des Oberhausgerichts. Die Formen der parlamentarischen Behandlung werden gewahrt (mehrere Lesungen, Kommissionen und Plenum), aber das Parlament besteht *de facto* aus drei oder vier *lawlords* und beschließt so über eine zweite Lesung oder über die Frage, ob in dem „Gesetz" die Wiederverheiratung der Parteien verboten werden soll.

[19]) Der Gegensatz zur Kompetenz des *Privy Council*, die sich eher der Zuständigkeit des deutschen Reichsgerichts in Konsular- und Kolonialsachen vergleichen läßt, ist bezeichnend für die „ordentliche" Gerichtsbarkeit des Oberhauses.

heitsbeweis erbracht werden; der Beleidigte war wegen mehrerer Vergehen gegen die Wettgesetze vorbestraft. Die erste Instanz billigte dem Kläger den *farthing* Schadenersatz zu, der in Kürze die Verurteilung wegen formaler Beleidigung und die materielle Freisprechung des Verklagten ausdrückt (1905, *Justice Wills* und *Special Jury*). Im Appellgericht entschieden zwei Richterstimmen gegen eine zugunsten des Klägers und Appellanten für ein neues Verfahren, da sie das Verdikt der Jury *improper* fanden. Dagegen rief der Daily Express das Oberhaus an, und hier bekam er vom Lordkanzler, dem unterdessen verstorbenen Lord Davey und den Lords Robertson und Atkinson wieder gegen die mittlere Instanz recht. Nur ein perverses Verdikt könne umgestoßen werden; davon könne hier keine Rede sein. Die Wahrheit der beleidigenden Äußerungen sei nicht in jedem Stück bewiesen, aber im ganzen treffe die Schilderung des Bäckereibetriebes zu. „Ich hätte als Jurymann genau ebenso geurteilt“, sagt der Lordkanzler. Das Urteil erging einstimmig.

Am 26. April entschied das *House of Lords* einen Rechtsstreit, der für die eine Partei freilich eine Lebensfrage enthielt, seiner juristischen Natur nach aber gewiß zu den kleinen Sachen des täglichen Gerichtsbrots gerechnet werden muß. Ein Lokomotivführer der *London and South-Western Railway Company* war dadurch verunglückt, daß er bei voller Fahrt auf den Tender der Maschine gestiegen war und sich den Kopf an einer Brücke, die über die Bahnlinie geht, eingestoßen hatte. Die Witwe hatte beim Grafschaftsgericht auf eine Entschädigung von 300 Pfund für sich und ihr Kind geklagt. Die Bahngesellschaft wandte ein, daß der Unfall durch „schweres und absichtliches Mißverhalten“ (*Workmen's Compensation Act, sect.* 2) des Verunglückten herbeigeführt sei, der das Verbot in den Fahrtregeln gegen die höchst gefährliche Besteigung des Tenders während der Fahrt gut gekannt, ja sogar am Tag vor dem Unglück noch mit einem anderen Eisenbahner darüber gesprochen hatte. Das Grafschaftsgericht entschied, daß freilich nicht jede Verfehlung gegen die Dienstvorschriften den *misconduct*-Begriff des Hapftpflichtgesetzes erfülle, daß aber im Streitfall den Verunglückten die Schuld voll treffe. Die Klage wurde abgewiesen; der *Court of Appeal* bestätigte das Urteil der ersten Instanz, und die zweite Berufung an das *House of Lords* blieb gleichermaßen erfolglos, trotzdem R. Isaacs die Sache der Witwe führte.

In dem Prozeß Rushmer versus Polsue and Alfieri (Ltd.) kam eine Art *possessorium summariissimum* vor den höchsten Gerichtshof, und so aussichtslos war die Sache des appellierenden Beklagten, daß der Lordkanzler das Urteil gab, ohne den Anwalt des Klägers vorher zu hören. Dieser ist ein Milchhändler, der im Londoner Druckerviertel, nahe bei Fleet-Sreet, seinen Laden und die Wohnung für sich und seine Familie hat. Die Druckerfirma, gegen die er prozessiert, hatte im September 1904 im Tiefparterre des Nebenhauses eine neue Maschine aufgestellt, die auch des Nachts durcharbeitete; der Milchhändler verlangte und bekam ein Interdikt gegen die nächtliche Störung; das Appellgericht hielt die Verfügung des Unterrichters aufrecht, denn auf die Behauptung der Appellanten, daß in einem Geschäftsviertel voll lärmender Tag- und Nachtmaschinen der Begriff der Ruhestörung nicht mit dem Normalmaß des Gesetzes gemessen werden dürfe, konnte der damalige Appellrichter und jetzige *Master of the Rolls* Cozens-Hardy mit Recht erwidern, daß es auch in diesem Fall eben auf die Verstärkung des Lärms gegenüber dem hergebrachten Zustand und nicht auf ein absolutes Maß von distriktweise üblichem oder erlaubtem Lärm ankomme. Im *House of Lords* sollten drei angesehene Anwälte die zurückgewiesene Auffassung noch einmal vertreten — aber die fünf Richter wiesen einstimmig die Berufung ab.

Als Gegenstück zu diesen einfachen Prozessen kann die am 16. Juli 1907 vom *House of Lords* (*Lord Chancellor*, Lord James of Hereford und Lord Atkinson bildeten das Gericht) entschiedene Sache der Dunlop Rubber Company (Ltd.) gegen das Londoner Bankhaus Kleinwort, Sons & Co. gelten. Der Rechtsstreit gehört zu einem ganzen Rattenkönig von Prozessen, die sich aus den betrügerischen Manipulationen eines Kautschukzwischenhändlers namens Kramrisch ergeben haben. Dieser Kramrisch ließ sich von verschiedenen Banken, darunter den Beklagten und einem Bankhaus William Brandt Sons, die Gelder vorschießen, mit denen er spekulative Materialkäufe vornahm; der Geldgeber bekam zur Sicherheit ein Pfandrecht an dem Kautschuk, vermöge dessen er zum Weiterverkauf seine Zustimmung geben mußte; in der Regel wies Kramrisch seinen Käufer dann an, direkt an die Banken zu zahlen, mit denen er im Kontokorrentverhältnis stand. Kleinwort & Co. waren im engern Sinn „seine" Bankiers; er hatte auch die Dunlop Rubber Company (die Kläger des Prozesses), die ihm häufig Kautschuk abnahmen, an 16. September 1902 angewiesen, ein für allemal die ihm geschuldeten Gelder an Kleinwort & Co. zu zahlen. Nun kam aber am 5. Januar 1903 die spezielle Anweisung, 2300 Pfd. für eine Kautschuklieferung an Brandt & Co. zu schicken, die in der Tat für diesen Posten Kautschuk dem Kramrisch das Geld vorgeschossen und das Pfandrecht von ihm bekommen hatten. Dunlop bestätigt diese Anweisung richtig, schickt aber das Geld aus Versehen an Kleinwort. Kleinwort hat Forderungen an Kramrisch in dem Betrag außenstehen und nimmt die Zahlung mit Dank an. Inzwischen entpuppt sich Kramrisch als Betrüger, und in der Untersuchung kommt, da Brandt & Co. ihren Anspruch anmelden, das Versehen ans Licht. Brandt & Co. verklagen Dunlop und erreichen in einem Prozeß, der bis an das Oberhaus geht, die Verurteilung zur Zahlung der 2300 Pfund. Jetzt will Dunlop von Kleinwort & Co. den Betrag, der irrtümlich an sie gezahlt worden ist, zurück haben. Die Bank sagt: wir haben den Betrag nicht als selbständige Kontrahenten des Zahlungsgeschäfts empfangen, sondern als Agenten unseres Auftraggebers Kramrisch, dem wir die Summe auch gehörig verrechnet haben; wir haben auch dem Kramrisch nur deshalb noch weiter Kredit gegeben, weil die Zahlung von Dunlop an uns gekommen war, und haben an diesem Kredit schon Verlust gehabt. Das *House of Lords* entscheidet, daß diese beiden Positionen der Beklagten schon vom Richter der ersten Instanz seiner Jury klar auseinandergesetzt worden sind und daß die Jury, als sie sich ablehnend dagegen verhielt, zu einem vernünftigen Ergebnis gekommen ist. Die Berufung wird verworfen; die Bank muß zahlen.

Immerhin ist in diesem Prozeß nicht die eigene Rechtsfindung des obersten Gerichts, sondern nur die Nachprüfung des Geschworenenwahrspruchs und der Instruktion des Unterrichters schwierig gewesen. Einen neuen Rechtssatz hat dagegen das Oberhaus in einer Seerechtssache aufstellen müssen, die am 16. Mai verhandelt und, unter Aussetzung des Urteils, nach den Pfingstferien erst entschieden wurde. Die Frage war, wann eine Fahrt zu Ende ist, zu der sich ein Heizer verdungen hat: in dem Hafen, in dem er geheuert worden, von dem auch das Schiff ausgelaufen ist, oder schon in dem Heimatshafen, in dem die Ladung des Schiffes gelöscht wird? Die Scarsdale war von Cardiff nach Malta, dann ins Baltische Meer und zurück nach Southampton gefahren; dort war die ganze Ladung an Land gebracht worden, und der Heizer wollte abgelohnt und entlassen sein. Der Kapitän aber verlangte, daß er auf dem leeren Schiff nach Cardiff mitfahren sollte. Der Richter im *County Court*, vor den die Sache zuerst kam, erkannte ihre Wichtigkeit und verwies sie vor den *Admiralty Court*. Dieser entschied zugunsten des Heizers; der *Court of Appeal* dagegen nahm die Partei des Schiffers. Das Handelsministerium selbst hat dann den Prozeß für den Heizer aufgenommen und vor das höchste Gericht gebracht.

Ein anderer Seemannsprozeß, in dem das Oberhaus am 30. Juli das Urteil gesprochen hat, mag noch erwähnt werden, weil in ihm die internationale Lage eigenartig verwickelt erschien. Der Lordkanzler sprach auch hier, einmütig mit den übrigen *lawlords*, die Verwerfung des Rechtsmittels aus. Sein Urteil lautet:

> Die Klage ist von neun Seeleuten gegen die Eigner des „Franklyn" wegen böswilliger Verfolgung, wegen Lohn und Unterhalt und wegen Schaden angestellt. Die Leute verpflichteten sich, auf einer Fahrt von nicht länger als drei Jahren zu dienen, die von Glasgow via Barry nach Hongkong und andern Häfen unter bestimmten Breitengraden ginge und in irgend einem Hafen im Vereinigten Königreich oder dem Kontinent innerhalb der heimischen Handelszone enden sollte, den der Schiffer bestimmen würde. Das Schiff ging mit einer Ladung Kohlen von Cardiff ab und erreichte Hongkong am 20. Februar 1905. Der Krieg zwischen Rußland und Japan dauerte schon über ein Jahr. In Hongkong erfuhren die Seeleute, daß die „Franklyn" nach Sasebo, einem japanischen Flottenstützpunkt, weiterfahren sollte. Kohle war von den beiden Kriegführenden für

Konterbande erklärt; ein Schiff, das Kohlen nach Sasebo brachte, lief Gefahr, von den Russen genommen und zur Aburteilung in einen russischen Hafen eingeliefert zu werden. Mehr als das: nach der Praxis Rußlands in diesem Krieg lief es Gefahr, zum Sinken gebracht zu werden. Das Recht, ein neutrales Schiff unter solchen Umständen in den Grund zu bohren, wird von England nicht anerkannt; aber deshalb ist es nicht weniger wahr, daß Rußland dieses angebliche Recht für sich in Anspruch genommen und gelegentlich auch ausgeübt hat. Gingen die Leute mit dem Schiff nach Sasebo, so konnten sie gewärtig sein, ihre Stellen zu verlieren, in einem russischen Hafen während des Kriegs ausgesetzt zu sein, ihr Schiff auf offener See vernichtet zu sehen und allen Gefahren zu begegnen, die ihnen daraus entstünden. Der Schiffer behauptete, sie seien verpflichtet, nach Sasebo zu gehen. Die Leute weigerten sich, erboten sich aber, zu fahren, wenn der Kapitän ihnen Lohn und Kleider bis zu der Zeit verspräche, zu der sie nach England zurückkämen im Fall der Wegnahme oder Versenkung des Schiffes. Der Kapitän erklärte, die Schiffseigner erlaubten ihm dieses Versprechen nicht — und man kann keinen bessern Beweis dafür erbringen, daß in ihren Augen wirklich Gefahr bestand, als diese Weigerung. Weiter drohte der Kapitän den Leuten, daß er sie, wenn sie die Fahrt weigerten, vor den Hafenmeister bringen werde, der auch der Hafenrichter ist. Er führte das auch aus. Da die Leute sich immer noch weigerten, nach Sasebo zu segeln, verurteilte sie der Hafenmeister zu zehnwöchentlichem Gefängnis; danach wurden sie unter großer Härte und vielem Schimpf eingesperrt. Ihr schon verdienter Lohn wurde ihnen nicht ausgezahlt, sondern dem Schiedsamt übergeben; er ist anscheinend dazu verwendet worden, die Kosten ihrer Haft zu decken. Nachdem sie ihre Strafe abgebüßt hatten, wurden sie als stellenlose Seeleute heimgeschickt und kamen am 15. Juli 1905 nach London. Im August erhoben sie die Klage.

Als dieser Prozeß vor Justice Lawrence kam, entschied er, daß die Klage wegen böswilliger Verfolgung nicht begründet sei — was jetzt zugegeben wird —, sprach aber den Leuten ihre Löhne bis zur Zeit ihrer Ankunft in England zu. Der *Court of Appeal* ging weiter, und verfügte die Zahlung der Löhne vom 16. Dezember 1904, dem Tag des Heuervertrags, bis zum Datum der endgültigen Entscheidung in der Sache, d. h. dem 21. Dez. 1906. Dazu gab das Gericht den Klägern ihren Unterhalt vom 20. Februar 1905 bis zum 21. Dez. 1906. Justice Lawrence und der Appellgerichtshof nahmen an, daß die Leute hart und ungerecht behandelt worden sind. Das ist auch meine Meinung. Indessen werden Sie, meine Beisitzer, beiden vertragschließenden Teilen ihr genaues Recht widerfahren lassen wollen. Nach meiner Meinung ist das Verhalten der Beklagten gegen diese Leute ungesetzlich von Anfang bis zu Ende. Verdächtig ist, daß der Bestimmungshafen in Japan den Seeleuten nicht mitgeteilt wurde, bis das Schiff in Hongkong angekommen war. Der Kapitän hatte nicht das Recht, von den Leuten zu verlangen, daß sie nach Sasebo fahren sollten, denn die Gefahr dabei war keine Handelsgefahr, und die Reise keine kaufmännische Reise, wie die Heuerartikel sie vorsahen. Die Behauptung, in Wirklichkeit sei keine Gefahr der Wegnahme dagewesen, ist ohne Begründung geblieben. Ich habe keinen Zweifel daran, daß die Schiffseigner selbst dachten, es sei Gefahr da; die Seeleute dachten auch so, und mit gutem Grund. Es ist einfach lächerlich, von Seeleuten in einen fremden Hafen zu verlangen, daß sie die Bewegungen kriegführender Kriegsschiffe abschätzen und danach die Wahrscheinlichkeit der Wegnahme säuberlich ausrechnen sollten. Ich möchte nicht sagen, daß das Verfahren des Hafenmeisters in seiner Richtereigenschaft an einer Abweichung von den Garantien der Justiz gelitten habe, denn er steht nicht vor uns. Aber ich meine, sein Verhalten in der Sache und seine Verständigung mit dem Kapitän der „Franklyn" sind ein geeignetes Objekt weiterer Untersuchung durch diejenigen, denen hier die Aufsicht obliegt. Ohne Zweifel war das Urteil unrecht und ungerecht, denn die Seeleute hatten sich nicht vergangen. Die Weigerung der Auszahlung des Lohnes, der schon verdient war, ist gegen das Gesetz gewesen. Das gleiche gilt von der Aushändigung der Löhne an das *Shipping Office*. Ich sehe den ganzen Vorgang als ein Stück berechneter Unterdrückung an, durch das man Seeleute, die sich zu einer friedlichen Reise verdungen hatten, in ein gefährliches Unternehmen drängen wollte, ein Unternehmen in der Sphäre kriegerischer Verwicklungen. Die Leute haben rechtmäßig gehandelt, als sie das Schiff verließen, denn sie wurden auf dem Rechtsweg gezwungen, wider ihren Willen dies zu tun. Ihr Dienst war tatsächlich beendet; ihre Klage haben sie daraufhin erhoben, daß einige Wochen nach ihrer Rückkehr nach London der Dienst zu Ende gekommen sei. Der Verzug in der Bezahlung der Löhne ist aber nicht einem Handeln oder Unterlassen der Seeleute zuzuschreiben, oder einem begründeten Streit über die Verpflichtung zum Zahlen der Löhne; denn niemals ist die Verbindlichkeit zur

Bezahlung des Lohns für die vergangene Dienstzeit im Zweifel gewesen. Nur dem widerrechtlichen Verhalten des Eigners oder Kapitäns fällt der Verzug zur Last. Und deshalb lief die Löhnung der Leute fort und war fällig, bis sie sie wirklich erhalten haben, und das war erst nach dem Urteil des *Court of Appeal* der Fall. Man kann sich schwerlich einen Fall denken, der sich besser für die Verhängung einer scharfen Buße nach Sect. 134 *Merchant Shipping Act* eignet, dem Gesetz, dessen Zweck es ist, sofortige Zahlung zu erreichen und die Umgehung der Zahlungspflicht durch unordentliche oder unehrliche Schuldner zu verhindern. Der *Court of Appeal* hat auch eine Summe für den Unterhalt der Leute zuerkannt; offenbar hat er angenommen, daß das unter den Begriff des Lohns (*wages*) falle. Ich würde diese Summe lieber als Schadenersatz wegen widerrechtlicher Entlassung behandeln. Im Ergebnis kommt das auf das gleiche hinaus, denn die Leute wurden durch die Entlassung ihrer Beköstigung beraubt und das ist ein Posten in ihrem Gesamtverlust. Ich teile das Bedauern, das von Lord Justice Cozens-Hardy darüber ausgedrückt worden ist, daß es nicht möglich ist, Schadenersatz für die Leiden zuzusprechen, die von den Klägern in Hongkong erduldet werden mußten. Dieser Schadenersatz wäre exemplarisch ausgefallen. Ich votiere, daß das angegriffene Urteil bestätigt wird."[20])

Die Urteile des Oberhauses, die als Beispiele gedient haben, zeigen, wenn man sie zusammennimmt, eine Eigentümlichkeit des englischen Rechtsmittelzuges, die in anderem Zusammenhang zu besprechen ist. In fünf Fällen wird die Berufung verworfen; darunter sind drei, in denen *sententiae conformes* der unteren Instanzen ergangen waren. Nur in einem Fall dagegen gibt das Oberhaus sein Urteil gegen den *Court of Appeal* ab und stellt damit den Wahrspruch der ersten Instanz wieder her[21]).

---

[20]) Nach dem Bericht des Daily Telegraph, 31. Juli 1907, p. 4. Vgl. auch Morning Post v. 18. Oktober 1907 p. 3 über „Black and others v. the Scottish Steamship Queen Eleanor".

[21]) Vgl. unten Kap. 4. Das Ansehen des Oberhausgerichts ist auch in den Kolonien so groß, daß bei der Reichskonferenz Australien dieses Jahr beantragte, es möge den Kolonien erlaubt werden, zu dekretieren, daß die Berufungen von ihrem höchsten Gericht an das *House of Lords* statt an das *Judicial Committee* des *Privy Council* gehen sollten.

Die Stellung des Richters im Staat soll schließlich noch an der Hand der englischen Gesetzgebung im vergangenen Jahr betrachtet werden; dafür trifft es sich, daß in der neuen *Criminal Appeal Bill* eine der einschneidendsten, radikalsten Reform-Bills Gesetz geworden ist, die man in den letzten Jahrzehnten englischer Legislative finden kann. Grundprinzipien des Kriminalverfahrens sind in ihr verlassen und über den Haufen geworfen. Ein neues Obergericht ist der Gerichtsverfassung eingefügt, man möchte sagen, auf die Nase gesetzt — man muß dabei bedenken, wie sparsam der englische Staat mit seinen Richterstellen ist. Freilich hat die Bestimmung des Gesetzes, die dem kontinentalen Betrachter am meisten auffallen muß, mit der Stellung des Richters im Staat anscheinend nichts zu tun: wir meinen die Vorschriften über die Bildung des neuen Appellgerichtshofs in Kriminalsachen aus den Richtern der *Kings Bench Division*[22]). Aber bei der Beratung des Gesetzes ist doch mehrfach die landesübliche Auffassung der Richterstellung scharf hervorgetreten und der Einfluß der hohen Richter im Oberhaus hat sich in seiner praktischen Bedeutung gezeigt.

Zunächst ist zu konstatieren, daß das Gesetz, in noch höherem Maß als ein gescheiterter Gesetzesvorschlag des vorigen Jahres, auf starkes Mißtrauen gegen die Strafjustiz zurückging. Zwei

[22]) Man hat gar nicht daran gedacht, neue Richterstellen zu schaffen, und alte Praktiker in Kriminalsachen, vielleicht von den *Police Courts*, oder aus den Anwälten vom *Central Criminal Court* oder vom Direktorat der *Public Prosecution* in den Appellhof zu setzen. Bei der Beratung des Gesetzes schwankte man nur darüber, ob die Bildung des Gerichtshofs dem *Lord Chief Justice* oder dem Lordkanzler übertragen werden sollte — schließlich bekam sie der Lordoberrichter, der mit Zustimmung des *Lord Chancellor* die Richter ernennen wird und damit praktisch die Sache allein in der Hand hat — und ob sieben oder acht oder alle Richter des *Kings Bench Division* dem Oberrichter zur Besetzung des Appellhofes zur Verfügung gestellt werden sollten. Daß überhaupt diesen hohen Zivil- und Handelsrichtern zu ihrem bisherigen Amt der letzte Spruch in den großen Kriminalsachen gegeben wird, das ist in England ebenso natürlich, wie es uns unbegreiflich scheinen will. (Sitzungen des Unterhauses vom 31. Mai und 19. Juli 1907, des Oberhauses vom 8. August 1907.)

Fälle, in denen nach der Meinung im Lande Unschuldige verurteilt waren, ohne ein Rechtsmittel zu haben, der Fall Beck und der Fall Edalji haben die Einführung der Berufung in Strafsachen zu einer Forderung der öffentlichen Meinung gemacht, der selbst eine feste Regierung schwer hätte widerstehen können. In die Aufgabe des Staatssekretärs des Innern, der dem König die Begnadigungen vorschlägt, war allmählich eine so konfuse Mischung von Elementen einer ordentlichen Rechtsmittelinstanz, eines souveränen Straftilgungsrechts und eines besonderen „Wiederaufnahme"-Gerichts gekommen, daß der jetzige Inhaber des Amts mit dem größten persönlichen Eifer seine Entlastung von diesen Funktionen betrieb. Seine große Rede zur Verteidigung der vom *Attorney-General* eingebrachten Vorlage im Unterhaus am 31. Mai 1907 war ein Klagelied über den Zustand, in dem er sich gegenüber den inappellabeln Strafurteilen und dem Publikum befinde, das von der Unrichtigkeit eines Urteils überzeugt ist, er, der als Haupt der Justizverwaltung die Richter schützen soll, der als hoher Staatsbeamter ihnen die Achtung und Ehrfurcht erweisen muß, der aber als Mitglied des Kabinetts und des Unterhauses von der Parteipresse und von den Unterhausmitgliedern, die sie vor sich herschiebt, beständig zur Revision von rechtskräftigen Urteilen gedrängt und als eine Art politisch verantwortlicher höchster Instanz über den Gerichten angerufen werden kann.

Die Regierung müsse hoffen, sagt der Staatssekretär Gladstone in jener Rede, daß durch das neue Gesetz die Stellung des *Home Secretary* erträglicher gemacht werde. Daß sie jetzt fast unerträglich ist, danke man den falschen Vorstellungen über die strafrechtlichen Funktionen des Amtes. Sogar einige führende Zeitungen schienen anzunehmen, daß die Jurisdiktion des *Home Office* die eines Appellationsgerichts sei, daß es im *Home Office* eine Abteilung für Kriminaluntersuchung gebe und daß das *Home Office* überhaupt für alle Irrtümer und Mißgriffe verantwortlich sei, die bei den ordentlichen Kriminalgerichten vorkommen. Damit nicht genug, gebe es eine Presse, die für ihre eigenen Zwecke und auf ihre eigene Art sensationelle Strafprozesse noch einmal verhandelt und aburteilt, nachdem das Gericht seinen rechtskräftigen Spruch gegeben hat. Das Objekt des Angriffs ist nicht immer der Staatssekretär; er wird ja auch als Zielscheibe bezahlt und darf sich nicht beklagen, wenn auf ihn geschossen wird. In den letzten Jahren ist es aber bei gewissen Leuten zur Übung geworden, die einzelnen Richter zu kristisieren und ihnen Noten zu geben. Der beste Richter kann einmal einen Fehler machen, und ein Richter, der sich bei einer Aufgabe schwach gezeigt hat, kann eine andere ausgezeichnet bemeistern. Wenn aber heute ein Richter irgend einmal mit der öffentlichen Meinung in Konflikt geraten ist, so ist er ein gezeichneter Mann, und wenn er dann einen aufsehenerregenden Prozeß zu führen hatte, stellt man ihn öffentlich als einen Mann hin, der unfähig gewesen sei, die Verhandlung zu führen, und verlangt vom Staatssekretär, daß er interveniert, weil dieser Richter geurteilt hat. Das ist eine Auffassung, die auf jeden Fall gegen die Interessen der Justiz geht Allerdings geht es dem Staatssekretär selber noch viel schlimmer als seinen Richtern. Ist er ein Jurist, so muß er sich sagen lassen, er sei zugunsten der Gerichte voreingenommen und ermangele des gesunden Menschenverstandes und der Laien-Unbefangenheit, die für sein Amt nötig sei. Ist er kein Jurist, so heißt es, daß er sich in der Behandlung des Beweismaterials nicht auskennt und zu jedem richterlichen Verantwortlichkeitsgefühl unfähig ist. Stützt er sich auf den Rat eines hervorragenden Kriminalrichters, so ist der Rat wertlos, weil der Ratgeber einmal eine politische Meinung gehabt oder ein unpopuläres Urteil gefällt hat. Legt der Staatssekretär den Fall drei ausgezeichneten Autoritäten der juristischen Welt zur Beurteilung vor, so kommt der nächste Zeitungsschreiber und stößt ihr Gutachten mit der Behauptung um, daß ihnen wichtige Beweisstücke vorenthalten oder der ganze Tatbestand in falscher Fragestellung unterbreitet worden sei. Das *Home Office* kann darauf nicht erwidern, weil ihm der Beweisstoff geheim mitgeteilt ist; der Staatssekretär kann auch, während er die Untersuchung leitet, die parteiische Kritik nicht abwehren.

Hier muß man die Übertreibungen der parlamentarischen Debatte abziehen; doch bleibt noch genug übrig, um den legislativpolitischen Zweck der *Criminal Appeal Bill* zu beleuchten. Die Zeitungen sind mit einer Instanz in Kriminalsachen nicht mehr zufrieden; sie behandeln das *Home Office* als Berufungsgericht und drängen damit die Regierung dazu, daß sie ein Gericht schafft, dem die aufgedrungenen Funktionen vom *Home Office* überlassen werden können. Selbst in der Thronrede zum Schluß der parlamentarischen Session klingt das noch nach; die *Criminal Appeal Bill* figuriert unter den angenommenen und bestätigten großen Gesetzen an dritter Stelle: „*I trust that the establishment of a Court of Criminal Appeal will confirm still further the confidence of the public in the administration of justice.*“ [23]) In den Kommentaren der großen Zeitungen und in den Debatten ist immer wieder als eigentlicher Anstoß zu dem Gesetz das dringende Bedürfnis bezeichnet worden, mit dem „*re-trial by newspaper*“ aufzuräumen [24]). Die eigentümliche Lehre der Gesetzesgeschichte liegt jedenfalls bei der *Criminal Appeal Bill* nicht in dem Verlangen der „öffentlichen Meinung“ nach mehr Instanzen — denn wann und wo wäre dieser Drache jemals sattgefüttert worden! — sondern einmal in der fast heuchlerisch anmutenden Selbsterkenntnis der Petenten, die das Vorhandensein ihrer eigenen Forderung als einen Übelstand bezeichnen und das neue Gericht nur deshalb zu fordern vorgeben, damit sie nicht mehr wie bisher skandalös

---

[23]) 27. August 1907. Die entscheidende dritte Lesung im *House of Lords* war am 16. August erfolgt, nachdem unter der Vermittlung des Lord Ashbourne ein Amendement Halsbury, das die Annahme im Unterhaus gefährdet hätte, abgeschwächt worden war.

[24]) Z. B. hat der Daily Telegraph, der selbst im Fall Edalji die Führung der Revisionsbewegung übernommen und das Verhalten des *Home Office* scharf kritisiert hatte, in einem Leitartikel vom 18. April über die eben eingebrachte Bill gesagt: "*Not the least of the virtues of the Court of Criminal Appeal will be that it will check even if it cannot altogether destroy, the pernicious habit of re-trial by newspaper, which has grown up in recent years. That habit, it must be allowed, has had a certain justification, inasmuch as but for the newspapers the most notorious cases of wrongful conviction would probably never have been set right. Agitation in the Press has, practically always, preceded judicial reparation. But we fear that the indisputable good which has been done in some instances has been more than counterbalanced by the evil done in others, where a section of the Press has laid itself out for the exploitation of judicial scandals and the canonisation of interesting criminals. A strong Court of Appeal would, we believe, tend to put down this dangerous practice before it grows to more outrageous proportions.*" Vgl. auch die Verhandlung im *House of Lords* vom 4. August 1907, besonders die Einführungsrede des Lordkanzlers.

und frevelhaft das alte Gericht kritisieren müssen; und zweitens in dem bemerkenswert starken Widerstand, den jenes populäre Verlangen im Parlament noch gefunden hat, der sich allerdings eben nur durch die Stellung der *Law Lords* im Oberhaus erklärt. Man weiß auf dem Kontinent, wie gern die politischen Parteien ihre Popularitätsschulden an das Volk gerade mit juristischen Gesetzen bezahlen. Auch die politische Opposition im Unterhaus hätte den radikalen Charakter der Regierungsvorlage nicht ernstlich zu bekämpfen vermocht, und man wird annehmen dürfen, daß die *Criminal Appeal Bill* sogar zu den Gesetzesvorschlägen gehörte, deren Durchgehen in beiden Häusern von der Opposition gewünscht wird [25]). Im Oberhaus hat aber der frühere Lordkanzler Earl of Halsbury in einer meisterhaften Rede die Bill in ihren Grundlagen angegriffen und zugleich den Amendements, die er in der kommenden Beratung und im *Committee* anzubringen gedachte, solches Gewicht verschafft, daß wenigstens in einem Hauptpunkt die alte Stellung des Richters im Kriminalprozeß trotz dem neuen Gesetz gewahrt bleibt [26]). Lord Halsbury hat die Phrase

---

[25]) Bekanntlich hat die konservative Partei gegenwärtig im Unterhaus eine ebenso schwache Minorität, als sie eine starke Majorität im *House of Lords* besitzt. Da aber der Anlauf der liberalen Partei und der Regierung gegen das Oberhaus recht eigentlich in dem Augenblick begonnen hat, in dem der *Leader* der Unterhausopposition die Schulvorlage der Regierung durch seinen Einfluß auf die oppositionelle Oberhausmehrheit zum Scheitern brachte, und da diese nach der Meinung und Behauptung der Liberalen unkonstitutionelle Handlungsweise sich jedenfalls nicht häufig wiederholen darf, um nicht den Unwillen des doktrinären Konstitutionalisten zu erregen, so muß gerade jetzt die Opposition darauf bedacht sein, die harmloseren Regierungsvorlagen im Oberhaus mit geringen Änderungen durchgehen zu lassen. — Übrigens hat auch der Attorney-General Sir Lawson Walton im Unterhaus geflissentlich betont, daß die Juristen ohne Unterschied der Partei über die Notwendigkeit der Bill einig seien. Die Äußerung ist um so charakteristischer, als sie offenbar die Wahrheit stark korrigiert.

[26]) Die Berufung in der Tatfrage ist nämlich nur zulässig, wenn entweder der *Court of Appeal* ausdrücklich die Erlaubnis gibt oder wenn der Richter der ersten Instanz selbst den Fall als *fit for appeal*

der Regierungsvertreter, daß durch das neue Gesetz nur der Strafprozeß dem Zivilprozeß im Instanzenzug gleichgestellt werden solle, mit der gebührenden Schärfe zurückgewiesen. Er hat gesagt, daß er, einer der höchsten und erfahrensten Juristen des Landes, die Geschworenen in jeder Tatfrage für bessere Richter hält als die Juristen des Appellgerichts, und daß er deshalb die Berufung in der Tatfrage ablehnt. Er hat hervorgehoben, wie die Inappellabilität des Spruchs das Gewissen der Geschworenen und des Richters geschärft und auch die andern Prozeßpersonen zur äußersten Anspannung ihrer Kräfte und Mittel in der ersten Verhandlung gebracht hat. Er hat vor allem die Wunde bloßgelegt, die das Gesetz zu einem kranken und gefährlichen Glied im englischen Rechtskörper zu machen drohte. Im Strafprozeß ist eines not: Unmittelbarkeit und Mündlichkeit. Die Evidenz muß leibhaftig vor dem Richter stehen. Das Berufungsgericht des neuen Gesetzes aber sollte nach dem Protokoll der ersten Verhandlung urteilen und keine Zeugen hören; die Befugnis, ein neues Verfahren anzuordnen, die man dem *Court of Appeal* in der Unterhauskommission geben wollte, ist ihm verweigert. Das geht gegen den Geist des englischen Rechts. Kein Grundsatz des Verfahrens ist so eng mit dem wirklichen *imperium* des Richters verknüpft, wie eben

---

bescheinigt. In der Praxis wird voraussichtlich der Appellhof sehr selten die Berufung erlauben, wenn der Unterrichter das Zertifikat für die Eignung zum Rechtsmittel abgelehnt hat. Ursprünglich wollte das Amendement Halsbury den Richter der unteren Instanz allein darüber entscheiden lassen, ob die Berufung in einer Tatfrage zulässig sein sollte. Lord Collins hat ein von der Regierung sofort angenommenes Amendement eingebracht, nach dem in jedem Fall der Berufung oder des Berufungsgesuchs an das Appellgericht der Unterrichter diesem einen Bericht über den Fall erstatten soll. Auch dadurch wird natürlich für die Praxis die Stellung des ersten Richters gestärkt. (*House of Lords*, 16. August 1907.) — Die Rede des Earl of Halsbury ist in der Times vom 6. August p. 4 wiedergegeben. Ihren Erfolg illustriert ein Vergleich zwischen Halsburys Postulaten und dem endgültigen Text des Gesetzes (Anhang I). — Lehrreich sind auch die Aufsätze von Sir Ralph Littler in der Times Ende September 1907.

die Unmittelbarkeit. Durch die räumliche Distanz zwischen dem Richter und den anderen Prozeßpersonen wird er geschwächt, durch die Schriftlichkeit gelähmt. Herr im Prozeß ist er nur, wenn er ihm in voller Autorität selbst vorsteht. Ein guter und starker Richter zugleich ist er nur, wenn die Menschen und Dinge im Gerichtssaal ihm mehr geben als Schriften und abstraktes Wissen überhaupt geben können.

Zweites Kapitel.

Der Richter und die öffentliche Meinung.

„*We are a law-abiding poeple.*“ „*The English have a sensible dread of anything immoral, but they have a holy horror of illegality.*“[27]) Die Rechtlichkeit, die Gesetzestreue gilt bei den Engländern selbst als einer der vornehmsten Züge ihres Volkscharakters. Die Strenge, mit der die öffentliche Ordnung im Notfall aufrecht erhalten wird, und noch mehr die Willigkeit jedes einzelnen und einer Volksmenge zum Gehorsam gegen den Wächter der Sicherheit fällt auch dem Ausländer auf, der England besucht. Und doch ist man bei der ersten Prüfung in Versuchung, jene *professio obedientiae: to abide by the law* für eine Selbsttäuschung oder gar pharisäischen Hochmut zu halten. Denn die „nonkonformistische“ Neigung des Engländers, die im kirchlichen Leben dort die größte Bedeutung hat, macht vor dem Gesetz keineswegs Halt. Wo ist in einem europäischen Verfassungsstaat der Widerstand gegen ein verhaßtes Gesetz weiter getrieben und erbitterter geführt worden, als in Wales gegen die englischen Schulgesetze? Diese Gesetze sind nach der Verfassung, in voller Billigkeit gegen die parlamentarische Opposition, erlassen worden; und doch lassen die Gegner sich Mann für Mann lieber pfänden, als daß sie den gesetzmäßigen Beitrag zur Unterhaltung der staatskirchlichen Schule zahlen.

---

[27]) The Nation, vom 30. Mai 1907, p. 495, 6, Korrespondenz über den Neufundland-Fischerei-Streit und den Konflikt zwischen den Urteilen des *Privy Council* und dem diplomatischen *modus vivendi*, auf den sich England und die Vereinigten Staaten geeinigt haben. — Über einen Prozeß gegen vierzig passive resisters in Stratford vgl. die Times vom 19. September 1907.

Oder wo ist der Widerstand gegen die Impfgesetze hartnäckiger und aufrührerischer als bei den *anti-vaccinators* in England und Schottland? In Croydon sollten Anfang Mai dieses Jahres gepfändete Vermögensstücke der Impfgegner versteigert werden, die ihre Strafen nicht gezahlt hatten; in festlichem Aufzug scharten sich Frauen und Kinder der Obstruktionisten um die Bühne des Auktionators, der unter starker Polizeieskorte aus London geholt worden war, weil kein Einheimischer das odiose Geschäft der Durchführung des Gesetzes übernehmen wollte. Aber die Auktion mußte bald abgebrochen werden; unter Hinterlassung seines Zylinders flüchtete der Mann des Gesetzes von der Tribüne, nachdem ihn ein wohlgezieltes Ei ins Auge getroffen hatte, unter einem Hagel landwirtschaftlicher Geschosse, bis an die Bahnstation verfolgt. Die Polizei war, obgleich sie ihr Teil abbekam, sehr nachsichtig gegen die Menge. Liest man jetzt die Korrespondenzen über die Stellung des englischen Episkopats zur *Deceased Wifes sisters bill* in den Zeitungen, so gewinnt man den Eindruck, daß der Erzbischof von Canterbury und der Bischof von London mit ihren Hirtenbriefen gegen das neue Gesetz in den Augen seiner Anhänger auch nicht anders gehandelt haben, als die eierwerfende Jugend von Croydon. Die geistlichen Peers haben im Oberhaus gegen das Gesetz gesprochen und gestimmt; der Erzbischof hat zuletzt die Versicherung gegeben, daß er das Seine tun werde, um dem Gesetz, wenn es auch gegen seine Warnung angenommen würde, doch zum ruhigen Eingang zu verhelfen; niemand hatte das auch anders vom höchsten Geistlichen der Staatskirche erwartet. Aber am Tage, nachdem das Gesetz die königliche Zustimmung erhalten hatte, erließ derselbe Erzbischof den Brief an seinen Klerus, in dem er die Eheschließung des Witwers mit seiner Schwägerin in der Kirche stigmatisiert und der Bischof von London folgte ihm mit heftigen Worten, die den gesetzlichen Willen des Staates für ein kirchliches Skandalosum erklären. Die große Partei in und außer der englischen Staatskirche, die in jahrzehntelangem Kampf das Gesetz durchgebracht hat, ist wohl im Recht, wenn sie das ein wahres Attentat gegen die Rechtsordnung des Staats nennt.

Und doch: *a law-abiding people?* Vielleicht in dem Sinn, daß der Engländer konservativ am Hergebrachten hängt, bei seinen alten Gesetzen bleibt und das überkommene Recht nicht so leicht wie der Kontinentale für eine „ewige Krankheit" ansieht, also auch nicht so viel daran operiert wie der Deutsche oder der Italiener? Aber auch hier hat die jüngste Rechtsgeschichte ein bedenkliches Beispiel bereit: die Agitation gegen die Vollstreckungshaft, das *imprisonment for debt*, die in diesem Sommer wieder sehr lebhaft geworden ist, weist alle Zeichen radikalen Reformertums auf, nicht nur bei den politisch Unzufriedenen, die sich etwa an ihr beteiligen, bei Sozialisten und gewöhnlichen Weltverbesserern, sondern auch bei gesetzten Bürgern, bei Landbesitzern und Solicitors, die in ihren Zuschriften an die Zeitung das geltende Recht als ein Recht der Grausamkeit und Ausbeutung, als eine Schande vor dem übrigen Europa, als ein Wucherer- und Winkeladvokatenrecht bezeichnen. Keiner scheut sich, das Gesetz ein schreiendes Unrecht zu nennen.

Und doch, wiederholen wir, ein Volk, das von sich zu sagen liebt: *we abide by the law?* Die *professio* ist wahr, sobald man aus dem Begriff *law* das tote Gesetz ausscheidet und nur das lebendige Recht, das Recht in seiner Anwendung nimmt, oder, noch deutlicher gesagt, das Recht in den Personen, die es administrieren, den Gerichten vor allem, aber auch den Anwälten, den Anklägern im Strafprozeß, den Polizeirichtern und jedem einzelnen Polizisten [28]). Zu diesem lebendigen Rechtsorganismus hält das eng-

---

[28]) Wir müssen den *Coroner* ausnehmen, auf dem seit Shakespeares Zeiten der Fluch der Unbeliebtheit zu ruhen scheint, und der es mit seinen Instruktionen an die Jury und den Begründungen seines Spruchs über die Todesursache häufig weder den Gerichten, die später über die Schuld am Tod urteilen, noch dem Publikum recht machen kann. Wir finden im Daily Telegraph am 15. August folgende Zuschrift:

"IN THE CORONERS COURT."

To the Editor of "The Daily Telegraph".

Sir — Underthis heading there is reported in today's issue of your paper three inquests on three separate victims of motors-cars which give

lische Volk wirklich; derselbe Engländer, der gegen ungerechte Gesetze seiner Heimat die besseren Beispiele des Kontinents anruft und auch die Kritik des Ausländers am englischen Recht gleichmütig hinnimmt, wird jede respektlose Äußerung über ein englisches Gericht als Beleidigung der Nation zurückweisen[29]);

one cause to inquire with the second gravedigger in "Hamlet," "But is this law?" and to reply in the language of the first gravedigger, "Ay, marry is't; crowners quest law."

In the first case Dr. Gordon Hogg is reported to have said, "It was a pure accident." I was, and still am, under the impression that it was for the jury, and not the coroner, to arrive at that conclusion or not, according to the evidence.

In the second we have the amazing statement that the coroner, Dr. Danforp Thomas, "pointed out that a vehicle could pass on either side of the refuge when the road was clear."

If this pronouncement be allowed to remain uncontradicted, then another terror will be added to the lives of those who have, unfortunately for themselves, to cross our roads. But any policeman of the A Division could give the coroner the information that there is only one side of a refuge which any vehicle has the right to drive upon, and that to pass a refuge on the off-side is an illegal act. In the third case, before the same coroner, the verdict of the jury was that "The driver of the car drove at too fast a pace at the time, and neglected to sound his horn." Under Section 1 of the Motor-car Act it is an offence, and thereforce an illegal act, to drive "a motor-car on a public highway recklessly or negligently . . . or in a manner which is dangerous to the public having regard to all the circumstancers of the case . . ." Whoever, whilst committing an illegal act, kills a person is guilty of manslaughter. The public has a right to inquire, therefore, why in both these last two cases the illegally-acting drivers were not committed for trial. — I am, Sir, obediently yours.

Woking, Aug. 14. ARTHUR LATTEY.

[29]) Die Kritik der Justizverwaltung und der Gerichtsorganisation ist natürlich eben so freimütig wie die des Gesetzes. In einer Abhandlung über „Justizreform" im Jahrbuch des öffentlichen Rechts Bd. 1 S. 165 findet sich ein Hinweis auf die vielfachen Klagen, die in England über die ungenügende Zahl der Richter laut werden. Die Kontroverse darüber im Parlament, den juristischen Gesellschaften und der Presse hat viel lehrreiche Äußerungen aus der Praxis mit sich gebracht, die hier nur kurz erwähnt werden können. Justice Walton hat auf dem Festessen der *Union Society* in London als bestes prozessuales Mittel zur Entlastung der Gerichte strenge Behandlung der

er wird auch gegenüber der praktischen Anwendung jenes ungerechten Gesetzes durch den Richter die schuldige Ehrfurcht gegen diesen nie vergessen.

Berufungen im Tatpunkt empfohlen: „*appeals on questions of fact should be very much discouraged, unless there is plainly a mistake or a miscarriage of justice.*" Für die Grafschaftsgerichte wird die Überlastung geleugnet; im *Westminster County-Court* weist der Richter Woodfall am 4. Juli 1907 energisch die Behauptung zurück, daß die ärmeren Prozeßparteien unter der langen Dauer des Verfahrens litten. Am gleichen Tage wird im *Circuit*-Verfahren (Newcastle Assizes) von Justice Grantham hervorgehoben, daß ein komplizierter Prozeß, am 22. Juni anhängig gemacht, am 5. Juli verhandelt und entschieden werden konnte; das sehe nicht nach „*law's delay*" aus. Auch Justice Ridley von der *Kings Bench Division* hat am 18. Juni in einer Prozeßverhandlung die rasche Arbeit im *Circuit* gerühmt und gemeint, die Londoner Gerichte wären bald ihre Überarbeit los, wenn die Provinzialsachen im *Circuit* anhängig würden, statt nach London zu kommen. Andererseits wird das *Circuit*-System vielfach als antiquiert angegriffen; man meint, eine gründliche Hilfe gegen die Belastung des Obergerichts sei nur möglich, wenn seine Richter das ganze Gerichtsjahr durch in London sitzen könnten, statt im *Circuit* das Land abzufahren und in Provinzstädten vom *sheriff* ein Paar weiße Handschuhe abzuholen, wo zwei oder drei kleine Prozesse sie erwarten (Buckmaster, M. P. im *House of Commons* am 12. Juli 1907.) — in London könnten sie derzeit acht bis zehn große Sachen erledigen; von den 56 *Circuit*-Städten hätten im Sommer 1906 nur 19 mehr als fünf Zivilsachen auf der Liste gehabt, sieben überhaupt keine (dagegen sind wiederum der Lordkanzler und der *Lord Chief Justice* im Haus der Lords am 27. Juli sehr energisch für das *Circuit*-System als ein wesentliches Stück der englischen Gerichtsverfassung eingetreten; die Königsrichter müßten sich durchaus im Land zeigen, nicht nur in der Hauptstadt Recht sprechen). In der Jahresversammlung des *Bar Council* am 22. April haben der Attorney-General und Sir E. Clarke die ungenügende Zahl der Richter für den Hauptgrund des „*crying scandal*" der Prozeßverschleppung beim Obergericht bezeichnet, wobei man allerdings in Rechnung stellen darf, daß die Anwälte *pro domo* sprechen, wenn sie neue Richterstellen fordern, und daß zur Zeit jener Versammlung gerade die *Judicature Bill* zur Beratung stand, durch die der Lordkanzler ermächtigt wurde, im Appellgericht zwei Richter statt dreien die volle Bank bilden zu lassen — der Appellhof kann seitdem mit seinen sechs Richtern in drei Senaten sitzen. Auch war im Frühjahr

Von den Formen, in denen sich diese Achtung des Volks vor den Rechtspflegeorganen äußert, und von den Mitteln, mit denen das Recht selbst sie zu erhalten sucht, werden wir in verschiedenen Zusammenhängen noch reden müssen; fast jede Eigentümlichkeit des englischen Prozesses, von dem Eid der Partei bis zu dem Modus der Vollstreckung, hat eine Verbindung mit jenem Grundgedanken des persönlichen Treueverhältnisses, in dem das Volk zum Richter steht, wie der Richter zum Herrscher und Reich. Aber einen greifbaren Ausdruck hat die Pflicht der Ehrfurcht gegen die Gerichte gefunden, von dem wir hier *ex professo* sprechen: die Einrichtung des *Contempt of Court*. Wer in Nichtachtung des Gerichts handelt, der handelt widerrechtlich, der ist — wenn man nur den prozessualen oder zivilistischen Rechtsnachteil als Folge widerrechtlichen Handelns in den großen Strafbegriff mit einschließt — strafbar.

Hier müssen wieder die Beispiele aus dem letzten Jahr sprechen; an *Contempt*-Fällen fehlt es bei der fast arbiträren Abgrenzung des Gebiets durch die Gerichte nicht [30]), obgleich hier und da ein Reformer das althergebrachte Institut mit Mißtrauen ansieht und mit dem französischen System, wie er es versteht, liebäugelt: Entrückung des Richters aus dem Getriebe des Prozesses, Ignorieren der Unbotmäßigkeit und der Kritik, fingierte Unverletzlichkeit — Nebenformen eines Scheinimperiums.

Unser erster Fall ist der *Contempt* einer Partei in dem Ehescheidungsprozeß Earle v. Earle, *Divorce Division* (Justice Bar-

---

die Belastung des *High Court* besonders stark; in den beiden Sommer*terms* ist sehr viel aufgearbeitet worden. In der *Chancery Division*, die fast ohne Reste ist, war vor den Osterferien die Lage so schlimm, daß Justice Bucknill einen Ferientag zugab, um den angefangenen Fall Cooper v. Cooper zu Ende zu bringen; die Anwälte hatten schon von einem *denial of justice* gesprochen. Nirgends ist aber bei allen diesen Erörterungen, so bunt sie in ihren Motiven und Hilfsmitteln und im Charakter der mitredenden Personen sich darstellen, auch nur mit einem Wort ein Richter getadelt oder eine andere Art der Prozeßerledigung durch die Gerichte gefordert worden. Man kritisiert die Gerichtsverfassung, aber nicht die Gerichte.

[30]) Die Erfahrung könnte hier allerdings leicht zu einem Fehlschluß führen: die Beispiele, die man am leichtesten findet, zeigen meist

grave Deane), Anfang Mai 1907. Die Frau hat auf Scheidung geklagt; der Mann, ein ziemlich exzentrisch auftretender Geistlicher, behauptet, sie, ihre Mutter und ihre Tante seien geisteskrank; sie litten an Verfolgungswahnsinn und bildeten sich ein, er schriebe ihnen Drohbriefe und stellte ihnen nach. Am 24. April fuhr die Frau mit ihrer Mutter ins *Registrar's Office*, um eine Prozeßformalität zu erfüllen; ein Sekretär ihres Solicitors begleitete sie. Vor dem Office stand der Gatte auf der Lauer; kaum hielt der Wagen, so ergriff er den Clerk, der zuerst ausstieg, beim Kragen und suchte ihn zur Seite zu schleudern, um zu den Frauen in den Wagen zu dringen. Diesen gelang es, in das Haus zu flüchten; aber als sie im Vorzimmer warteten, riß der geistliche Herr, den Sekretär an seinen Rockschößen, die Tür auf und mußte von einem Polizisten und einem Laufburschen mit Gewalt und unter heftigem Geschrei entfernt werden. Die Anklage gegen den stürmischen Ehemann ist beim Gericht des Ehescheidungsprozesses erhoben; der Angeschuldigte, der schon früher vor außergerichtlichem Verkehr mit der Klägerin während des Prozesses gewarnt war, hatte der Solicitorfirma seiner Gegenpartei vor der Verhandlung noch geschrieben, daß er ihren Sekretär wegen Meineids anfassen werde, wenn der nicht sein Zeugnis vor dem Richter zurücknehme und sich gehörig entschuldige. In der Verhandlung erklärt er, er habe seiner Frau nur sagen wollen, daß sie zu ihm zurückkehren solle

---

die Prozeßpartei als den „Verächter", manchmal einen Anwalt oder einen Zeugen, und man kann lange, vielleicht während eines Gerichtsjahrs vergeblich nach einem Fall suchen, in dem eine dem Prozeß ganz fremde Person wegen *contempt of court* bestraft wird. Trotzdem wäre es falsch, wenn man den Contempt als Prozeßdelikt auffassen, oder die Beteiligung am Rechtsstreit zum subjektiven Tatbestandsmerkmal machen wollte. Der Contempt kommt bei Unbeteiligten nicht oft vor, weil die Befehle des Gerichts sich gewöhnlich nur an die Prozeßpersonen richten und weil man aus platonischer Unzufriedenheit mit dem Gerichtsspruch sich nicht so leicht eine Gefängnisstrafe zuzuziehen geneigt ist, als im Eifer des Gefechts, wenn der Spruch das eigene materielle Recht betrifft oder die Person selbst in ihrer Handlungsfreiheit beeinträchtigt. Im übrigen ist der Contempt des Dritten völlig wesensgleich mit dem der Partei.

und sich nicht der Erniedrigung einer ärztlichen Untersuchung aussetzen, die der Prozeß mit sich brächte. Er ist aber jetzt bereit, ein schriftliches Gelöbnis zu geben, daß er nicht mehr mit seiner Frau sprechen werde, bis der Prozeß zu Ende ist. Der Richter verkündet das Urteil, daß die Klage auf dieses Gelöbnis hin stillstehe [31]) und der Angeklagte die Kosten trage. Jeder Bruch des Gelöbnisses wird als *Contempt of Court* behandelt und unnachsichtig mit Gefängnis geahndet. In der Begründung heißt es: *It is a well-understood rule that when a suit is brought, both parties are under the protection of the Court, and neither is entitled to address or approach the other in any way. If they do they are guilty of contempt of court, and liable to be sent to prison. The court, however never sends people to prison on the first occasion, but sees, whether they are willing to give an undertaking not to repeat what is complained of, or to directly or indirectly interfere in any way with the other party to the suit.*

Vor dem Londoner Feriengericht erschien am 21. August 1907 ein Anwalt für den Baumeister Ch. Grimwood, der im Gefängnis in Brixton eine Strafe für *Contempt of Court* abbüßt, und suchte um Entlassung des Gefangenen aus seiner Haft nach [32]). Grimwood

---

[31]) "*That the motion stand over*" — das bedeutet, daß ohne weitere Formalitäten bei einem neuen Grund zur Beschwerde die Sache vom Kläger oder Ankläger wieder aufgenommen werden kann. Regelmäßig ist das die Form der Entscheidung, wenn die Klage begründet ist, der Richter aber auf irgend eine Art (*first offence*, Geständnis, Wahrung berechtigter Interessen, Krankheit sind nur ein paar Beispiele) vom Beklagten davon überzeugt wird, daß er die Härte einer ausdrücklichen Verurteilung nicht verdient.

[32]) Das ist ein Fall „unbestimmter Verurteilung", zu dem wir aber im deutschen Recht auch kämen: das Gericht erläßt eine einstweilige Verfügung, die ein Handeln oder Unterlassen des Beklagten impliziert; die Zuwiderhandlung wird mit der unbestimmten Vollstreckungshaft beantwortet. — Am gleichen Tag wie dieser Fall kam das Gesuch eines Solicitor um Haftentlassung vor das Gericht: dieser Häftling hatte die vom Gericht angeordnete Rechnung seinem Klienten nicht abgelegt und war deshalb in die Contempt-Strafe genommen worden. Jetzt hat er sich eines Besseren besonnen, der Gegenpartei die Rechnung zukommen lassen und bittet daraufhin um Beendigung der Strafe. Hier ist die Verwandtschaft mit der Vollstreckungshaft noch näher.

hatte eine Verfügung des Gerichts in einem Zivilprozeß bekommen, daß er an den Häusern, um den sich der Prozeß drehte, keine Bautätigkeit vornehmen dürfe; trotzdem hatte er sofort mit dem Abreißen der Häuser begonnen. Die Verurteilung folgte; der Fall ist aber so schlimm, daß vor dem Feriengericht der Anwalt der Gegenpartei im Hauptprozeß gegen die Freilassung opponiert; freilich ohne Erfolg: der Richter sagt: *it is a bad case of contempt, but plaintiff has apologised and promised not to offend again. He has already been three weeks in prison; on paying the costs he will be released.*

Als dritten Delinquenten bekommen wir Mrs. Sarah Rebecca Stanley, eine energische alte Dame, die sich durch verschlossene Gartentüren und eine bissige Dogge gegen die Zustellung der Schriftsätze in ihren zahlreichen Rechtsstreitigkeiten zu schützen sucht. Ihr Anwalt sucht im Polizeigericht Marylebone bei Sir William Selfe um die Aufhebung einer Verfügung in einem Mietprozeß nach; Sir William bemerkt, daß das ungefähr das dreißigste Prozeßgesuch sei, das er von der Beklagten in dem Prozeß bekomme, ohne daß er sie je mit Augen gesehen habe. Vielleicht gebe es gar keine Mrs. Stanley? Und auf die Entschuldigung des Anwalts, daß seine Klientin krank gewesen sei, heißt es vom Richterstuhl: „*This lady seems to think she can play fast and loose with the Court, but I would have her know that his Majesty has a place reserved for people who set the authority of his courts at nought.*“ Das hat auch die Wirkung, daß nach einer knappen Vertagung zur Verständigung des Anwalts mit der bedrohten Mrs. Stanley diese vor dem Richter erscheint und ihr Gesuch selbst verficht, übrigens mit Erfolg.

Einen anderen Fall des *Contempt* schafft die Verweigerung des Zeugnisses ohne Grund. Im Zivilprozeß sollte der Solicitor Sorrell am 29. April vor dem Registrar eine Zeugenaussage unter Eid machen; er war gehörig geladen, weigerte sich aber des Eides. Darauf hat ihn Justice Bigham wegen *contempt* ins Gefängnis gesprochen; das Urteil ist auf die besondere Weisung des Richters noch acht Tage auf die Gerichtsschreiberei liegen gelassen worden, damit der renitente Zeuge eine Gnadenfrist zur Ableistung des

Eides habe. Aber er hat sich standhaft geweigert und ist an den Appellgerichtshof gegangen; dort hat er die Jurisdiktion des Registrar und des Richters zur Verhängung der *Contempt*-Strafe bezweifelt und seine Weigerungsgründe wieder vorgebracht, über die Justice Bigham weggegangen war. Der *Court of Appeal*, unter dem Vorsitz des *Master of the Rolls* hat am 31. Mai, ohne den Anwalt des Gegners [33]) zu bemühen, gegen den Appellanten entschieden; die Appellrichter haben so wenig wie der Unterrichter sich von der rechtlichen Begründung der Zeugnisverweigerung überzeugen lassen. Unbegründete Weigerung aber ist *Contempt of Court*.

Das hat auch neuerdings der Führer der indisch-nationalen Agitation beim Polizeigericht Calcutta erfahren müssen. Bepin Tschandra Pal sollte im Strafprozeß gegen die Zeitung des *Bande Mataram-Bunds* als Zeuge vernommen werden, erschien auch mit seiner Eskorte indischer „Studenten" und erklärte, sein Gewissen verbiete ihm den Eid. Er hat am nächsten Tag dafür sechs Monate Gefängnis wegen *Contempt of Court* bekommen und ist sofort in die Haft abgeführt worden [34]).

---

[33]) Gegner ist hier die Partei, die im Hauptverfahren den renitenten Zeugen geladen hat. — Der Fall bietet in manchen anderen Punkten prozessual Interessantes. Vor allem ist er eines der — verhältnismäßig seltenen — Beispiele dafür, daß der *Court of Appeal* sozusagen unter Vorbehalt seiner eigenen Zuständigkeit entscheidet. Das geschieht in Fällen, in denen man jeden Zweifel über die Loyalität des Verfahrens der unteren Instanz und der Gerichte überhaupt dadurch ausschließen will, daß man der appellierenden Partei in der Appellinstanz ohne Prüfung der Instanzvoraussetzungen Gehör gibt. Im Urteil des Appellgerichts heißt es dann: Wir haben den Fall in der Annahme entschieden, daß die Berufung zulässig gewesen sei, verwahren uns aber dagegen, daß wir etwa die Zulässigkeit der Berufung bejaht (und damit ein Präjudiz für die prozessuale Frage geschaffen) hätten. — Ein *Contempt of Court* durch Verweigerung der Urkundenedition kam im Steuerprozeß des *Duke of Richmond* (*Kings Bench Division*, Juli 1907) vor.

[34]) Berichte in den englischen Tageszeitungen vom 13. und 14. September 1907. Der Calcutta High Court hat das Urteil auf Berufung am 20. November bestätigt.

Zwei politische *Contempt*-Prozesse, die in England viel Aufsehen erregt haben, mögen das Bild noch vervollständigen. Sie muten wie Zug und Gegenzug im Parteienspiel an; fast zu gleicher Zeit wird der englische Arbeitsminister Burns in London und der frühere irische Staatssekretär Long, der Führer der unionistischen Opposition in den irischen Fragen, in Dublin des *Contempt of Court* angeklagt. Gegen Burns führt Sir E. Carson M. P. den Prozeß, gegen Long ein Anwalt, der der irischen Nationalpartei angehört. In beiden Fällen ist das Gericht eigentlich davon überzeugt, daß ein *Contempt* vorliegt; in beiden Fällen aber fällt trotzdem die Anklage durch, weil das Gericht politische Motive hinter der Anklage wittert; das ist vielleicht die bedeutsamste Lehre, die gerade diese beiden Prozesse geben, daß auch im Strafprozeß zur Verurteilung nicht nur die Schuld des Angeklagten, sondern auch die vollkommene *bona fides* des Anklägers gefordert wird. Daß die Gerichte im Zivilprozeß und bei den Deliktsklagen sehr empfindlich gegen jedes Anzeichen von Scheinprozeß reagieren und vor allem gegen vorgeschobene Parteien ihre richterliche Gewalt streng spielen lassen, ist später noch zu berichten; beim *Contempt*-Prozeß berührt diese peinliche Prüfung der Klagemotive, die uns an den Kalumnieneid des Klägers aus dem gemeinen Prozeß erinnert, deshalb besonders seltsam, weil man glauben möchte, bei der „Verachtung des Gerichts“ sei dieses selbst doch der Verletzte und die Erhebung der Anklage durch einen Parteianwalt nur eine Formalität.

Burns war der Einmischung in einen Prozeß angeklagt, der von einigen Mitgliedern des Londoner Grafschaftsrats gegen den „Standard“ im Beginn der Grafschaftswahlkampagne angestrengt worden war. Der Standard hatte gegen diese Räte schwere Anschuldigungen der Korruption und gewissenlosen Amtsführung erhoben — sie gehörten der „progressiven“, sozialistisch angehauchten Mehrheit des Londoner Rats an, die bei den Wahlen in eine schwache Minorität verwandelt wurde —; in einer Wahlversammlung hielt Burns am Tage nach der Klageerhebung die Rede, deren Passus gegen den Standard inkriminiert worden ist [35]):

[35]) Der in der Rede erwähnte 2. März ist der Wahltag. Bei der Verlesung der Stelle vor Gericht unterbrach sich Sir E. Carson nach

„What is this charge against these twelve councillors? I know it to be, as we all know it to be, unfounded, unfair, and untrue. The Standard knows that its charge cannot be brought to a legal issue before March 2, and it skulks behind that fact. But there is a court, a tribunal, that can try this issue straight away, and at once. It sits at Whitehall — it is the Local Government Board. Into it, as of old, all the grievances of the community can be placed that require investigation, removal, redress, or punishment. Let the Standard do what any ratepayer could do with evidence and justification — go to the Local Government Board, produce its just evidence — fact and justification. At once an inquiry will be ordered. I have a right to say this more than, perhaps, any other President of the Local Government Board, because I have given hostages in the last twelve months that neither friend nor foe, rich nor poor, shall be allowed either to traffic with the honour of the community, to pillage its funds, appropriate its resources without punishment coming upon his heels. I invite the evidence, if any. I demand the justification for what has been said, because I have memories — almost traditions of the old Standard — against us politically, but a fair, honourable, decent, upright newspaper that would not condescend to the mischievous slander that has been produced by that paper to-day, but which it cannot justify by the test of evidence. If it can do so, let it produce its facts, and the matter goes to issue and inquiry at once."

Der Standard hat gegen Burns die *Nisi prius*-Klage [36]) erhoben. Der Präsident des *Local Government Board* wird geladen, vor Gericht darzutun, weshalb er nicht des *Contempt of Court* schuldig sei und dafür verurteilt werden müsse. „Die Rede ist darauf berechnet, ein schweres Präjudiz gegen den Standard in jenen zwölf Beleidigungsprozessen zu schaffen", sagt der Standard in dem Affidavit der Klagbegründung, „und eine billige und unparteiische Prüfung unmöglich zu machen." Die Klage ist ab-

---

den Worten: „es gibt ein Gericht, ein Tribunal, das hier schnell urteilen könnte, den *Local Government Board*", um den Richtern recht die Anmaßung einzuschärfen, die darin liegt, daß Burns sein eigenes Ministerium als einen Gerichtshof bezeichnet, noch dazu als einen Gerichtshof, der von den Parteien statt der ordentlichen Gerichte angerufen werden sollte.

[36]) Die gemeinrechtliche *provocatio ad agendum.*

gewiesen worden, aber Justice **Darling**, der das Urteil als erster Richter zu sprechen hatte, ist in der Begründung sehr scharf mit dem Minister ins Gericht gegangen.

> „Mr. John Burns hat angedeutet, daß ein besseres Tribunal als die ordentlichen Gerichte für den Streit das gewesen wäre, was er ein Gericht nennt, was aber kein Gericht ist, sondern das öffentliche Amt, dem er selbst als ein Mitglied der königlichen Regierung vorsteht... Vielleicht gibt es einen früheren Fall, aber zu erinnern vermag ich mich an keinen, in dem ein Minister der Krone es mit seinen öffentlichen Pflichten vereinbar gefunden hat, in einem anhängigen Rechtsstreit zwischen zwei Personen Partei zu ergreifen — noch dazu in einem Rechtsstreit, in dem nach seiner eigenen Meinung sein Departement zur Meinungsäußerung berufen sein könnte... Wir müssen auf die Sprache sehen, die hier geführt worden ist, um beurteilen zu können, ob sich eine Jury wirklich davon beeinflussen ließe. So schwer es ist, den Einfluß abzuschätzen, den eine gewisse Art Reden oder Schriften auf andere haben können, so kann ich doch für meine Person nicht glauben, daß eine Rede wie diese hier den Klägern des Prozesses irgend etwas nützen oder den Verklagten einen Schaden tun kann. Gerade die Heftigkeit der Rede, gerade die groteske Lächerlichkeit der Behauptung, daß der Mann, der die Rede gehalten hat, der rechte Mann zum Urteilen in dem Rechtsstreit sei, schließt nach meiner Meinung jede Wirkung der Rede auf die Jury zu der Verklagten Ungunsten aus.
>
> Obgleich also die Rede ungewöhnlich taktlos und ungehörig ist und nicht die gebührende Rücksicht gegen die Anwendung der Justiz durch die Gerichte des Königs zeigt, kann ich nicht einsehen, daß sie wirklich darauf berechnet war, ein billiges Urteil zu verhindern; und deshalb lehne ich das Gesuch der Kläger um Ladung des Mr. Burns zur Verantwortung vor Gericht ab."

Ausdrücklich hat derselbe Richter hervorgehoben, daß in dieser Abweisung beileibe keine Ermunterung zu ähnlichen Partei-reden liegen solle. Jeder Fall ist nach seinen eigenen „*Meriten*", um einmal den englischen Ausdruck nachzuahmen, und nicht nach einem abstrakten *Contempt*-Begriff zu beurteilen. Die Burnssche Rede ist nicht nur ein untauglicher Angriff in sich selbst; sie ist auch nach der Zeit, zu der sie gehalten wurde — zum Beginn des Prozesses — ungeeignet zu wirklichem Einfluß auf das Urteil; sie wird vergessen sein, wenn die Jury zum Spruch kommt. Aber wenn nun ein anderer kommt und — nicht so lange vor der Hauptaktion des Prozesses — geschickter dieselben Insinuationen vorbringt, so kann das leicht ein *Contempt* sein. Die Hitze des Wahlkampfes, oder eine andere Spezies der „Wahrung berechtigter Interessen" würde den Kritiker des anhängigen Verfahrens nicht schützen oder entschuldigen.

Der Right Hon. W. Long, M. P. war in Dublin noch näher an der Verurteilung als der Minister in London, obgleich seine Kritik in der Form viel mäßiger war. Sie richtete sich freilich auch fast unmittelbar gegen das Gericht selbst, gegen die Geschworenen. Am 5. Dezember waren acht irische Farmer aus co. Leitrim der Verurteilung wegen Landfriedensbruchs dadurch entgangen, daß die Jury sich nicht hatte einigen können, wie das in Irland jetzt wieder vielfach vorkommt: der klarste Beweis und sogar das Geständnis der politischen Viehtreiber können nicht hindern, daß einige ihrer Landsleute in der Jury aus Sympathie oder aus Furcht vor dem Boykott die Angeklagten freisprechen. Diesen Zustand leugnet niemand, auch nicht die englischen Homeruler. Die Regierung selbst hat im Sommer in mehreren *cattle-driving*-Prozessen bei den Gerichten die Offizialvertagung zur Überweisung an eine andere Jury verlangt, weil man jetzt den Geschworenen einen unbefangenen Spruch nicht zutrauen und sie auch den gefährlichen Folgen unabhängiger Sprüche nicht aussetzen könne. Den Fall vom 5. Dezember hat Long in einer unionistischen Parteiversammlung in Dublin am 7. September zum Ausgang einer heftigen Polemik gegen den früheren Staatssekretär für Irland, den weitberühmten Verfasser der *American Commonwealth*, Bryce, gewählt. Bryce habe im Unterhaus die politischen Delikte der Iren entschuldigt; hätte er das nicht getan, so hätte die Jury die offenen Delinquenten verurteilt, und das von Rechts wegen. Die acht Farmer, die beim *disagreement* der Geschworenen natürlich nicht freigesprochen sind, sondern eine neue Verhandlung erwarten, sich also noch *sub iudice* befinden, finden in dieser Äußerung einen Contempt *of Court.* Von den vier Richtern der *Kings Bench* in Dublin[37]) hat einer, der *Chief Baron,* für „Schuldig" gestimmt; ein schwerer *Contempt* sogar liege vor, denn wenn auch der Redner mit seinen Schlägen gegen die Jury eigentlich den Staatssekretär gemeint hat, so ist doch unzweideutig in seiner Rede die Überzeugung zum Ausdruck gekommen, daß der Spruch der Jury ungerecht und die acht Farmer schuldig seien; und bei der Führerstellung des Redners müsse man sicher sein, daß kein unionistisches Mitglied der künftigen Geschworenenbank mehr für ein unbefangenes Urteil in jenem Prozeß zu haben sein werde. Von den drei andern Richtern hat Justice Kenny als Erster sein „Nichtschuldig" damit motiviert, daß zwar in Longs Worten *prima facie* ein *Contempt* liege, daß er aber bei seiner Äußerung sich nicht des Schwebens der Sache bewußt gewesen sei und vollends nicht absichtlich die acht Farmer in ihrem künftigen Urteil habe schädigen wollen; der zweite Richter hat dem beigestimmt; der Lordoberrichter von Irland als letzter aber besonders hervorgehoben, daß bei diesem *Contempt* nicht das Interesse der vom Präjudiz getroffenen Parteien des Hauptprozesses, sondern das Interesse der politischen Gegner des Angeschuldigten auf dem Grund der Klage liege. Ein Instrument im politischen Kampf aber darf das Gericht nicht werden — das wäre schlimmer, als wenn ein *Contempt of Court* einmal straflos ausgeht.

Wir können für die nächste Erörterung an die Meinung des Justice Kenny anknüpfen: die subjektive Seite des *Contempt* fehlt, wenn der Sprecher ein abgeschlossenes Verfahren zu kritisieren glaubt. Ist ein Prozeß anhängig, so kann von einem strengen

---

[37]) Der Prozeß der Farmer hatte vor Justice Gibson und einer Jury vor dem Gericht des Tatortes stattgefunden und war infolge der Uneinigkeit der Geschworenen auf die Liste der März-Assisen in der Grafschaft Leitrim gekommen. Der Contempt-Prozeß hat hier also seine eigene Zuständigkeit.

Richter schon ein ruhiges, sachliches Wort der Parteinahme im Streit als *Contempt* gefaßt werden. Ist das Urteil gesprochen und rechtskräftig geworden, so ist die schärfste Mißbilligung des Spruches und der Richter erlaubt. Dann ist es eben nicht mehr das lebende Recht, gegen das sich der Angreifer wendet; das Recht ist angewandt; nur während der Anwendung könnte der Angriff verwunden, stören, vernichten; am fertigen Urteil ändert der Kritiker nichts mehr; ihm steht es frei, sich daran ebenso wie am Gesetz den Kopf einzurennen. Wir haben ein sehr bezeichnendes Beispiel dafür. Eine bekannte Londoner Bühnenkünstlerin Miß Gertie Millar hatte im letzten Winter vor dem *High Court* gegen einen Kunstverleger geklagt, der „*faked photographs*" von ihr hergestellt und in den Handel gebracht hatte: Bilder, auf denen der Kopf der Künstlerin auf einen fremden Rumpf gesetzt ist und die also Abgebildete in Kostümen und Lebenslagen gezeigt wird, in die sie sich nicht zu begeben pflegt, oder in denen sie sich wenigstens nicht photographieren läßt. Der Richter, Justice Darling, hatte in der Verhandlung der Klägerin mehrere Fragen gestellt, die ziemlich klar darauf schließen ließen, daß er an das Gefühl der Kränkung und Entrüstung über den großen Absatz der Photographien nicht recht glaube; vielmehr deutete er an, daß den Schauspielern gewöhnlich auch durch eine nicht ganz einwandfreie Popularität doch gedient und nicht geschadet würde. Wäre die Klägerin eine Pastorsfrau vom Lande, so möchten die Dinge wohl anders laufen; der Theaterprinzessin gegenüber begeht der Photographienhändler kein „*actionable wrong*", wenn er auch ohne ihre Erlaubnis die Bilder mit ihrem Gesicht vertreibt [38]). Die Klage wird also ab-

[38]) Die Zeitungsberichte sind gerade für diesen Fall offenbar unzuverlässig; der sensationelle Charakter des Prozesses hat die Reporter nicht zum genauen Hinhören auf die juristische Urteilsbegründung kommen lassen. Soviel wir wissen, hat auch in dem Millar-Prozeß der Zweifel an der Spontaneität der Klage gegen die Klägerin den Ausschlag gegeben. Der Richter hat angenommen, daß ein Konkurrent des Beklagten, der ebenfalls Photographien von Miß Millar in den Handel bringt, sie zu der Klage gedrängt habe, daß also, wenn wirklich der Beklagte sich gegen die Klägerin widerrechtlich verhalten hat, ein Dritter, eben jener Konkurrent, diese Deliktsobligation für

gewiesen. Der Prozeß erregte sogleich großes Aufsehen, aber die Zeitungen hielten zunächst mit ihrer Kritik zurück, weil die Berufung gegen das Urteil offenstand. Wenige Tage später veröffentlichten sie einen Protestbrief der Klägerin, in dem sie erklärt, auf den Sympathiekundgebungen des Publikums ruhen und Urteil Urteil sein lassen zu wollen. Nun beginnt der Daily Telegraph einen Leitartikel, in dem das Verhalten des Richters scharf getadelt und sein Spruch durchaus ungerecht befunden wird, mit den Worten: „So lange noch eine Möglichkeit dafür vorhanden zu sein schien, daß die streitige Frage einem höheren Gericht unterbreitet würde, haben wir uns sorgfältig jeden Kommentars enthalten. Da aber die am nächsten Beteiligten jetzt beschlossen haben, keine Berufung gegen den Bescheid des Richters einzulegen, müssen wir uns erlauben, unsere Überzeugung auszusprechen, daß das Urteil im allerhöchsten Grad unbefriedigend ist.“ Die Künstlerin kann sich, meint der Daily Telegraph, mit der allgemeinen Sympathie des Publikums wegtrösten „über die bedauerliche Behandlung, der sie in einem Gericht ausgesetzt gewesen ist“.

Wir wundern uns also auch nicht, wenn wir in einer englischen Zeitung lesen, ein indischer Richter habe bei einem jüngst abgeschlossenen Kriminalprozeß im *Calcutta High Court* „mit den höchsten Anfällen von kindischem Ignorieren aller aktuellen Dinge auf der englischen Richterbank erfolgreich konkurriert“ (der Angeklagte hatte das Wort *swaraj* gebraucht, das von den indischen Nationalisten in ihrer gegenwärtigen Agitation als Schlagwort für die Loslösung Indiens von England benützt wird; der Richter hatte diese Bedeutung der Tagessprache absichtlich übersehen und den kritischen *terminus* im wörtlichen Sinn als „Selbstverwaltung“ — *swa* gleich selbst und *raj* gleich regieren, derselbe Stamm wie in unserm „Maharadschah“ — genommen, was natürlich den Äußerungen des Angeklagten ein harmloseres Gesicht gab).

---

seine eigene Zwecke ausnützen will, während die wirklich zur Schadenersatzforderung legitimierte Klägerin von sich aus nicht daran gedacht hätte, ihr Recht geltend zu machen. Das genügt durchaus, um den Richter zur Abweisung der Klage geneigt zu machen.

Man wird vielleicht von keinem einzigen unter den angeführten *Contempt*-Fällen, so verschieden sie unter sich sind, sagen können, daß er in seinem Wesen eine Eigentümlichkeit des englischen Rechts darstelle. Jeder Prozeß braucht seine Mittel, um die Schikane einer Partei, die Renitenz eines Zeugen oder die Bedrohung und Einschüchterung der Prozeßpersonen von außen her zu überwinden; jedes Urteil bedarf der Vorschriften über den Vollstreckungszwang, wenn es nicht ein bloßes Blatt Papier bleiben soll. Aber daß alle die Strafen für Prozeßdelikte der Parteien, für die Pflichtweigerungen der Jurisdiktionsuntergebenen, für den Urteilsungehorsam des schuldig Gesprochenen und für das Staatsverbrechen des Eingriffes in die Justiz in die eine Form des *Contempt of Court* zusammengefaßt sind und dadurch zugleich auf einen gemeinsamen Gedanken zurückgeführt: auf die allgemeine Pflicht schweigenden Gehorsams gegen jede Anordnung des Richters im eigenen oder im fremden Prozeß, das ist in Wirklichkeit eine sehr bezeichnende Eigenheit des englischen Rechtswesens.

Wir werden nicht gut daran tun, wenn wir über diese Form hinaus — immer bedacht, daß der Form im englischen Leben weit größere Bedeutung und Kraft zukommt als bei uns — dem Institut des *Contempt of Court* praktische Wirkungen zuschreiben. Daß der stärkste Ausdruck eines starken Richterimperiums in ihm liegt, ist unverkennbar; eine Stütze der richterlichen Gewalt darf man kaum in ihm erblicken. Daß in der öffentlichen Meinung die Richter des Landes Vertrauen und Achtung genießen, das hat tiefere Gründe als eine Strafdrohung und ein gelegentlich statuiertes Exempel. Dafür kann das Gebiet der schönen Literatur, das im Englischen mit dem glücklichen Terminus „*Fiction*“ belegt ist, die besten Zeugnisse geben. Denn in den Zeitroman, die soziale Novelle könnte sich die Kritik immer flüchten, die in der Presse oder auf der Rednertribüne verboten und unterdrückt wäre, und sicherlich würde sie nur ätzender und schonungsloser werden, wenn sie diese Zufluchtsstätte aufgesucht hätte; das erfährt man in den Zeiten der Reaktion und Polizeiwillkür immer wieder, vom Frankreich der letzten Könige über die deutschen Kleinstaaten der dreißiger Jahre bis zu dem Rußland von heute. Sind die vielen hundert Romane, die in England jedes Jahr auf den Büchermarkt geworfen werden, nicht vielleicht die Zuflucht oder der Abzugskamin für den Haß und die Mißachtung gegen die Justiz und ihre Diener? Hört man hier die klagenden Stimmen der Unterlegenen und Verurteilten, der Parteien, denen ihr Recht gebeugt wurde, der Geschäftsleute, denen die Gerichte nicht kaufmännisch genug sind, der Freidenker, die auf die Bibel schwören mußten, der Männer aus dem Volk, denen die Advokaten zu rabulistisch und die Richter zu weltfremd, in ihrem Paragraphenirrgarten verloren erscheinen?

Wir sind uns des Bedenklichen bewußt, das in der Benutzung dieser Quellen für eine Darstellung des Rechtslebens liegt. Die Blindheit des Dichters und die Blindheit der Justiz sind von sehr verschiedener Art; die Binde, die den Augen des Richters das scharfe, ungestörte, konzentrierte Hinschauen auf den Urteilsstoff ermöglichen und nur irreführende Lichter menschlicher Einwirkung von seiner Beschauung fernhalten soll, tut dem Poeten ganz andere Dienste, macht ihm die Nähe des Nichtig-Täglichen unsichtbar, damit seine Augen in phantastischere Fernen schweifen können. Ist da dem Zeugnis des einen in der Sache des anderen zu trauen? Der Historiker weiß, wie unzuverlässig die Bilder sind, die man aus den Schriften der Dichter über ihre Zeit als unbefangener und nicht kritisch gewaffneter Leser bekommt; er kennt die Gefahr der wandernden Stoffe und weiß, wie viel mehr ein flüchtiger Einfall Boccaccios für das Drama und den Roman des 17. und 18. Jahrhunderts bedeutet als die blutigsten Kriege und die längsten Prozesse der Zeit, in der sie gedichtet wurden. Das hat sich freilich heute geändert — für den Quellenforscher gebessert; man hat aus der schönen Literatur die Tradition, die Kunst im eigentlichen Sinn mehr und mehr hinausgewiesen [39]); der Erzähler ist zügellos in der Wahl seiner Stoffe; er schöpft nicht aus dem Schatz unvor-

[39]) Da ohne Tradition auch keine Kultur möglich ist, vielmehr das Maß der Kultur im Leben und in der Kunst im nächsten Verhältnis zu der Stärke der Tradition steht, so könnten wir auch sagen, daß die moderne Literatur in ihrer Stoffwahl unkultiviert ist; das erleichtert natürlich ihre Verwertung als Quelle.

denklicher Zeiten, sondern aus dem Augenblick. Sein Held wohnt in einer bekannten Straße der Hauptstadt und trägt einen Namen, der aus dem Adreßbuch abgeschrieben ist; seine Heldin kauft ihre Hüte bei Paquin und bekommt das Automobil der neuesten Marke zum Geburtstag geschenkt; jeder Leser kann sich im Reichskursbuch davon überzeugen, daß der Nordsüdexpreß, in dem sie sich verloben, wirklich nur Donnerstags um $10^1/_2$ Uhr vom Anhalter Bahnhof in Berlin abfährt; und wenn sie sich scheiden lassen, so würde der Dichter sicherlich um alle Reputation kommen, wenn er die Verhandlung nicht vor dem nach § 613 ZPO. zuständigen Landgericht spielen läßt [40]). Trotzdem ist aber auch der heutige Romanschriftsteller kein ganz sicherer Zeuge. Wir dürfen die Detektiv- und Verbrecherromane aus unseren Quellen für die Erkenntnis des Rechtslebens ganz ausscheiden; denn sie arbeiten in ihrer Art nicht weniger mit typischen Figuren als die *Commedia dell' arte* im 18. Jahrhundert. Der findige Detektiv bedeutet so wenig wie der unfähige Inspektor von Scotland Yard ein Bild der Wirklichkeit, und wo der Richter in diesen Erzählungen als *deus ex machina* auftritt, da ist er, um dem Detektiv- oder *Gentleman-burglar*-Helden nicht zu schaden, gewöhnlich farblos oder wohl gar absichtlich verschwommen gezeichnet. Auf dem Gebiet der Erzählungsliteratur, das dem Stoff nach am nächsten beim Gerichtssaal liegt, ist also nichts zu finden [41]). Auch der satirische Roman

---

[40]) Hierher gehört z. B., daß der Verfasser eines Verbrecherromans „*The Mauleverer Murders*" von der Kritik streng getadelt wird, weil ihm einige juristische Irrtümer im Verfahren gegen die vermeintliche Mörderin unterlaufen. *He* (d. h. der Verfasser) *makes two legal errors in the course of his story. At the trial at the Old Bailey he makes counsel state that he knows the prisoner is innocent, a proceeding no judge would allow and few counsel would venture on. In the trial in the House of Lords he makes a bishop take an active part, though the only time the spiritual peers may not take part in the proceedings of the Upper House is when it is deciding on a capital charge.*

[41]) Aus dem letzten Jahr wären etwa zu nennen: Burland, *Love he criminal* (London, Greening), N. W. Williams, *The electric theft*, Eldridge, *The Millbank Case (Nash)*, das diesjährige Drury Lane-Melodrama „*The sins of Society*", Gerald Biss, *The Dupe* — das letztere mit einem idealisierten Polizeiinspektor.

scheidet aus. Die *society novel*, in der die heftigsten Angriffe auf die Moral der herrschenden Klassen gang und gäbe sind, hat über Bridge, Okkultismus und *Christian Science* die früher beliebten skandalösen Ehescheidungsprozesse anscheinend ganz vergessen, und wir suchen in den vielgelesensten Romanen dieser Gattung heute vergebens nach einem Anwalt oder gar einem Richter, der uns die Spiegelung seines Standes in den Augen der Literaten zeigte [42]). Die dialogisierten Sittenschilderungen des bekannten Pamphletisten B. Shaw geben das Zerrbild eines Juristen in der Figur des Sir Howard Hallam [43]); aber Shaw ist viel zu manieriert, als daß man seine Karikaturen auf ein allgemein menschliches Maß zurückführen könnte; zudem steht er gerade bei der Schilderung würdiger älterer Amtspersonen viel mehr im Bann konventioneller — noch dazu oft konventionell französischer — Auffassung, als seine revolutionären Gesten das vermuten ließen.

Indessen bleibt nach diesen Abzügen eine immer noch schwer übersehbare Menge dichterischer Gestalten übrig. Der soziale Roman liegt in England in guten Händen; die *slums* im Londoner Ostend, die französischen Spielhöllen in Soho, die Welt der Artisten und die des Ghetto, die Misere des Kleinbürgers in der Vorstadt und die schwärzesten Seiten des Nachtlebens auf Regent Street und Piccadilly Circus sind uns in bitterer Wahrhaftigkeit geschildert [44]). Wir hören die Warnungen und die Flüche des Elends,

---

[42]) Man sehe etwa die neuesten Romane von P. White, Benson, Rita, El. Glyn, M. Baillie Saunders, Humphry Ward, A. Hope an.

[43]) In Captain Brassbounds Conversion, aufgeführt im Kennington Theatre und auf andere Londoner Vorstadtbühnen von Ellen Terry's Gesellschaft im Herbst 1907. Deutsch im „März“, Heft 16—18 des ersten Jahrgangs.

[44]) Man nehme Hall Caine's *Christian*, in neuer dramatischer Fassung im Lyceum Theatre, September 1907; Richard Marsh, *The girl and the Miracle;* Zangwill, *Ghetto Comedies;* Rob. Hichens *Flames* (dieses Jahr in billiger Ausgabe erschienen) und *The Slave;* Nina Gorst, *The soul of Millie Green* und *This our Sister;* vor allen Dingen aber die Serie anonymer Erzählungen aus London, die unter dem Titel *Tales of the great city* bei Alston Rivers (London) erscheint, als letzter Band *The rainy day* im August 1907. — Bennetts Roman *Whom God*

das hier unmittelbar an die reichste Kultur streift; hier begegnet uns ein Polizist, der die elende Prostituierte in ihrem Hungerdelirium zum Weitergehen antreibt oder sistiert; dort ein anderer, der gegen den arbeitslosen, im Freien nächtigenden Ausländer ein Auge zudrückt und dafür einen betrunkenen Millionärssohn anzeigt; gelegentlich werden wir durch eine *Coroners Inquest* geführt, bei der die schamlose Neugier der Zuhörer und die Hilflosigkeit der Geschworenen geschildert ist; oder wir erfahren, wie spurlos ein Mensch im nächtlichen London, vielleicht vom Embankment, verschwinden kann, ohne daß außer dem Mörder jemand davon hört oder danach fragt. Aber das Ergebnis der Überschau im ganzen ist doch überraschend deutlich: die Justiz steht im Spiegel dieser Literatur ebenso rein und zuverlässig da, wie die „Gesellschaft" und ihr Widerspiel, die Verbrechergilde — besonders natürlich die *aliens* —, schlecht und haltlos, zum Untergang und zur Strafe reif.

Man muß eine zeitliche und räumliche Antithese daneben stellen, wenn man sehen will, was das bedeutet. Das zeitliche Gegenbeispiel im gleichen Raum gibt Dickens in den *Posthumous Papers of the Pickwick Club*[45]). Die englische Justiz hat Jahrzehnte gebraucht, um den Schimpf zu verwinden, den der Satiriker der Nation ihr hier angehängt hat. Aber wer möchte an der Wahrheit des Verfahrens vor dem Polizeigericht in Ipswich oder im Prozeß Bardell v. Pickwick, oder an der Leibhaftigkeit dieser Magistratspersonen, Richter und Anwälte zweifeln? Hier ist Mr. Grummer, der Gerichtsdiener „*chiefly remarkable for a bottle-nose, a hoarse voice, a snuff-coloured surtout, and a wandering eye*", der Häuptling einer Schar schmutzköpfiger Ruffiane im Dienst des Gesetzes,

---

hath joined führt in das Ehescheidungsrecht hinein, gibt aber keine charakteristischen Figuren aus der Juristenwelt. B. Capes' letzte Erzählung „*The great Skene mystery*" spielt im England der 60er und 70er Jahre. Der sensationelle Titel: „*Human Justice for the poor*" deckt eine im Herbst 1907 erschienene Broschüre von Cotterill, die mit „humaner Justiz" nichts zu tun hat, vielmehr soziale Fürsorge verlangt und den Reichen ihre Pflicht gegen die Armut einschärfen will.

[45]) Zuerst im Jahr 1836 erschienen. Man vergleiche die Kapitel 25, 31, 34 und 38.

der mit Stolz von sich sagt: *My name's Law, law, civil power and exekative; them's my titles.* Hier ist Mr. Jinks, der verhungerte Gerichtsschreiber, der über die Witze des mächtigen Richters lachen muß und ihm gelegentlich soufflieren darf, ob der Angeklagte nach englischem Recht erfahren kann, weshalb er angeklagt und verurteilt wird, der aber für seine Dienste nur mit einem gewichtigen *You are an ass* belohnt wird. Hier ist Mr. Nupkins selbst, der Mayor von Ipswich, das Urbild des ungebildeten *snob* und des unwissenden *bully*, dessen Justiz so gut mit der Anrede seines Faktokums Grummer an ihn gekennzeichnet ist [46]). Hier ist, als vornehmste Erscheinung inmitten der „*pleasing and extensive variety of nose and whisker for which the bar of England is so justly celebrated*", der berühmte Anwalt Mr. Serjeant Snubbin, der es als die lästigste Zeitvergeudung von der Welt empfindet, wenn sein Klient zu ihm kommt und ihm versichert, daß er in gutem Recht sei und *optima fide* den Prozeß führe — Mr. Snubbin fragt nicht danach, ob er recht, sondern nur ob er „*a strong case*" hat. Da ist der Temple, mit seinen Löchern und Winkeln, seinen dunkeln schmutzigen Stuben, „in denen man Klagen fertigt, Urteile zeichnet, Erklärungen beglaubigt und zahlreiche andere ingeniöse Maschinerien zur Pein und Plage der Untertanen Seiner Majestät und zum Vergnügen und Vorteil der Juristen in Bewegung setzt". Da sind die schurkischen *solicitors*, Messrs. Dodson and Fogg, die Wucherer des Rechtswesens. Da ist die grimmigste Karikatur einer Jury, die je gezeichnet worden ist, von dem Obmann, dessen Spruch von der Güte seines Frühstücks abhängt, bis zum letzten Geschworenen, der dem Anwalt auf jeden Rednertrick hereinfällt. Da ist der Richter Justice Stareleigh, der die Reden der Anwälte verschläft und seine Instruktionen an die Jury in der althergebrachten Art abfaßt, indem er ihr sagt, daß, wenn die Klägerin recht hat, der Beklagte unrecht haben muß und umgekehrt. Aber über alle diese Figuren hinaus, die mit Dickens' Brille für alle Lächerlichkeiten

[46]) Grummer sagt statt *Your worship* (Euer Ehren): *Your wash-up*, d. h., wenn man den Wortwitz wegläßt und nur dem Sinn nach übersetzt, Euer Aufwaschens.

und Schwächen der menschlichen Natur gesehen sein mögen, sind hier auch die peitschenden Hiebe auf das Verfahren vor den Gerichten, auf das Kreuzverhör und den Geschworenenspruch, auf die Zeugenladung und auf die Vollstreckung des Urteils, auf die Zustände in *Fleet Prison*, und zuletzt bleibt im Grund der eine Eindruck haften: hier muß die kalumniöse Klage Erfolg haben, hier muß der Unschuldige verurteilt werden.

Die räumliche Antithese zur gleichen Zeit können wir in Amerika finden. Der im Herbst dieses Jahres erschienene Roman „*The turn of the balance*" von Brand Whitlock soll ein Gegenstück zu den Schilderungen der Chicagoer Konservenfabriken sein, die im vorigen Jahr so viel Aufsehen erregt und so starke Wirkungen auch auf das wirtschaftliche Leben der alten Welt geübt haben. Wir lesen auf dem Umschlag des Buches, daß Mr. Upton Sinclair, der Verfasser des *Djungle*, von ihm gesagt hat, es sei wahr wie das Leben selbst. Sein Thema ist die amerikanische Justiz — *law, civil power and execative*, wie Dickens sagt. Es dreht sich um den Zivilprozeß eines Eisenbahnarbeiters gegen seine Gesellschaft — der Mann, ein eingewanderter Deutscher namens Koerner, hat siebenunddreißig Jahre für die Eisenbahn gearbeitet, als er nachts auf dem Heimweg beim Tauwetter ausgleitet, mit dem Fuß in einen Block auf dem Geleise gerät, der vorschriftswidrig offen steht, und sich das Bein bricht, so daß es amputiert werden muß — und weiter um die Verbrecherlaufbahn des jungen Koerner, der als übermütiger Urlauber aus dem Philippinenfeldzug zuerst als Mitglied einer Vorstadtbande wegen eines groben Unfugs zu dreißig Tagen Arbeitshaus verurteilt und dadurch rettungslos auf die abschüssige Bahn gestoßen wird, die mit dem „elektrischen Stuhl" endigt. Und wieder zieht die Reihe der Gerichtsdiener, der Schutzleute, der Anwälte und Richter an uns vorbei, die mit mehr oder weniger bösem Willen, dieser aus Grausamkeit, jener aus Unwissenheit, dieser raffiniert und jener unfähig, im Namen des Rechts Unrecht üben und mit jeder Amtshandlung ein schwereres Verbrechen begehen, als der ärgste Delinquent, den sie in den Händen haben. Nur ist hier jeder versöhnliche Schimmer von Humor fort. Nur sehen wir statt der Dickensschen Juristen, die unter menschlicher Schwäche leiden und handeln, bei dem Amerikaner gute, rechtschaffene oder doch gewöhnliche Menschen, die fluchwürdig und verbrecherisch erscheinen, weil sie Diener des Gesetzes, Juristen sind. Nur ist zu den Figuren des englischen Prozesses als die schlimmste, kälteste, abstoßendste der Staatsanwalt dazugekommen.

Wir lernen den Richter Mc Whorter kennen, der sich aus Freude über die nachschreibenden Zeitungsreporter in seinen Urteilsgründen so lange politische und moralische Tiraden gönnt, daß er schließlich das Strafmaß rät, ohne noch zu wissen, weshalb der Angeklagte verurteilt ist. Wir treffen Judge Bostwick vom Polizeigericht, der am Samstag vormittag die Gefangenen in Bausch und Bogen verurteilt, um nur rechtzeitig zu seinem Frühstück und zum Ausflug am freien Nachmittag zu kommen. Im Fall *United States v. Mason and others* sehen wir, wie das Gericht mit der Anklagebehörde hinter dem Rücken des Verteidigers eine Zuständigkeitsschiebung macht, um den Entlastungs- und Alibizeugen die weitere Reise nach dem Verhandlungsort unmöglich zu machen. In dem Prozeß des alten Koerner gegen die Eisenbahngesellschaft haben wir in der unteren Instanz die Jury, die den Verunglückten nur mit seinen Beinstummeln zu sehen braucht, um sofort ihren Spruch gegen die Gesellschaft abzugeben; deshalb ist die Anstrengung der Juristen von vornherein nur darauf gerichtet, Revisionsgründe zu schaffen — wenn es nicht möglich ist, schon diese Verhandlung zu sprengen. Der Prozeß geht denn auch durch das Berufungsgericht vor den *Supreme Court*, und dort gibt, da von den sechs Beisitzern drei für den Kläger und drei für den Beklagten sind — die Anwälte sind darüber genau unterrichtet —, der *Chief Justice* den Ausschlag. Er gibt ihn für die Eisenbahngesellschaft; denn er war, ehe er Richter wurde, *railroad attorney*, und die Eisenbahngesellschaften haben ihn durch ihre politischen Klienten zum Richter wählen lassen; zudem soll er eben zur Kur gegen Brightsche Nierenkrankheit nach dem Süden reisen und hat vom Direktor der *Railroad* sein Automobil zu der Reise versprochen bekommen. Unterdessen ist auch der junge Koerner vom Appellationsgericht zu Unrecht zum Tod verurteilt worden, weil eine einflußreiche

Zeitung der Partei, der die Richter ihre Stellen verdanken und von der sie Beförderung hoffen, gegen ihn Stimmung macht; der Redakteur der Zeitung hat nämlich vom Anwalt des Todeskandidaten vor Jahren ein Darlehen bekommen und es nie zurückgezahlt und verfolgt seitdem diesen Anwalt und alle seine Klienten mit dem Haß eines Schuldners gegen seinen Gläubiger. Nur dreimal kommt ein Gefühl von ausgleichender Gerechtigkeit in diesem Buch auf: einmal als Archie Koerner den Polizisten Kouka erschießt, dann, als ein bösartiger Idiot einen hohen Gerichtshof durch seine abscheulichen Fratzen aus aller angenommenen, geheuchelten Würde bringt [47]), und zuletzt, als die Gerichtsboten dem alten Koerner die *Judgment summons* bringen wollen und hinter aufgebrochener Tür seine Frau und seine zwei Kinder mit durchschnittenem Hals und ihn erhängt finden — „*and from his long yellow face hung the old man's tongue, as if it were his last impotent effort to express his scorn of the law*" [48]).

Die Antithesen, die wir hier auf einem beschränkten Raum und fast im gleichen Menschenalter finden, sind nicht vom Zufall so spitz und scharf herausgebracht. Wir sehen an ihnen, was die stille Reverenz vor dem englischen Rechtswesen in der englischen

---

[47]) „*All the attachés and officials of the court could not restore to the tribunal its lost dignity. This awesome and imposing structure that mankind has been ages in rearing, this institution men had thought to make something more than themselves, at the grotesque gesture of one of its poorest, meanest, oldest and most miserable victims, had suddenly collapsed, disintegrated into its mere human entities. Unconsciously this aged imbecile had taken a supreme and mighty revenge on the institution that had bereft him of his reason and his life...*" p. 478.

[48]) Die stärksten Anklagen des Buches, die sich auf die Folterung eines Gefangenen und die Unterschlagungen der Gefängnisbeamten von Arbeitsmaterial beziehen, sind dabei noch gar nicht erwähnt. In der englischen Ausgabe (Alston Rivers, 1907) vgl. p. 56ff., 73, 113—117, 123, 163 — der Richter nimmt einen konfiszierten Revolver an sich und schenkt ihn einem befreundeten Anwalt —, 217—226, 272, 285—292, 312—324, 356 — der Polizeipräsident — und besonders Seite 436—502 — die Beschreibung des großen Geschworenenprozesses.

Literatur der Zeit bedeutet. Sie ist der genaue Ausdruck der öffentlichen Meinung [49]).

Diese wird freilich nie viel anders zu den Gerichten stehen, als die Parteien, die einzelnen aus dem Volk, die mit den Richtern aus nächster Nähe zu tun bekommen [50]). Jene richtenden Bücher

---

[49]) Hierfür sind auch die Kommentare der englischen Presse zum Prozeß Thaw bezeichnend. Der englische Publizist pflegt den Unterschied zwischen der heimischen Justiz und ausländischen Gerichtsskandalen in erster Linie auf das Zusammenhalten von Richter und Staatsanwalt zurückzuführen. Vgl. auch Jellinek, Laband und Pilotys Jahrbuch des öff. R. d. G., Bd. 1, S. 161.

[50]) Dabei soll nicht verkannt werden, daß die Ansichten der Volksgenossen über den Wert der Justiz nicht nur auf verglichene und zusammengefaßte Einzelerfahrung, sondern auch auf abstrakte Standesbegriffe zurückgeht. Man weiß, wie sehr die Popularität des Code in Frankreich darauf ruht, daß er von vornherein ein Gesetzbuch des *propriétaire* als des wichtigsten Mannes im öffentlichen Leben sein wollte; der Respekt vor dem Eigentum steckt den französischen Sozialisten ebenso im Leib wie dem Großgrundbesitzer oder Bankier; das Gesetz, das die „Klasse" der Eigentümer befriedigt, befriedigt fast jeden im Land. Andererseits gibt es immer und überall Stände, denen ihre besondere Moral und ihre besonderen wirtschaftlichen Bedürfnisse und Energien einen Gegensatz zum „Recht" im gemeinen Sinn notwendig machen müssen. Die Justiz wird es zum Beispiel dem Kaufmannsstand nie recht machen können. Der Prozeß ist etwas ganz Unwirtschaftliches, nach kaufmännischen Begriffen Unsittliches; das Recht ist viel zu oft genötigt, dem Erwerbstrieb des einzelnen Schranken zu setzen und große Gewinne zu verhindern, die auf Kosten des kleinen „Rechts" eines anderen gemacht werden könnten, als daß es vom Kaufmannsstand so geduldig getragen werden könnte wie vom Bauern, vom Handwerker oder Gelehrten. Wir wundern uns nicht, wenn auch in England die Vereinigung der Handelskammern für das ganze Königreich Beratungen abhält und Beschlüsse faßt, nach denen es scheinen könne, als stände es mit der englischen Justiz zum schlimmsten (Tagung in Liverpool, 19. September 1907: „*That the present delays in the hearing of cases on appeal in our supreme courts are detrimental and injurious to the commercial interests of this country*"). — Dagegen scheint die ständische Animosität zwischen den Vertretern der Strafjustiz und der Medizin in England noch kaum bemerkbar zu sein; daß der gutachtende Psychiater, von der Presse unterstützt, den Angeklagten sozusagen aus den Händen der „Juristen" für sich vindiziert, ist bei dem *imperium*

sind aus der Seele der Parteien heraus geschrieben, denen ihr Recht im Gerichtssaal zum Unrecht gemacht worden ist. Höher kann andererseits nie ein Richter stehen, als wenn auch der Unterliegende im Prozeß seinen Spruch achtet, auch der Verurteilte ihm vertraut, ihn ohne Haß fürchtet.

des englischen Richters auch kaum denkbar. — Für das Verhältnis zwischen dem Richter und der Presse ist außer den oben angeführten Contempt-Fällen der Prozeß des Gemeinderats von Tenby über die Öffentlichkeit seiner Sitzungen und die Berichterstattung interessant, der sich vom Frühjahr bis zum Herbst 1907 vor den englischen Gerichten abspielte. (Mayor and Corporation of Tenby v. F. B. Mason, zuletzt in der Chancery Division am 22. November 1907.)

Drittes Kapitel.

Der Richter und die Parteien.

Mancherlei Anzeichen für ein starkes *imperium* des Richters gibt das Verhalten der Parteien im Prozeß und zum Ergebnis des Prozesses. Hier ist recht eigentlich ein Feld für die kasuistische Darstellung; selbst die Gruppierung der Beispiele ist nur im großen und groben ohne Schaden für das lebendige Erkennen der Zustände möglich. Wir versuchen in der Richtung zu gehen, daß uns zuerst der unmittelbare, offene Verkehr der Rechtsuchenden mit dem Richter vor Augen tritt, dann die Pflicht der Parteien zur Wahrheit und Redlichkeit in der Prozeßführung, und zuletzt die Stellung der Parteien zum Urteil. Das führt freilich schon unmittelbar in die Betrachtung des Rechtsmittelwesens hinein, und auch vorher werden Dinge berührt, die *ex professo* nur mit der Stellung des Richters im Verfahren zusammen behandelt werden können. Wie der Richter z. B. durchaus freie Hand in der Hilfe zur Klagbesserung, in der praktischen Gestaltung des Verfahrens überhaupt hat, wie er statt der Abweisung wegen mangelnder Prozeßvoraussetzung oder fehlender Legitimation die Sache kurz zur Abstellung der Mängel vertagt oder gar konditional entscheidet [51]), dafür werden später die Beispiele zu bringen sein.

Bei den Londoner *Police-Courts* finden Rechtsuchende offenes Gehör. Am 22. August 1907 kommt eine alte Frau im *Marylebone P. C.* vor den Richter Denman und erzählt, daß sie lange Jahre als Putzfrau bei der Baroness Burdett-Coutts, einer im Frühjahr verstorbenen bekannten Philanthropin von großem Reichtum,

---

[51]) Vgl. auch oben Anm. 33.

gearbeitet hat; vor zwei Jahren ist sie in ihrem Dienst dort verunglückt und arbeitsunfähig geworden. Die Baronin hat ihr eine jährliche Rente gezahlt; aber nach ihrem Tod hat das aufgehört. Kann sie von den Testamentsvollstreckern die Rente noch weiter fordern? Der Richter bescheidet sie, daß ihr Fall nicht unter der *Workmens Compensation Act* steht; ihre Klage wäre aussichtslos. Vielleicht bringen die Berichte in den großen Tageszeitungen ihr freiwillige Unterstützung ein. — Am 16. August war im gleichen Gericht eine Hausbesitzerin erschienen, die sich über den Lärm und Gestank der Automobile in ihrer Nachbarschaft beklagte und gern einen Rechtsweg gegen die Störer ihrer häuslichen Ruhe beschritten hätte; auch sie hat mit einem negativen Rechtsrat abziehen müssen; das sei Sache des Gesetzgebers, nicht des Richters, meint Mr. Denman; gebe es doch niemand in London, der nicht dieselben Beschwerden ertrüge. Sie möge an den *Borough Council* petitionieren. — Am 18. August bringt ein Polizeiinspektor eine obdachlose Französin vor den Polizeirichter in *Clerkenwell*; man hält sie für eine vertriebene Ordensschwester; sie gibt dem Richter nur verwirrte Auskunft; der Inspektor berichtet, daß sie von den Anstalten, in denen sie untergebracht wurde, nach kurzer Zeit wieder auf die Straße geht und wandert. Der Richter sorgt dafür, daß sie untersucht wird, läßt sie in die Krankenabteilung führen, ordnet Nachforschungen in Frankreich an und lobt den Inspektor wegen seiner fürsorglichen Behandlung des Falles. Daß dieses offene Tribunal, bei dem nur der Applikant zum Wort kommt, leicht mißbraucht werden könnte, ist klar. Doch treffen wir selten auf Klagen darüber. Im *Police Court* von West Ham war Ende August eine Mrs. Bidgen erschienen, die ihren Mann, einen professionellen Fußballspieler, der böswilligen Verlassung zeiht; der Richter hatte die Verhandlung auf den 4. September angesetzt und den Parteien den Rat gegeben, sich unterdessen zu vertragen. In der Tat ist auch die Verständigung erfolgt, aber trotzdem erscheinen drei Anwälte und geben Erklärungen in der Sache ab. Im ersten Termin hätte nämlich die Frau bei der Aufzählung der Einkünfte ihres Mannes auch einen „*bonus*“ von 50 Pfund erwähnt, den er vom *Woolwich Arsenal Football Club* bekommen habe. Jetzt erklärt der Anwalt des Mannes diese Angabe für unwahr; ein Anwalt, der für den Klub auftritt, gibt dieser Berichtigung besonderen Nachdruck und bemerkt, der Klub sei durch die Meldung jener Aussage in den Zeitungen schwer gekränkt, da die Gewährung des *bonus* an den Spieler gegen die Regeln der *Football Association* verstoßen haben würde. Schließlich nimmt auch der Anwalt der Frau die Angabe zurück. Der Richter bemerkt, „*that it was not the practice to allow advertising to take place in the police-court. However as a statement had been made in that court, he thought it only right that opportunity should be given for contradiction*". [52]) — Im *High*

---

[52]) Die gleiche Möglichkeit der öffentlichen Rechtfertigung im Gerichtssaal finden wir in einer Strafsache wegen Streikvergehen vor dem Polizeigericht Clerkenwell am 25. September 1907. Einige Sandwichmänner standen unter der Anklage, während eines Tapeziererstreiks Plakate mit beleidigenden Äußerungen gegen den Unternehmer herumgetragen zu haben. Die Verhandlung drehte sich zunächst darum, ob solche Plakatinschriften eine „*peaceful communication*" im Sinn des Streikgesetzes von 1906 sect. 2 und deshalb erlaubt seien; dann erhob sich ein prozessual sehr eigentümlicher Streit zwischen dem Richter, der die gemieteten Sandwichleute mit einer Warnung entlassen, und dem Vertreter der Gewerkschaft, der ein eigentliches Urteil zum Zweck eventueller Berufung gesprochen haben wollte. Nachdem der Richter bei seiner Absicht geblieben war und die Angeklagten mit dem Bemerken entlassen hatte, wenn die Plakate sich wiederholten, werde er schon eine Strafe verhängen, die das Appellieren lohne, erhielt noch der Vertreter des Unternehmers das Wort zu der Erklärung, daß die Behauptung der Plakate über *sweated labour* vollständig erlogen sei und sein Klient immer in seinen Löhnen über dem Normalsatz der Gewerkschaften gestanden habe. Der Richter bemerkte zum Schluß, es sei nur recht und billig, daß der Unternehmer diese Gelegenheit bekommen habe, das beleidigende Plakat zu berichtigen — obgleich seine Wahrheit oder Unwahrheit für das zur Verhandlung stehende Delikt ganz gleichgültig war. — Im *South-Western Police Court* von London hat dagegen der Richter De Grey den unmittelbar entgegengesetzten Standpunkt eingenommen (8. August 1907); er hatte zunächst eine Miß Oldfield abgewiesen, die sich bei ihm Rats erholen wollte, wie sie sich eines zudringlichen Besuchers erwehren könne; als aber einige Tage später auch dieser angebliche Verfolger selbst, ein Duc de Pleneuf und Marquis de Grainville, in Begleitung seines

Court ist diese Art des offenen Gerichts natürlich nicht praktikabel, doch kann sich die Aufgabe des Richters, den Gesuchsteller zu beraten und nicht bloß wegen ungenügender Unterlagen abzuweisen, auch in einer Berufungsverhandlung noch zeigen. Am 26. April 1907 hatte der *Court of Appeal* einen Fall, der — dem Deutschen nur aus dem Fehlen der Feststellungsklage im englischen Prozeß erklärlich — in dieser Richtung interessant ist. Eine *music-hall*-Sängerin appellierte gegen die Entscheidung des Justice Bigham, von dem sie in der ersten Instanz die richterliche Erklärung verlangt hatte, daß sie berechtigt sei, öffentlich den *song* „*Under the Bamboo Tree*" vorzutragen. Sie hatte dieses Lied im Tivoli, einem Londoner Variété-Theater, gesungen; der Beklagte der ersten Instanz hatte durch seinen Solicitor dem Direktor des Tivoli schreiben lassen, sie habe kein Recht dazu, den „Bambusbaum" zu singen; der Direktor hatte ihr daraufhin auch die Nummer verboten. Ihre Klage ging auf Beleidigung und fiel in dieser Richtung durch den Spruch der Jury völlig ab. Außerdem hatte sie aber jene richterliche Feststellung ihres Rechtes zum Vortrag des Liedes — sie will es nicht erworben haben, sondern als eine Art Menschenrecht besitzen, da das Lied nicht geschützt ist — verlangt; der Richter hat das abgeschlagen, der Appellhof (Lords Justices Vaughan Williams, Moulton und Buckley) weist die Berufung zurück; Lord Justice Vaughan Williams sagt in seiner Urteilsbegründung, die Klägerin könne eine Injunktion — einstweilige Verfügung — gegen ihren Gegner bekommen, wenn sie Grund zu haben glaube, daß er fortgesetzt aus bösem Willen ihr die Möglichkeit zum Singen des Liedes hintertreibe; aber einstweilen könne sie keinen Richterspruch über ein „Recht" verlangen, das seinem Wesen nach doch nur das Nichtrecht eines andern, nämlich des Autors, ist.

Solicitor im Gericht erschien und öffentlich erklären wollte, daß er die Wohnung für Miß Oldfield gemietet habe, um sich bei einer Krankheit von ihr darin pflegen zu lassen, da schnitt der Richter ihm kurzweg das Wort ab; das Gericht sei keine öffentliche Rednertribüne, und wenn er jetzt die eine Partei höre, werde in acht Tagen wieder die andere kommen und berichtigen wollen. — Der Richter hat ganz freie Hand darin, ob er eine solche *declaration* erlauben will oder nicht.

Diese Rechtsbelehrungen, die natürlich ihre Wichtigkeit für die Parteien erst durch das Fehlen fester gesetzlicher Vorschriften bekommen, sind nun nichts Auffälliges, nichts für unsere Vorstellung Exotisches. Eigentümlicher scheint uns schon die Art, in der der Richter — am auffälligsten in Strafsachen, aber auch bei Zivilklagen — seinen Eindruck vom persönlichen Auftreten der Partei für das Urteil verwertet, sich Versprechungen künftigen Wohlverhaltens, Beteuerungen der Reue und Entschuldigungen geben läßt und dann auch der hartnäckigen Gegenpartei nahelegt, ihre Klage fallen zu lassen; als Gegenstück kommen dann die Fälle, in denen auf die Verzeihung oder Entschuldigung des Geschädigten im Strafprozeß entscheidendes Gewicht gelegt wird. Am 23. Februar kam vor Justice Bucknill in den Maidstone Assisen der Handelsreisende Trainor unter der Anklage des Mordversuchs. Der öffentliche Ankläger (*Prosecutor for the Treasury*) erklärte, daß der vom Angeklagten Angeschossene, den Trainor im Verdacht der Entführung seiner Frau hatte, den Richter um eine gnädige Beurteilung der Tat bitten lasse; vom Anwalt Trainors werde allerdings auch erwartet, daß er für seinen Klienten die Unhaltbarkeit jenes Verdachts ausdrücklich zugestehe. Trainor plädiert: „schuldig der Körperverletzung", und die Jury gibt auf die Weisung des Richters das Verdikt darauf. Vor der Strafverkündung entspinnt sich dann folgender Dialog zwischen dem Verteidiger (Dickens, K. C.), dem Richter und dem Verurteilten:

Mr. Dickens said defendant desired to make no suggestion whatever against Mr. Gould.

Mr. Justice Bucknill: Is he as a man now satisfied that he has done that which was unlawful, and that the accusations he made against Mr. Gould were absolutely without foundation? In open court will he tell us that on his word of honour?

Trainor: Yes; quite right.

The Judge: Do you say it because you feel it?

Trainor: I feel very sorry for what I have done.

The Judge (to Mr. Dickens): Can I receive assurances from Mr. Trainor, as a man of position, that the world may know that he offers the most ample apologies one man can offer to another not only for what he has done, but for the accusations he has made against Mr. Gould?

Mr. Dickens: Without reservation, and in a most unqualified manner, I say yes.

Nach einer nicht öffentlichen Besprechung des Richters mit dem Verteidiger ist dann eine *nominal sentence* ergangen. — Ein ganz ähnlicher Fall endete vor dem Polizeigericht in Stratford am 11. August mit der Freilassung des Schuldigen, der durch acht Tage Untersuchungshaft (*remand*) zur Einsicht gebracht worden war. Er hatte, von großer Liebe zu einer jungen Dame geplagt, sie bei Tag auf ihren Gängen verfolgt und zuletzt auch bei Nacht stürmisch Einlaß in die Wohnung ihrer Eltern verlangt, dabei den Sohn im Handgemenge verletzt und auch der Polizei Widerstand geleistet. Da aber der Gerichtshof ihn mehr für überreizt als für bösartig hält, so kommt er auf Parole frei. Der Vorsitzende, Mr. Howard fragt ihn: *You recognise the unreasonableness and unkindness of your conduct? — I do so, indeed. And you undertake not to repeat the offences? — Yes, sir. — The trouble has doubtless been caused through overstudy and hard work, and your nerves have evidently got into a bad state. If you are wise you will take a holiday.*

Mr. Metcalf, for the father of the young lady, said Mr. Browning had no vindictive feeling in the matter.

Mr. Howard said they recognised that, and were sorry for Mr. Browning.

Prisoner expressed his sorrow for the annoyance he had caused Mr. Browning, and he was then discharged.

Der Richter im *Police Court* und im Grafschaftsgericht geht auch nicht selten über die Unterstützung einer *persona miserabilis* aus der *poor-box* des Gerichts[53]) hinaus und gibt aus der eigenen

---

[53]) Der Sovereign aus der Armenbüchse wird gewöhnlich dem mittellosen Angeklagten gegeben, der „schuldig" plädiert hat und als *first offender* nicht gestraft, sondern zu gutem Verhalten während einiger Monate verpflichtet wird *(bound over)*. Er muß, um seinen guten Willen zeigen zu können, natürlich zuerst über einige arbeits-

Tasche eine Unterstützung her, die einem bedingt entlassenen *first offender* das ehrliche Fortkommen erleichtern oder eine bürgerliche Schuld zahlen helfen soll. Wenigstens einen Fall der letztern Art führen wir aus einer langen Reihe von Berichten an: Im Southwark County Court ruft eine Frau (am 3. Juli 1907) den Richter Willis um Hilfe an, weil ihr Mann in Schuldhaft genommen werden soll; der Mann ist krank und bekommt zehn Schilling Krankengeld in der Woche; ihre Miete ist acht Schilling wöchentlich; sie hat sechs Kinder durchzubringen und nur zwei Schilling bares Geld schaffen können, um dem Haftbefehl wegen zwölf Schilling zu begegnen; der Gerichtsvollzieher hat ihr gesagt, er dürfe keine Abzahlung annehmen, sondern nur die ganze Summe. Der Richter sistiert die *Committal order*, zahlt den Rest der fälligen Schuld und entläßt die Frau mit einem Geldgeschenk.

Man wird bei alle dem nicht sagen können, daß die englischen Richter die heilsame Binde vor den Augen der Justitia entfernt und sich jenes „Ansehens der Person" schuldig gemacht hätten, das von den ältesten Rechtsbüchern bis auf die heutige Zeit mit ihrem Schlagwort von der „Klassenjustiz" eine so große Rolle im Glauben des Volks an die Gerichte gespielt hat. Wir haben nicht gefunden, daß der Herzog von Richmond und Gordon in dem großen Steuerprozeß vor der *Kings Bench Division* (Justice Bray) anders behandelt worden wäre als eine Arbeiterfrau, die unter der *Workmens Compensation Act* klagt, oder daß im gleichen Rechtsstreit der *Attorney-General* — also *praeter propter* der Justizminister — der die Klage für den Fiskus vorbrachte, sich mehr hätte herausnehmen dürfen als irgend ein Anwalt im Kreuzverhör seiner Gegenpartei. Auch ein Mitglied des Oberhauses, das mit seinen hohen Konnexionen droht, schüchtert den Richter nicht ein. Am 18. Juli kam der Führer einer Automobildroschke, die mit Lord Montagu als Insassen in Regents Park wegen zu schnellen Fahrens angehalten worden war, vor Mr. Paul Taylor im Marylebone Police Court. Lord Montagu, der sich des Führers angenommen und die

---

lose Tage wegkommen. Manchmal sagt ihm der Richter, er möge das Geld zurückgeben, wenn er später sein Auskommen hat.

Polizisten grob angefahren hatte, dafür aber auch von ihnen als nicht ganz nüchtern behandelt worden war, erschien vor Gericht, um auch hier den Führer in Schutz zu nehmen und zu bezeugen, daß die Droschke nicht entfernt eine Geschwindigkeit von achtzehn Meilen in der Stunde gehabt habe; die Polizeiuhren seien falsch gegangen. Der Richter gibt dem Führer seine 40 Schilling Strafe; in der Begründung sagt er, er kenne die beiden Konstabler von Gerichts wegen als zuverlässige und ruhige Beamte und könne in ihrem Verhalten nichts finden, was auch nur den leisesten Anlaß zur Gereiztheit gegeben hätte (der edle Lord hatte ihnen mit der Anzeige bei ihrem Vorgesetzten gedroht, mit dem er bekannt ist). Zwar sei erwiesen, daß Lord Montagu nicht betrunken war — er kam nämlich von der Beratung des Oberhauses über die Heeresreform — aber er, der Richter, sei auch darüber nicht im Zweifel, daß Lord Montagu sich so aufgeregt benommen habe, daß die Polizisten ihn wohl für betrunken halten konnten[54]).

Am ehesten könnte man noch sagen, daß der Richter die Person ansehe, wenn der Schuldner oder der Angeklagte ein Ausländer ist. Hier scheint der Richter nicht über dem Volk und seinen Leidenschaften zu stehen, sondern mitten in ihm. Er läßt den „*undesirable alien*", der mittellos in London gestrandet ist und von der Polizei aufgegriffen wird, hart an und schickt ihn ins Arbeitshaus, während er den Engländer oder den Kolonialen im gleichen Fall vielleicht aus der Armenbüchse unterhält und ihm zu einem neuen *start* im Leben hilft. Er kritisiert in den Urteilsgründen gern den verbrecherischen Nationalcharakter des Franzosen, Deutschen und Italieners, der vor ihm steht, ohne aber bei der Strafzumessung dem Bedauernswerten seine nicht englische Abkunft wenigstens strafmildernd anzurechnen. Man kann

[54]) Dem gegenüber fällt wohl nicht allzuschwer ins Gewicht, daß Mr. Pierpont Morgan als Zeuge in einem großen Hochstapeleiprozeß vor dem *West London Police Court* (State v. Josephine Leslie, Ende Juli 1907) mit besonderer Rücksicht behandelt und sogar die Vernehmung der Hauptzeugin sogleich unterbrochen wird, als er im Gerichtssaal erscheint, damit er abgehört werden kann und seine kostbare Zeit nicht verliert.

im Polizeigericht zu hören bekommen, daß die Zuhälterei in London nur von Ausländern ausgeübt wird — die Franzosen im Soho-Viertel mit seinen kleinen Spielsalons sind besonders verdächtig — und wenn man sich dann in den *High Court* begibt, so muß man gewärtig sein, zu erleben, daß einem Deutschen vorgehalten wird, er habe hier nicht bloß nach den Begriffen seiner Heimat, sondern nach englischem Maß Wahrhaftigkeit und Redlichkeit zu üben. Im *Thames Court* kam im letzten Winter ein Deutscher vor den Richter, der nach seiner Ausweisung wieder in England erschienen war; er konnte dem Richter dartun, daß er drei Tage nach dem Ausweisungsbefehl — er hatte drei Monate Arbeitshaus „*for living with a woman who misconducted herself*" abgebüßt — nach Deutschland abgereist, von dort aber sofort nach England zurückgeschoben worden war, weil er vor der Verurteilung fünfzehn Jahre in England gelebt hatte. Der Richter brachte aber für diesen Spielball des Völkerrechts kein Mitleid auf, sondern verurteilte ihn unter einigen Ausfällen gegen das Verhalten der deutschen Behörden zu zehn Wochen *hard labour*. Freilich ist um der Gerechtigkeit willen bei diesen Dingen zu bedenken, daß die Kriminalität der Ausländer in London im Verhältnis zu der in Paris oder Berlin unverhältnismäßig groß ist, daß der leidenschaftliche Haß des Volkes gegen den billigen fremden Arbeiter in England sich genau so gegen Deutsche und Italiener richtet wie in Amerika gegen die Japaner oder in Transvaal gegen die Chinesen, und vor allen Dingen, daß der englische Richter sein starkes Nationalgefühl, seine Volkstümlichkeit, sein gesteigertes Verständnis für das Leben und Fühlen des eigenen Volkes, seine oft erstaunliche Kenntnis der heimischen Verhältnisse, seine Fähigkeit, mit jedem Mann aus dem Volk vertraulich in seiner Sprache zu reden, daß er alle diese Vorzüge erkaufen muß mit der vollkommensten Konzentration auf sein Volk, sein Land, sein Recht und mit dem vollkommenen Verzicht auf den Versuch, fremdes Wesen kennen zu lernen oder zu verstehen. Der bewundernswerten Sicherheit, mit der ein englischer Richter das eigene Recht handhabt, entspricht eine für uns erstaunliche Hilflosigkeit, sobald ausländisches Recht hereinzuspielen beginnt; es ist menschlich leicht begreiflich, daß diese Hilflosigkeit sich hinter grober Ablehnung des unbekannten, unheimlichen Fremdwesens versteckt. Auch ist die Regel keineswegs ohne Ausnahme. Ein Fall, in dem Alderman Sir Alfred Newton im November 1906 einen völlig hilflos gestrandeten Deutschen, der auf fremdem Grundstück die Nacht zugebracht hatte, statt der Strafe dem deutschen Konsulat zur Versorgung überwies und auf die Erklärung des Konsulatsbeamten, er habe keinen öffentlichen Fonds für solche Unterstützung, sich mit großer Entschiedenheit als Magistratsperson für die Versorgung des Mannes einsetzte, ist auch in den deutschen Zeitungen seiner Zeit besprochen worden. Im Prozeß Eckhardstein, in dem das Verhalten des deutschen Mannes gegen die englische Frau eine sehr gefährliche gerichtliche Prüfung zu bestehen hatte und in dem der Beklagte den Gerichtshof durch das lange Hinausziehen seines persönlichen Erscheinens sehr gereizt hatte, war die Instruktion des Richters an die Jury vollkommen *fair* gegen den Beklagten; die Geschworenen wurden ausdrücklich darauf hingewiesen, daß sie zu seinen Gunsten bedenken müßten, wie ihm als Ausländer der Stand im Kreuzverhör des englischen Prozesses ungewöhnlich schwer habe werden müssen. Auch im Prozeß Draughn versus Thyssen, in dem der Beklagte gewiß keine Sympathien zu erwecken geeignet war, hat der Richter streng unparteiisch summiert und sich jeder Äußerung gegen den Ausländer als solchen enthalten.

Wer allerdings gerade an die skandalösen *breach of promise*-Prozesse vom Schlag jenes *Tumti-Tumti case* denkt, die in den forensischen Berichten während der Sitzungszeit des *High Court* einen so breiten Raum einnehmen, dem fällt es nicht ganz leicht, daran zu glauben, daß in der Stellung des Richters zu den Parteien auch eine Funktion der Verhütung ärgerlicher Prozesse eingeschlossen ist. Sie gehört zu den Aufgaben des Richters, die uns am fremdesten berühren. Doch sind für sie Beispiele da, die vom einfachen Tadel der Klagerhebung bis zur Zurückweisung der Parteien *a limine* und zur offenen *denegatio iuris* aus Gründen des öffentlichen Anstandes gehen. Der erste Fall spielt im September 1906 vor Justice Bargrave Deane in *Kings Bench Division.* In den Gerichtsferien war eine einstweilige Verfügung vom gleichen Richter erlassen worden, durch die dem Standesbeamten auf vierzehn Tage hinaus verboten wurde, die Ehe zwischen Mr. O'Hehir und Miss Darlington zu schließen. Die Mutter des Bräutigams hatte das Verbot erwirkt. Nun sind die vierzehn Tage abgelaufen; der Standesbeamte ist aber stutzig geworden und erklärt, er wolle die Eheschließung nicht vornehmen, ehe ihm ein Schein über die ausdrückliche Aufhebung jener Verfügung vorgelegt wird. Die beiden Verlobten wenden sich an den Richter und sagen ihm durch ihren Anwalt, daß er ihnen die Ungesetzlichkeit seines früheren Spruchs zugeben und bescheinigen soll. Sie sagen: dir fehlte das *imperium* zum Erlaß des Verbotes, weil keiner von uns beiden Gerichtsmündel ist. Du hättest den Bräutigam entmündigen und dadurch die Ehe unmöglich machen können; aber ihn frei lassen und ihm trotzdem die Heirat verbieten, das kannst du nicht. Der englische Richter ist kein Kadi, der unter dem Palmbaum sitzt und urteilt, wie es gerade an ihn kommt. Er hat Kompetenzen, die er nicht überschreiten darf. Aber das Gesuch der Verlobten wird *a limine* und ohne jede Konzession an ihre Auffassung abgewiesen. „*Surely a judge of the High Court has power to restrain anything if he thinks it right and expedient to do so.*“ Wie kann man von Ungesetzlichkeit reden, wenn ein Richter in voller Verantwortung eine Verfügung getroffen hat, die geeignet (*fit*) und in der Ordnung (*proper*) und praktisch (*expedient*) ist? Wohl aber ist nach des Richters Meinung das Gesuch der zwei Parteien ein verfehlter Schritt; es ist ein lächerlicher Unsinn, von ihm zu verlangen, daß er den jungen Mann auf die Gutachten über seine Geistesschwäche hin gleich habe entmündigen und ins Irrenhaus bringen sollen oder ihm die Heirat erlauben; wenn er bei Vernunft wäre, könnte ihm das Warten jedenfalls nichts schaden. Ein Skandal aber ist es, daß nun durch das Gesuch der Geisteszustand des Mannes zur öffentlichen Verhandlung gebracht wird. Deshalb ohne weiteres: fort mit dem Prozeß. — Der zweite Fall, der uns bekannt wird, spricht noch weit deutlicher. Er stand am 20. Oktober 1906 vor Judge Bacon im Grafschaftsgericht Bloomsbury zur Verhandlung. Ein Geistlicher hatte mit einem Predigtamtskandidaten einen Vertrag geschlossen, in dem ausgemacht war, daß der Kandidat gegen eine

Vergütung von 42 Schilling für den Sonntag die Vertretung des Geistlichen übernehmen sollte. Der Vikar war auch bereit und zur Stelle, konnte aber nach seiner Darstellung der Sache die übernommenen Pflichten deswegen nicht erfüllen, weil sein Partner ihn dabei völlig im Stich gelassen, ihm keine Texte und sonstigen Instruktionen gegeben hatte. Er klagt nun auf Zahlung seines Lohnes gegen den vertragsbrüchigen Reverend. Der Richter eröffnet die Verhandlung mit der Frage: ob es wohl schicklich sei, daß zwei Geistliche sich so vor dem Richter stritten; und auf die Erklärung eines Solicitors, daß man sich schon vergeblich um einen Vergleich bemüht habe, dringt er in die Anwälte, sie sollten auf die Eröffnung der Verhandlung verzichten. Das ist zunächst vergeblich; der Vertreter des Vikars bringt seine Klage vor. Aber ehe der Gegner zum Wort kommt, hat der Richter schon erklärt, daß er nicht geneigt sei, eine solche Klage anzunehmen, und hat damit erreicht, daß der Anwalt des Klägers jetzt die Sache „ganz in die Hände des Richters" legt. Darauf der Richter: „Dieser Entschluß steht zwei geistlichen Dienern der Staatskirche viel besser an. Die Klage soll als nicht angestellt gelten und jede Partei ihre eigenen Kosten zahlen".[55]) Wir haben kein Recht, anzunehmen, daß hier gerade die Staatskirche und ihr besonderer Schutz im Recht des Staates den Ausschlag gegeben habe. Eine Verhandlung im *Whitechapel County Court* vor demselben Richter Bacon gibt ein Beispiel dafür, daß der gleiche Schutz und Respekt auch der jüdischen Religionsgemeinschaft gezollt wird. Im Prozeß eines entlassenen Vorlesers der Great Garden-Street-Synagoge gegen den Vorstand der Synagoge war der Chief Rabbi Dr. Adler vom Kläger als Zeuge geladen worden, um über eine Entscheidung des Beth Din in seiner Sache auszusagen. Der Richter lehnt mit der größten Entschiedenheit gegenüber dem Drängen des Anwalts die Ladung und Vernehmung des Oberrabiners in seiner Eigen-

[55]) Ein nicht minder häßlicher Prozeß um die Übernahme einer Pfarreinrichtung durch den Amtsnachfolger — es handelte sich um eine Pfarre im Patronat des Viscount Peel, und der Beklagte war ein Hon. Peel — wird dagegen mit schonungslosem Kreuzverhör vor dem Grafschaftsgericht durchgefochten (24. Januar 1907).

schaft als Richter im Beth Din ab; so wenig er, Judge Bacon, einer Zeugenladung folgen würde, die ihn zu einer Aussage über Vorgänge im Gericht aufforderte, so wenig brauche Dr. Adler — der sich dem Richter gegenüber bereit erklärt hatte, auf dessen Verlangen als Zeuge zu erscheinen — zu kommen, um sich über das Verfahren vor dem geistlichen Disziplinargericht befragen zu lassen. Überhaupt hätte es dem Kläger angestanden, sich bei der Entscheidung des Beth Din zu beruhigen, statt daß er dagegen das ordentliche Gericht anruft. Die Klage wird denn auch schließlich abgewiesen.

Der Gebrauch, den der Richter hier von seiner Gewalt macht, um eine widerstrebende Partei auf den seiner Ansicht nach rechten Weg zu bringen, steht dem Recht des Gerichts auf ehrliche Prozeßführung schon sehr nahe. Wenige Beispiele aus dem Zwischengebiet der Sitzungspolizei und formellen Prozeßleitung werden uns unmittelbar auf die Wahrheitspflicht der Parteien führen, die jenem Gerichtsrecht entspricht.

Bei der Behandlung der Querulantenklagen und der weitschweifigen Erzählungen, mit denen zumal die Frauen aus dem Volk ihre Gesuche und Aussagen zu umgeben pflegen, ist eher die große Langmut und ein freundliches Eingehen auf die Gewohnheiten der „kleinen Leute" als strenge Handhabung der Sitzungspolizei auffallend. Mehrere Londoner Polizeirichter sind in der Stadt geradezu berühmt für die Fähigkeit, mit jedem Angeklagten oder Zeugen auf seine eigene Art zu reden; Mr. Plowden z. B. gibt keinem Cabman und keiner Marktfrau an schlagfertigem Humor nach, und man sagt, daß kein Lustspiel so unterhaltend sein könne als eine Verhandlung vor ihm, in der er vielleicht zwei verzankte Brautleute wieder zusammenbringt oder einen erbitterten Mieter über die nächtlichen Geräusche in seiner Nachbarschaft tröstet. Aber auch sonst sieht man öfter die äußerste Rücksicht auf den Querulanten als barsche Abweisung. Im Polizeigericht Clerkenwell erschien z. B. am 27. September 1907 ein Arbeiter, der wegen ungehöriger Aufführung von der Straße weg verhaftet und vorgeführt war, mit einer Bibel unter dem Arm und beantwortete die Fragen und Ermahnungen des Richters mit ebenso vielen

Jesaiaszitaten; er hatte sich in eine Versammlung von Anhängern der „neuen Theologie“ [56]) gemischt und sie als Jesuiten und Verräter an König und Staat angesprochen; auch die Polizisten, die ihn weitergehen hießen, hat er als Werkzeuge der Jesuiten und Kinder des Teufels bezeichnet und sich ihnen heftig widersetzt. Der Richter erschöpft sich in Versuchen, ihn zu einem einfachen Versprechen künftigen Wohlverhaltens zu bringen und ihm klar zu machen, daß er alle seinen Überzeugungen über die Schändlichkeit der neuen Theologie treu bleiben könne und doch nicht die Ruhe auf den Straßen zu stören brauche; und als alles gegenüber der Bibelfestigkeit des Angeklagten vergeblich bleibt, gibt er ihm noch einen Tag Frist, damit er sich überlegen kann, ob er das Versprechen geben oder zwei Bürgen für sein ruhiges Verhalten bringen will. — Im *City of London Court* war am 18. Juli 1907 vor Judge Lumley Smith ein Subskribent der *Encyclopaedia Britannica* verklagt, der, mit dem Werk unzufrieden, die Zahlung der Raten verweigert hatte [57]). Der Schuldner griff ein Urteil, das ihm für den Fall der Nichtzahlung das Schuldgefängnis angedroht hatte, als nichtig an; die Zustellungen seien nicht in Ordnung gewesen; der Kläger habe gar keine Aktivlegitimation; er, der Beklagte, sei im ersten Verfahren gar nicht erschienen, weil er gewußt habe, daß bei den Fehlern in der Ladung auch das Urteil nichtig sein werde. Der Richter gab ihm in diesen Punkten durchweg unrecht, verbat sich die zwölf Seiten langen Briefe, die er vom Beklagten bekommen habe, und erklärte mit besonderer Schärfe, daß jenes Ausbleiben des Beklagten mit dem Hintergedanken späteren Nichtigkeitsangriffs ganz unzulässig sei: er hätte kommen müssen und den Fehler gleich rügen. Aber als der so Angelassene das neue Urteil mit den Worten annimmt: „Ich freue mich, daß Sie gegen mich entschieden haben, denn jetzt bin ich journalistisch

---

[56]) Diese *New Theology*, von einem Rev. R. J. Campbell erdacht und im City Temple gepredigt, ist etwa dem liberalen Protestantismus in Bremen vergleichbar.

[57]) Die Epidemie von Prozessen, die sich an den Absatz des englischen Konservationslexikons im Abzahlungssystem angeschlossen hat, ist unten Seite 133 erwähnt.

frei, und daran liegt mir am meisten", da repliziert der Richter nur „*All right. You send me copies*" und hat die Lacher auf seiner Seite [58]).

Aber zu dieser äußerlich sanften Handhabung der Sitzungspolizei steht die scharfe Anwendung der richterlichen Gewalt gegen unrechte Prozeßführung der Parteien im schroffen Gegensatz. Hier beschränken sich auch die Beispiele nicht mehr auf die Gerichte niederer Ordnung und die summarische Jurisdiktion der Polizeigerichte, wie bei den zuletzt erörterten Fragen, die im feierlicheren Verfahren des *High Court* oder gar des *House of Lords* mit seinem Anwaltszwang eigentlich gar nicht auftauchen können. Das Eigentümliche ist, daß die Beurteilung und Würdigung des persönlichen Verhaltens einer Partei im Rechtsstreit — ja sogar ihres redlichen und billigen Verhaltens in der Streitsache außerhalb des Gerichts — im Zivilprozeß ebensosehr von Bedeutung ist wie im Strafprozeß, und daß sie im Strafprozeß dem Verfolger gegenüber in gleicher Weise wie gegenüber dem Angeklagten bemerkbar wird. Erstes Beispiel: ein Versicherungsprozeß vor dem Grafschaftsgericht Blackburn (15. Juli 1907), in dem die *Pearl Life Insurance Company* auf die Zahlung einer Versicherungssumme von 20 Pfund für den verstorbenen Onkel der Klägerin verklagt ist. Die Gesellschaft bestreitet ihre Zahlungspflicht damit, daß kein „*insurable interest*" bei der Klägerin vorgelegen hat, als sie die Police auf ihren Onkel aufnahm, und diese Einrede schlägt auch durch. Da aber die Klägerin erzählt, wie der Agent der Gesellschaft sie zum Abschluß

---

[58]) Freilich führt die Milde nicht immer zum Ziel. Aber sovie wir sehen, sind offene mit körperlicher Gewalt zu lösende Konflikte zwischen dem Richter und den Personen im Gerichtssaal äußerst selten; wenn sie einmal eintreten, so ist der renitente Zeuge oder Gesuchsteller gewöhnlich ein Angehöriger der höheren Stände, etwa ein Geistlicher oder ein Großkaufmann. Wir haben einen Fall aus dem *Tower Bridge Court* vom 3. Juli 1907, in dem der Reverend F. H. Williams aus Whitby gerichtliche Vorladungen gegen eine Reihe von hohen Polizeibeamten und gegen das Personal eines Londoner Hotels beantragt hatte, dem Richter aber durchaus keine nähere Angaben über die Natur der angeblichen Verschwörung dieser Personen machen wollte und schließlich von den Gerichtsdienern hinausgeworfen werden mußte.

der Versicherung gedrängt und ihr sogar zugeredet hat, den Onkel für ihren Vater auszugeben (dann wäre eben das *insurable interest* vorhanden gewesen), so gibt der Richter im Urteil den Gesellschaften eine scharfe Rüge, weil sie ihre Agenten nicht sorgfältig genug wählen und beaufsichtigen (*they don't keep a tight hand on the agents, and consequently a great many persons are induced to insure lives which are not insurable by persuasion of friends who are agents. It is not at all a good custom, and is against public interest*), läßt die Protokolle dem öffentlichen Ankläger überweisen und verweigert der beklagten Gesellschaft als Ausdruck des Tadels die Überweisung ihrer Prozeßkosten auf die Klägerin. — Zweites Beispiel: Im Guildhallgericht in London (Alderman Sir G. Faudel-Phillips, 31. August 1907) verklagt ein Taxameterkutscher seinen Fahrgast auf 20 Schilling Fahrgeld; 6 Schilling, die er für Warten vor verschiedenen Wirtschaften rechnet, sind bestritten. Er hat nach einem Rennen in Kempton Park den Beklagten und noch vier andere Gäste aufgeladen und gefahren; einer von diesen hat angeblich den Taxameter verrückt, so daß er nicht die richtige Summe zeigt. Der Anwalt des Beklagten behauptet, die Uhr sei der einzige und souveräne Richter über den Fahrpreis und der Kutscher dürfe nie behaupten, daß sie falsch zeige [59]). Dem folgt der Richter nicht; aber er sagt dem Kläger: hättest Du nicht gegen die Ordnung fünf Fahrgäste aufgenommen, so hättest du merken müssen, wenn Dir einer an die Uhr geht. Der Beklagte gibt zu, daß die Droschke ein paar Mal gehalten habe, nur sei es nicht so lang gewesen. Im Urteil bekommt der Kläger nur 2 Schilling Wartegeld und 4 Schilling Kosten — 2 Pfund hat ihn der Prozeß wirklich gekostet —, weil er mit der Aufnahme der fünf Gäste gegen die Fahrordnung verstoßen hat. „Ich hätte Dir unter gewöhnlichen Umständen Deinen Anspruch und die Kosten zugebilligt; aber Du kommst nicht mit sauberen Händen hierher; Du

[59]) Das Taxametersystem war zu der Zeit in London eben eingeführt, weil die Cableute sehr häufig die Fahrgäste überforderten; daraus erklärt sich auch, daß die Taxameteruhren als eine Art Regierungseinrichtung behandelt werden, gegen die es keine Auflehnung der Kutscher geben dürfe.

bist schuld daran, daß die Zweifel und der Prozeß möglich waren; Du hast zuerst gegen das Recht gehandelt." — Drittes Beispiel: Im *City of London Court* verklagt ein Buchmacher einen Handelsreisenden auf die Zahlung von 76 Pfd. St. 17 sh. 11 d. geschuldeter Kommissionsgebühren (19. September 1907, Judge Rentoul, K. C.). Der Beklagte erhebt den Einwand des Spieles, denn die Schuld sei aus Wettverlusten zusammengesetzt. Die Verhandlung ergibt, daß der Schuldner ein alter Rennwettmann ist, der aber immer nur verloren haben will. Der Richter sagt in der Verhandlung, daß die höchsten Richter im Lande die Berufung auf das Spielgesetz für eine schäbige Einrede erklärt hätten und daß ein alter Spieler mit dieser Einrede keine Sympathie verdiene, wenn auch vielfach kein großer Unterschied zwischen Buchmachern und Taschendieben bestehe; schließlich fällt auch das Urteil gegen den Beklagten (nach dem Bericht des Daily Telegraph vom 20. September):

> *Judge Rentoul said that the Gaming Act was passed to protect an innocent man from being swindled; but, where two business men of great experience like the plaintiff and the defendant entered into a gambling transaction it was not fair, although it was quite legal, for the defendant to raise the Act as a defence. Of course the defendant would have taken the bookmaker's money if he had won. The plaintiff could not have pleaded the Act if he had been sued, as it would destroy his business of a bookmaker. He gave judgment for the plaintiff for the sum claimed, with costs. Perhaps that would be an inducement to the defendant not to gamble any more, for he was evidently not lucky about it. As the plaintiff was willing to take instalments, he ordered payment of L 1 a month*[60]).

[60]) Das Urteil ist im Vergleich mit unserer Differenzeinwand-Judikatur lehrreich. Man darf nicht außer acht lassen, daß durch die Anordnung der kleinen Abzahlungsraten auch der Gläubiger seinen Teil von der Verwerflichkeit des Geschäfts zu tragen bekommt, da er 77 Monate warten darf, bis er zur völligen Tilgung seiner Forderung kommt.

Die Fälle, in denen die Unredlichkeit der ganzen Klage oder Verteidigung vom Richter gerügt wird, sind natürlich selten im Vergleich zu denen, die im Lauf einer Verhandlung einzelne unbillige Prozeßbewegungen, unwahre oder widerspruchsvolle Angaben [61]), böswillig gestellte Fragen der Parteien aufweisen. Indessen läuft hierbei die Kasuistik Gefahr, sich den Vorwurf der Schwerfälligkeit zu verdienen; auch ist die Wahrheitspflicht der Partei im engeren Sinn — im Gegensatz zu der allgemeineren Pflicht redlicher Prozeßführung — zu eng mit der Form des Verfahrens, mit der beschworenen Aussage der Partei an den Gegner im Kreuzverhör verbunden, als daß man sie auf das Treueverhältnis der Partei zum Richter zurückführen könnte. Auf der anderen Seite täte man unrecht daran, an den Fällen achtlos vorbeizugehen, in denen der Richter zugunsten einer — nach seiner Meinung — prozessual übervorteilten Partei in das Kreuzverhör eingreift oder selbst die Beweisführung an sich nimmt; wird dabei eine Partei einer unwahren oder unredlichen Prozeßhandlung überführt, so bleibt gewöhnlich der Richter nicht dabei stehen, daß er die Folgen jener Handlung vereitelt, sondern gibt in der Hauptsache — mag sie auch mit der einzelnen Handlung nur locker zusammenhängen —

---

[61]) *A man must abide by his plea:* das gilt auch im modernen und summarischen Verfahren in aller Strenge. Hat ein Angeschuldigter die Tat gestanden, so kann er nicht nachher kommen und behaupten, er habe das Geständnis nur abgelegt, weil ein Detektiv ihm gesagt, er käme dann als *first offender* besser weg, als wenn er leugnete; in Wirklichkeit habe er die Tat nicht begangen (*Marylebone Policɘ Cuort,* 15. Februar 1907, vor Mr. Plowden).

Richter: *Why do you listen to people who advise you to take a course which you know to be contrary to the truth?*

Ford: I have no experience of the police-court.

Mr. Plowden: It is nothing to do with the police-court. You tell me you are an innocent man, and, knowing yourself innocent, you said you were guilty to please someone else. I cannot follow these ramifications of conscience. I cannot do anything. You must abide by your own plea. If you suffer you have yourself to thank. Another time, when you are innocent, don't say you are guilty.

das Urteil gegen die unredliche Partei ab; jedenfalls tut er das, soweit für seine Entscheidung in der Hauptsache ein *dubium* bleibt. Wir können zwei schlagende Beispiele genügen lassen. Das eine ist einem *breach of promise*-Prozeß entnommen, der sich im Herbst 1906 vor Justice Bray in *Kings Bench Division* zwischen dem Direktor der Capsuloid Company und seiner Privatsekretärin abspielte. Ein Einwand des Beklagten war, daß die Klägerin ihm ein früheres Liebesverhältnis zu einem dänischen Offizier verheimlicht habe, als er ihr das Eheversprechen gab; beim Kreuzverhör stellte sich heraus, daß er in den Vorverhandlungen zu einer Zeit, zu der er den Namen jenes Offiziers schon gekannt haben mußte, die Klägerin darüber im dunkeln hielt, offenbar um ihr damit eine Falle zu stellen. Der Richter stellte dieses Verfahren des Beklagten durch scharfe rhetorische Fragen für die Jury ins hellste Licht, gab zu erkennen, daß das kein „*fair play*", keine anständige Prozeßführung sei. Das wirkte dann im Spruch der Jury und im Urteil des Richters nach. — Das zweite Beispiel liefert ein Schneiderprozeß vor dem Grafschaftsgericht Southwark (ebenfalls Ende 1906); der Schneider verklagte einen Juwelenhändler auf Zahlung des Preises für einen Anzug; der Beklagte behauptete, Rock und Weste säßen nicht, seien ihm zu eng. Er demonstrierte das auch dem Richter *ad oculos*, in dem er die Kleidungsstücke im Anziehzimmer des Gerichts anlegte und damit dartat, daß er die Weste nicht zuknöpfen könne. Aber der Kläger gab nicht nach; er hatte seinen Zuschneider bei sich, der den Beklagten im Gerichtssaal maß und behauptete, seit dem Maßnehmen für den Anzug sei er um fünf Zentimeter dicker geworden. Der Richter und der Gerichtsschreiber fanden das Aussehen des dicken Mannes verdächtig; er mußte mit einem Konstabel abtreten und sich untersuchen lassen; nach kurzer Zeit erschien denn auch der Begleiter wieder und hatte dem Beklagten vier dicke Wollhemden abgezogen. Sogleich legte der Anwalt der überschlauen Partei die Vertretung nieder, und als der Juwelenhändler wieder aus der Garderobe erschien und nun noch Zeugen für sein Recht aufrufen wollte, schnitt ihm der Richter das kurzerhand ab; nach der unehrenhaften Art, in der er versucht habe, das Gericht zu täuschen und den Kläger zu schädigen, könne ihm kein Beweis mehr helfen. Er wird verurteilt und trägt alle Kosten [62]).

Der einzige Fall eines Scheinprozesses — wenn man die Klage einer vorgeschobenen Partei so nennen darf — aus dem letzten Gerichtsjahr ist schon früher erwähnt worden. Die Klage einer Schauspielerin gegen einen Verleger, der gefälschte Photographien von ihr in den Handel gebracht hatte, wäre sicher durchgedrungen, wenn der Richter nicht aus der Verhandlung den Eindruck bekommen hätte, daß die Klägerin erst von einem rivalisierenden Verleger zu der Klage angestiftet worden sei [63]).

Sieht man diese Zeugnisse einer arbiträren Richtergewalt, so fragt man sich fast unwillkürlich: wie stellt sich die Partei dazu? Läßt sie sich die Zensur des Richters gefallen? Geht sie nicht von dem unteren Richter, der allzu menschlich Recht spricht, an den Appellhof und begehrt reines Juristenrecht, ohne Ansehen ihrer moralischen Qualitäten? Nun ist zur Genüge bekannt, daß nirgends von den Rechtsmitteln ein sparsamerer Gebrauch gemacht wird als in England, wo eine Mandel Richter alle Beschwerden, Berufungen und Revisionen des ganzen Landes ohne besondere Schwierigkeiten erledigt. Man hat auch eine rationalistische Erklärung für dieses Phänomen: die Rechtsmittel kosten zu viel. Wir werden uns damit nicht zufrieden geben können; denn der üble Geruch, der überhaupt dem Geld anhängt, verdirbt auch die Argumente, die mit Geld und Geldeswert zu tun haben; für einen Menschen, der um seine Existenz kämpft und nichts zu verlieren hat, kann kein Rechtsmittel zu teuer sein, und für wirklich große

---

[62]) Als Gegenstück kann ein Prozeß vor dem Polizeigericht Marylebone (Mr. Plowden) am 19. August 1907 dienen, in dem ein Droschkenkutscher auf 19 sh. 2d. Fahrgeld klagte und der Gerichtsschreiber fragte, wie der Kläger die 2 d. begründe? Dieser erwiderte, seine Uhr sei, während er mit dem Beklagten über die 19 sh. stritt, noch um die zwei Pence weiter gefallen, worauf ihm Mr. Plowden sofort, ohne Einwendung des Beklagten, sagt: „Das ist eine Unverschämtheit, Sie wissen ganz gut, daß Sie kein Recht haben, für die Zeit etwas zu fordern, während der Sie mit dem Gast über das Fahrgeld streiten." Damit sind die 2 d. erledigt.

[63]) Vgl. oben S. 53.

Streitobjekte eines reichen Landes kommen auch die hohen Anwaltskosten und Gebühren des *House of Lord*-Gerichts nicht ernstlich abschreckend in Betracht. Wenn wir täglich erleben, daß Leute mit einem Einkommen von 1200 Mark um ein Objekt von 10 Mark die 100 Mark wagen, die ein einfaches amtsgerichtliches Verfahren sie alles in allem doch kosten wird — weshalb sollen wir dann glauben, daß ein Mann von 6000 Pfund im Jahr sich scheut, für eine Instanz im Prozeß über 1000 Mark 10000 Mark Kosten zu riskieren? Die hohen Gebühren und anderen Kosten eines Rechtsmittels bringen die Parteien genau ebensowenig zur vernünftigen Unterwerfung unter das Urteil der ersten Instanz, wie etwa die hohen Gehälter der Richter die Rechtsprechung zu verbessern vermögen.

Was für Gründe können aber sonst hinter der englischen Sparsamkeit im Gebrauch der Rechtsmittel stecken? Wir haben einen sehr guten statistischen Beleg für diese Ökonomie; das Law Journal hat nach amtlichen Berichten die Zahl der Prozesse festgestellt, in denen die materielle Streitfrage nach den neuen Haftpflichtgesetzen, der *Workmen's Compensations Act*, zu entscheiden war, und die Rechtsmittel, die in diesen Prozessen eingelegt wurden, daneben verzeichnet. Für die Jahre 1900 bis 1906 ergibt sich folgendes Bild:

Kalenderjahr	Anhängig gemachte Prozesse bei den Grafschaftsgerichten in England und Wales	Eingelegte Berufungen an den Court of Appeal	Weitere Berufungen an das House of Lords
1901	1918	61	3
1902	1807	59	1
1903	2033	38	2
1904	2435	34	2
1905	2469	97	5
1906	2532	57	2

Sieht man von den Ziffern für 1905 ab, so ergibt sich als auffallendstes Ergebnis die stetige Zunahme der Klagen in erster Instanz — erklärbar aus der Zunahme der Betriebe, der Arbeiter und demnach der Unfälle und aus der überall beobachteten Gewöhnung der Berechtigten an die Geltendmachung ihrer Ansprüche — und die ebenso stetige Abnahme der Rechtsmittel in der gleichen Zeit 1901—1904 unter dem Gesetz von 1899 und dann wieder von 1905 auf 1906. Von den Berufungen des Jahres 1906 waren 35 von Arbeitnehmern, 22 von Arbeitgebern eingelegt, die beiden Fälle im *House of Lords* waren von Arbeitnehmern vor das höchste Gericht gebracht. Im Appellgericht waren von jenen 35 und 22 Berufungen je fünf (also zehn unter 57) erfolgreich; von den zwei Berufungen an das *House of Lords* eine.

Die *Workmen's Compensation Act* hat den englischen Gerichten mehr zu schaffen gemacht als irgendein anderes Stück Gesetzgebung aus dem letzten Jahrzehnt. Im Jahre 1899 brachte sie neues Recht, das mit den Präjudizien der Obergerichte an vielen Punkten in offenem Gegensatz stand; die Novelle hat das Gesetz sehr kompliziert gemacht und technische Schwierigkeiten hineingebracht. Nun ist die englische Auffassung, daß ein Gesetz um so besser ist, je seltener es von den Gerichten angewandt zu werden braucht. Eine gute, klare Rechtsnorm setzt sich selbst durch, ihre Anwendung ist eine friedlich-schiedliche. Ist das Gesetz ungeschrieben, so kann auch über sicheres gutes Recht, wenn eine Partei sich der gemeinen Meinung und Übung nicht fügen will, ein Gerichtsspruch notwendig werden. In dieser Richtung liegt die Bedeutung der rechtsschöpferischen Tätigkeit der Gerichte, des Präjudiziensystems. Ist aber einmal eine *lex scripta* da, so ist jeder Rechtsstreit, der nach dieser *lex* entschieden werden muß, in dem also die Parteien und ihre Anwälte, jeder für sich, das Gesetz anrufen, ihm zwei ganz verschiedene, gegensätzliche Meinungen und Vorschriften unterlegen, ein schlechter Punkt für das Gesetz. Deshalb ist das Haftpflichtgesetz kein gutes Gesetz; die Statistik über seine Anwendungsfälle zeigt das in ihrer Rubrik für die erste Instanz deutlich. Man dürfte eher eine verhältnismäßig große Zahl von Rechtsmittelfällen gerade für dieses Gesetz erwarten, und jedenfalls geht aus der starken Majorität der Arbeitnehmerberufungen über die der Arbeitgeber hervor, daß die Kosten des Berufungsverfahrens nicht die starke abschreckende Wirkung haben, die man ihnen sonst zuschreibt.

Wenn die Kasuistik nicht täuscht, so ist der Grund dafür, daß trotzdem nur in zwei von hundert Prozessen Berufung und in einem von tausend die Oberberufung eingelegt worden ist — und weiter dafür, daß außerhalb der *Compensation Act* der Prozentsatz der eigentlichen Berufungen (Beschwerden ausgeschlossen) zur Gesamtzahl der anhängigen Prozesse ein noch günstigerer, niederer ist — eine gemeinsame Tendenz der Appellgerichte zur Niederhaltung der Rechtsmittel. *Appeals are not to be encouraged.* Der Berufungsrichter hat bei der Ausübung seines Amtes nicht nur an die Parteien und ihr Individualrecht zu denken, sondern auch — vielleicht in erster Linie — an die Rechtsordnung und die Justiz, die dem ganzen Volk zugute kommen muß. Die kleine Zahl der Oberrichter mag sie gelegentlich aus reinem Selbsterhaltungstrieb hart sein lassen. Aber abgesehen von diesem Notargument für die strenge Behandlung der Rechtsmittelkläger — im *House of Lords* kommt es zum Beispiel nie zu einem Drang der gerichtlichen Geschäfte — ist es ein Rechtsgrundsatz, daß der Oberrichter nur dann dem Appellanten recht gibt, wenn in der untern Instanz ein schwerer Verstoß gegen die rechtliche Ordnung, eine „Fehlgeburt der Justiz", vorgekommen ist — und nicht schon dann, wenn er, der Oberrichter, an der Stelle des Unterrichters anders geurteilt oder den Prozeß anders geleitet hätte [64]).

---

[64]) Bei diesen und den folgenden Ausführungen soll nicht übersehen werden, daß auch das Gesetz das Seine dazu tut, um den Parteien die Rechtsmittelsucht abzuerziehen. Fast noch wirksamer als die absolute Verweigerung der Rechtsmittel in der Prozeßordnung ist es, wenn der Unterrichter selbst *leave to appeal* geben oder weigern kann. (Einen Vergleichspunkt bietet in unserm Recht wohl nur die Entscheidung des Unterrichters über die vorläufige Vollstreckung bei aussichtslosem Rechtsmittel und das Armenrecht.) Im *City of London Court* wollte am 5. September ein Diamantenhändler, der zur Zahlung einer Schneiderrechnung verurteilt wurde — er hatte sich Maß nehmen lassen und den Anzug bestellt, sich aber dann geweigert, zur Anprobe

Vom Mai bis zum Juli beschäftigte ein großer Seifenprozeß die englischen Gerichte, der aus einem angeblichen Versuch zur Bildung eines Seifentrusts unter der Führung der großen Firma

---

zu kommen und der Streitpunkt war, ob der Schneider daraufhin den Preis fordern und sich zur Fertigstellung des Anzugs nach der Anprobe bereit erklären könne oder den Anzug auf die Gefahr des Bestellers unprobiert fertig machen und dann erst Zahlung verlangen —, aufbegehren und erklärte bei der Urteilsverkündung trotzig: ich appelliere. Der Richter sagte ihm: „Sie benehmen sich sehr unklug, wenn Sie so reden, denn in diesem Prozeß gibt es eine Berufung nur, wenn ich es erlaube" und, so dürfen wir fortsetzen, wenn Sie das Urteil nicht bescheiden hinnehmen, erlaube ich die Berufung auf keinen Fall. — Der Daily Telegraph berichtet am 27. August über das erste Jahr des neuen Haftpflichtgesetzes folgendes:

"Only a small proportion of the claims against employers for compensation for injuries to workmen find their way into the law courts. It has been calculated that in those industries which have to report accidents to the Board of Trade—railways, factories, mines, and quarries—the claims that come before the courts for compensation in respect of death, in which large sums would generally be payable, and which would, therefore, be the most likely to be disputed, are not more than 29 per cent. of the total cases, and this figure includes a good many finally settled out of court, and others in which the only question was the apportionment of the compensation among the dependants. As for injuries, it seems probable that the number of cases taken into court is less than 1 per cent. of the total number in which compensation is payable.

Nevertheless, 2,532 claims under the Workmen's Compensation Act were settled last year in England and Wales with the aid of judges or arbitrators, and a further 5,171 by agreements and informal arbitrations, of which a record was filed in the county courts; and some interesting particulars of these cases are given in a Blue-Book issued from the Home Office yesterlay. Since the Workmen's Compensation Act came into force in 1899 there has been a constant rise in the number of actions brough under its provisions in the county courts. In the first twelve months' working the total was 1,347. Five years later it had risen to 2,033; in 1905 it was 2,469; and last year the figure was 2,532. The great majority of the cases finally settled went in favour of the claimant. The number so decided was 1,179, whilst the respondents were successful on only 245 occasions. Fifty-seven cases were carried to the Court of Appeal, more than half of them by the workmen or their dependants, and in two cases an appeal was made to the House of Lords, on both occasions at the

Lever Brothers (Port Sunlight) hervorgegangen war. Eine Zeitungsgruppe (die Associated Newspapers unter Führung der Daily Mail) hatte die Seifenkoalition heftig bekämpft und sich dabei den Vor-

---

instance of the workmen. One of these last was successful, whilst the Court of Appeal upset ten judgments, deciding five in favour of the workmen, and five in favour of the employers.

Upwards of £ 105 000 was awarded by the courts amongst 553 claimants on account of death, and the average compensation worked out to £ 190 13 s 11 d per case, which is a higher figure than in any previous year. The average amount paid for injuries, where a lump sum was awarded, was £ 39; but many of the injury cases are settled on the basis of a weekly pension, and there are no statistics to show how long the payments continue. For total incapacity the average weekly payment was 11 s 6 d, which is a few coppers less than in previous years, and for partial incapacity 9 s 10 d.

Resort to the county court is not the most popular method of settling claims under the Workmen's Compensation Act, even where differences arise. While 2,532 cases were taken to court, 5,096 were settled by agreement, sixty-eight by committee of employers and employed, and seven by informal arbitration. A legal record of all these had to be kept; but of the vast number in which terms were readily agreed upon there is no official cognisance. The workmen whose claims were dealt with by agreement or informal arbitration appear to have come better off than those who went to court, so far as injuries are concerned, the average weekly payment being 13 s 3 d; but the average payment for death was only £ 167, against £ 190 awarded by the courts. These differences have been fairly constant throughout the operation of the Act. It is of interest to note that whilst the average payments for incapacity in all industries was £ 41 13 s where a lump sum was put down, and 13 s 3 d a week where that was the basis of compensation, the figures were in the case of agriculture £ 15 14 s 2 d and 9 s 4 d respectively.

Since the Workmen's Compensation Act began to be familiar, procedure under the Employers' Liability Act has become increasingly unpopular, and the number of actions so brought was last year 476, against 590 in 1901, the amount of compensation being £ 9,341. The average amount obtained under the Employers' Liability Act in respect of death was last year larger than that under the later Act — £ 192 against £ 190 — but it has generally been less. In London, curiously enough, litigants make much more use of the older Act than is usual in the provinces.

Figures furnished to the Board of Trade show that the cost of the Compensation Act to railway companies — the only class of industry

wurf zugezogen, daß die von der Koalition angestrebte Verringerung der Konkurrenzreklamen und Inserate den Zorn des mächtigen Zeitungsbesitzers Lord Northcliffe erregt habe. In einem Beleidigungsprozeß Lever Brothers v. Associated Newspapers erhob sich ein Zuständigkeitsstreit eigentümlicher Art: die Kläger wollten den Beweis führen, daß ihre Seife das volle Gewicht der Anzeige auf dem Umschlag trage und daß die gegenteilige Behauptung der verklagten Zeitungen erlogen sei; als Zeugen wollten sie eine Reihe von Angestellten und Spediteuren anrufen, die in und bei Liverpool wohnen, und deshalb sollte die Verhandlung vor den Assisen in Liverpool stattfinden. Die Beklagten beriefen sich dagegen auf das Zeugnis der Detailverkäufer in London und ihrer Kunden und stellten den Antrag, daß ein Gericht der Hauptstadt oder ihrer Umgebung für zuständig erklärt werde. Der *Master in Chambers* und dann Justice Sutton entscheiden für Liverpool. Im *Court of Appeal* hatten am 3. Juni die Lords Justices Moulton und Buckley das letzte Worrt dazu zu sagen; in der Verhandlung, in der, wie im ganzen Prozeß, Isaacs für die Beklagten und Carson für die Kläger sprachen, stellte sich heraus, daß in Wirklichkeit den Beklagten jeder Ort in England außer Liverpool recht gewesen wäre, das in unmittelbarer Nähe von Port Sunlight liegt und in der Streitfrage ein starkes lokales Interesse zugunsten der Kläger hatte. Isaacs rief die Billigkeit dafür an, daß, wenn der Kläger sich seine Zeugen für einen bestimmten Gerichtsort zurecht gesetzt hat und der Beklagte für einen andern, nun ein dritter Ort mit gleichen Chancen für beide Parteien bestimmt werden sollte. Aber die Berufung gegen die Zuständigkeitsentscheidung der untern Instanzen wurde zurückgewiesen; in den Berichten über das Urteil heißt es, daß beide Appellrichter zwar zugegeben hätten, sie würden an der Stelle des Unterrichters ein anderes Gericht als gerade Liverpool gewählt haben, daß sie aber keinen Grund sähen, „sich einzumischen".

---

for which such statistics are available — was last year £ 164 000 in England and Wales, £ 18 000 in Scotland, and £ 6000 in Ireland. This represents about 10 s 7 d per £ 100 of wages paid.

Lord Justice Buckley said that, speaking for himself, if he had been the judge of the first instance he did not at all say he would have made this order, but that was not the question. The question was, the judge having made the order, was there such a case that they ought to interfere? He thought there was not.

Mit ganz ähnlichen Wendungen haben am 25. Februar 1907 drei Richter im *Court of Appeal* eine Prozeßbeschwerde zurückgewiesen, die sich gegen das Verbot gewisser Fragen in einem Preß-Beleidigungsprozeß durch den *Master at Chambers* und den Richter erster Instanz (Justice Bray) richtete. Die Beleidigung bestand darin, daß der Beklagte geäußert haben sollte, der Kläger schriebe seine Zeitungsartikel nicht selbst; vier Personen waren in der Klage angeführt, zu denen an verschiedenen, nicht genau bezeichneten Tagen diese Äußerungen getan worden seien. Der Richter strich die Fragen, die sich auf diese Vorgänge bezogen, als „*fishing questions*" — Fragen, die erst zur Ermittelung von Klaggründen führen sollen, nicht die Wahrheit fest behaupteter Klaggründe erhärten —; der Anwalt der Appellanten führte aus, daß ihm, wenn er fiktive Daten in die Klage gesetzt hätte, die Fragen gewiß durchgegangen wären und daß ihm seine Wahrheitsliebe nun doch nicht zum Schaden ausschlagen müsse; aber sein Gesuch um Erlaubnis zum Appellieren wurde abgeschlagen; die Richter sahen „keinen Grund, sich in das Ermessen des Richters erster Instanz einzumengen, der seine diskretionäre Befugnis ausgeübt hat", ohne flagranten Verstoß gegen Recht und Billigkeit.

Das sind typische Entscheidungen.

Die Kasuistik zeigt natürlich nirgends eine Regel ohne Ausnahme. Wir treffen auf echte Berufungen und auf Beschwerdefälle, auf Appellationsgesuche und Revisionen, bei denen die dritte Instanz mit der ersten gegen die zweite oder gegen die beiden untern Richter den Prozeß entscheidet, und wir dürfen kaum annehmen, daß es mehr als ein Zufall ist, wenn uns kein Fall begegnet, in dem die beiden obern Instanzen sich gegen die erste zusammengefunden haben. Im Prozeß gegen eine Automobilfabrik, deren Angestellter mit einem zur Reparatur stehenden Wagen bei der Probefahrt den Schaden angerichtet hatte, lautete die Instruktion des Grafschaftsrichters in der ersten Instanz an die Jury dahin, daß die Gesellschaft haftbar sei, wenn der Chauffeur bei dem Zusammenstoß — er hatte einem Bekannten zu der kritischen Zeit die Lenkung überlassen, um sich nach einem verdächtigen Maschinengeräusch im Hinterteil des Wagens umzusehen — in der ordnungsmäßigen Ausübung seiner Pflichten gegen die Gesellschaft gehandelt habe. Darauf hatte die Jury dem Kläger seinen Schadenersatz von der Gesellschaft zugesprochen. Die Berufung an einen *Divisional Court* (zwei Richter im *High Court*) ergab die Kassierung des Spruchs wegen jener Instruktion; die Oberberufung an den *Court of Appeal* (drei Richter) führte zur Wiederherstellung des ersten Urteils; der *Lord Chief Justice*, der mit im *Court of Appeal* saß, bemerkte in seiner Begründung, daß der Chauffeur, trotzdem er nach der Instruktion den Wagen selbst lenken sollte, in der Not berechtigt war, nach dem verdächtigen Geräusch im Wagen zu sehen und unterdessen seinem Mitfahrer, der übrigens ein geprüfter Chauffeur war, die Lenkung zu überlassen; die Gesellschaft hafte in einem solchen Fall auch für das Fahren dieses letzten (Harris v. Fiat Motors Ltd., Anfang Mai 1907). — In Rex v. Brighton Corporation (*Court of Appeal*, 11. April 1907) war in der ersten Instanz einem Steuerzahler von Brighton gegen seine Gemeinde eine *Certoriari*-Ladung zugesprochen worden, durch die er den Gemeinderat zwingen wollte, vor Gericht zu beweisen, daß die Herrichtung einer Strafe für den Automobilverkehr von den Steuerzahlern eingetrieben werden dürfe — das heißt, er will sich weigern, die angesetzten Umlagen zu zahlen, bringt dem Gericht *prima facie*-Gründe für seinen Anspruch und schiebt dem Gegner, der Gemeinde, die Beweislast für die Legalität der Umlagen zu. In der zweiten Instanz erklärte ein *Divisional Court*, der aus dem *Lord Chief Justice* und zwei Richtern des *High Court* bestand, einstimmig die Ausgabe für ungesetzlich und den Einwand der Gemeinde, daß ihre zuständigen Organe in der diskretionären Ausübung ihrer Befugnisse formgerecht die Straßenanlage beschlossen hatten, für hinfällig. Aber auf die Oberberufung an den *Court of Appeal*, der mit den Lords Justices Vaughan Williams, Moulton und Buckley besetzt war, bekam die Gemeinde recht, offenbar im letzten Grund nicht auf juristische, sondern auf politische Argumente hin; das Gericht hielt es für überaus wichtig, daß in die Autonomie der Stadtverwaltungen möglichst wenig eingegriffen werde; man müsse dartun können, daß die beschließenden Organe *mala fide* gehandelt, mit öffentlichen Geldern Mißbrauch getrieben hätten, um eine solche Klage durchzubringen. — Auch im Beleidigungsprozeß des Dr. Dakhyl gegen H. Labouchere als Besitzer der Zeitung Truth ging die höhere Instanz von der Ansicht des *Lord Chief Justice* ab, der als Einzelrichter in der untersten Instanz seine Jury dahin instruiert hatte, daß der Ausdruck „*quack*" (Quacksalber) jedenfalls eine Beleidigung darstelle, da ein Quacksalber ein Mann sei, „der prahlerisch vorgibt, ärztliches Können zu besitzen, das er in Wirklichkeit nicht besitzt". Die Berufung ficht das Urteil an, weil der Lordoberrichter der Jury hätte überlassen müssen, was sie unter einem Quacksalber verstehen will. Von der Entscheidung des Appellgerichts (der Präsident, Lords Justices Stirling und Mathes) geht die Oberberufung an das *House of Lords* (14. März 1907) und hier ordnet der Lordkanzler mit den Lords Davey, Robertson und Atkinson als Beisitzern eine neue Verhandlung in der ersten Instanz an; die Jury muß, unbeeinflußt vom Richter, den „Quacksalber" interpretieren. (Übrigens hob der Lordkanzler gerade in diesem Urteil den früher angeführten Grundsatz hervor, daß man nur „*as the only means of redressing a clear miscarriage*" zu der Anordnung einer Wiederholung des Verfahrens schreiten dürfe; „*the appeal ought not to be entertained upon any but the most solid grounds*"; „*an order for a new trial is a most deplorable result*".) — In dem großen Seifenprozeß Lever Bros. v. Associated Newspapers ließ der Richter der ersten Instanz bei einer präparatorischen Verhandlung (*in chambers*) folgende Frage zu: „Hat der Kläger die Absicht, zu behaupten, daß die Beklagten bei der Veröffentlichung der inkriminierten Worte von bösem Willen gegen den Kläger geleitet waren? Wenn ja, dann möge der Kläger die Tatsachen und Umstände allgemein angeben, auf die er sich stützen will, um daran jenen bösen Willen zu zeigen." Gegen die Zulassung dieser Frage wandte sich der Kläger mit einem *appeal* — in unserem Sinn einer Beschwerde — an das Appellgericht, und hier strichen die beiden Richter (Lords Justices Moulton und Buckley) die Frage weg, weil sie den Kläger zwingen wolle, seine Prozeßführung in der kommenden Verhandlung von vornherein festzulegen; darauf habe der Gegner kein Recht (29. Juni 1907). — Ein zweiter Beschwerdefall mag hier den Schluß bilden: Ein Familienzwist hat zu einer Beleidigungsklage des Anwaltes I. Woodfin gegen seinen Schwager und seine Schwägerin Mac Farlane geführt; der Kläger wollte in der Vorverhandlung vor dem *Master in chambers* an die Beklagte Fragen stellen, die ihren Ehebruch implizierten. Der *Master* hatte die Frage verweigert, der Richter, ebenfalls *in chambers*, sie erlaubt. Im *Court of Appeal* vertrat einer der besten Anwälte, Mr. Duke, K. C., die *Appeal*-Beschwerde gegen diese Erlaubnis mit der Begründung, daß Fragen, die den Ehebruch des Befragten unter seinen Eid stellen wollen, unzulässig sind und daß überhaupt Fragen gestrichen werden müssen, die nicht zur Erledigung der Sache unbedingt notwendig sind. Die Beschwerde ist angenommen worden; Lord Justice Cozens-Hardy meinte in seinen Gründen, daß die Gerichtsregel, die unzweckmäßige, verwickelte, unnötige oder ärgerniserregende Fragen zu streichen empfiehlt, jene Frage ausschlösse, selbst wenn das Präjudiz des Appellgerichts in Redfern v. Redfern nicht ausdrücklich die Frage nach dem Ehebruch verböte.

Auch diese Fälle, in denen das Rechtsmittel mit Erfolg gebraucht wurde, zeigen mancherlei eigenartige Züge: daß ein hoher Richter bald in der untersten, bald in der höheren oder höchsten Instanz judiziert; daß die Empfindlichkeit des Unterrichters keineswegs geschont wird, und daß sich die Schärfe der Kassationsgründe auch gegen den *Lord Chief Justice* wenden kann; daß die drei Instanzen nicht nur für den Angriff auf die Totalentscheidung, sondern auch für Beschwerden über einzelne, fast verschwindende Verfügungen des Richters oder des *Master* im Vorverfahren und vollends für Angriffe auf ein Zwischenurteil zur Verfügung stehen; daß das höhere Gericht nicht aus mehr Richtern und auch nicht aus „höheren" Richtern zu bestehen braucht als das Untergericht. Aber wir müssen zum Schluß wiederholen, daß das Einzelheiten oder Ausnahmen sind, die im bunten Bild der Kasuistik erscheinen müssen, daß aber der Grundton auch in diesem Bild deutlich wahrnehmbar ist: die Partei soll im gewöhnlichen Fall sich beim ersten Urteil bescheiden; ihr Rechtsmittel wird vom höheren Gericht nicht schon dann angenommen werden, wenn dieses Gericht über das individuelle Recht der Partei anders denkt als der erste Richter, sondern nur dann, wenn die angegriffene Handlung des unteren Gerichts einen Rechtsbruch darstellt, einen wunden Fleck im Gerichtswesen des Landes.

Diese Auffassung ist nicht bloß das Ideal, das den Administratoren der Justiz vorschwebt; sie ist wirklich auch bei den Rechtsuchenden durchgedrungen. Dazu brauchte es freilich nicht nur der günstigen Disposition des englischen Volkscharakters zum Halten der Ordnung im eigenen Haus, zu „freiwilliger Disziplin", sondern auch der tätigen Mitwirkung aller Prozeßorgane, vor allem der Anwälte.

Viertes Kapitel.

Der Richter im Verfahren.

Erster Abschnitt: Sein Verhältnis zu den Prozeßpersonen.

Jede Nebenperson, die im Prozeß handelnd auftritt, ist in gewissem Sinn ein Helfer des Richters bei der Ausübung seines Amtes, zur Erfüllung seiner Aufgabe. Der feine, im Gesetz oft gar nicht deutlich ausgedrückte Unterschied, den wir auf dem Kontinent zwischen dem Sachverständigen — dem Richtergehilfen — und dem Zeugen — dem Beweishelfer der Partei — machen, ist im englischen Prozeß verwischt. Doch nicht dermaßen, daß auch der Sachverständige dem Richter von den Parteien gebracht würde wie ein Zeuge oder ein Augenscheinsobjekt; vielmehr ist der Zeuge oder der Besitzer eines Beweisstückes oder der außergerichtliche Bevollmächtigte der Partei (*solicitor*) oder, im Strafprozeß, der Ankläger (vielleicht der Agent einer jener zahlreichen Überwachungsgesellschaften des öffentlichen Lebens in England oder der Polizist oder Detektiv, der ein Delikt aufdeckt und verfolgt) sind alle diese im Prozeß handelnden Personen gleich dem Sachverständigen des kontinentalen Rechts Gehilfen des Richters. Wir dürfen uns nicht scheuen, das sogar von den Anwälten der Parteien im Zivilprozeß und — wenigstens teilweise — vom Verteidiger des Angeklagten im Strafverfahren zu behaupten.

Der Richter hat eine Sache zu entscheiden. Er beauftragt zwei erfahrene Juristen damit, den Fall zu studieren und ihm dann, unter ausgemachter Verteilung der Rollen, die verschiedenen rechtlichen Beurteilungen, die möglich sind, in schärfster Zuspitzung der Gegensätze vorzutragen. Der Richter ist bei diesem

Verfahren davor sicher, daß er sich selbst beim Einarbeiten in den Fall voreilig eine Meinung bildet, deren Gegenargumente er dann nicht gern in seiner Überlegung zu Wort kommen ließe; er ist sicher, daß jeder Disputant für seine Ausführungen den Vorteil hat, den die entschiedenste Parteinahme, die ausgesprochene Einseitigkeit des verfochtenen Standpunktes für die Schärfung der Argumente und für ihre äußerste Verwertung mit sich bringt; aber die Disputanten können dabei doch nicht an Gewinnen oder Verlieren eines eigenen Streites denken — wodurch sie vielleicht zur Verwendung trügerischer Gründe und zur Rabulistik verführt werden könnten —; vielmehr müssen sie das Bewußtsein haben, daß der, dessen Meinung der Richter ablehnt, genau ebensoviel für die Erfüllung der Richteraufgabe getan und zur richtigen Entscheidung des Prozesses beigetragen hat wie sein Gegenüber.

Wenn wir das als die Essenz des Verhältnisses zwischen dem Richter und den Parteianwälten im englischen Prozeß bezeichnen, so ist natürlich sehr leicht zu entgegnen, daß gleich die ersten Worte der Wirklichkeit widersprechen; denn wer hätte je gehört, daß der Richter die Anwälte ernennt und bestellt? Wählt sie nicht die Partei oder vielmehr ihr Solicitor in vollkommener Freiheit? Heißt es nicht in jedem Prozeßbericht: Für den Kläger war *Mr. X., K. C. instructed by Messrs Y. Z.*, also der Anwalt, instruiert von der Firma der Solicitors? Schickt nicht die Partei dem Anwalt den „*brief*", bietet ihm sein Honorar und bezahlt ihn? Woher soll da jene Gehilfenstellung des Anwalts zum Richter kommen? Aber so stark diese *argumenta ad hominem* zu sprechen scheinen, so wenig bedeuten sie in Wirklichkeit gegen die Auffassung, die wir vertreten. Die Partei selbst darf, so sehr ihr Selbsterhaltungstrieb und ihre Kampflust sie dazu drängen möchte, nicht gegen den Richter im Prozeß handeln, nicht den Prozeßgang erschweren, und überhaupt von vornherein gar nicht mit einer schlechten Sache vor Gericht kommen, sondern „*putans se bona instantia uti*", wie der gemeinrechtliche Kläger unter seinem Kalumnieneid. Darum erwartet man auch vom Anwalt der Partei, daß er die Vertretung niederlegt, wenn seine Partei einen offenbar fingierten Anspruch durchfechten oder eine schikanöse Verteidigung führen will. Darum kann der Anwalt Vertreter der Partei sein und zugleich Vertrauensmann des Richters. Indessen ist für uns mit der Möglichkeit dieser Verbindung noch wenig bewiesen; wir brauchen Zeugnisse dafür, daß der Anwalt zum Richter so steht, Zeugnisse aus der Praxis. Sie fehlen nicht.

Daß der Rechtsbeistand sich nicht auf das Gewinnen des Prozesses um jeden Preis versteifen darf, daß er nicht materiell am Ausgang des Streites interessiert sein soll, das bezeugt uns ein charakteristisches Vorkommnis im Grafschaftsgericht Southwark (Judge Willis, Mayon v. Raymond): ein Anwaltsgehilfe klagt gegen seinen Prinzipal auf ein Monatsgehalt und behauptet im Lauf der Verhandlung, daß dieser ihn oft ausgeschickt habe, in der City herumzugehen und in den Bars die Zeche für trinklustige Solicitors und ihre Sekretäre zu zahlen, damit sie ihm *briefs* zuwendeten; auch habe der Anwalt oft Sachen mit der Bedingung angenommen, daß die Partei ihm eine geringere Gebühr als die auf dem *brief* verzeichnete geben und ihn dann im Fall des Prozeßgewinnes erst mit der vollen Summe oder einem „Extra“ honorieren werde. Nun ist der Richter sonst viel zu beschäftigt, um sich in die außergerichtlichen Abmachungen zwischen dem Anwalt und der Partei zu mischen; auch war in dem Prozeß nur streitig, ob der Anwalt seinen Gehilfen mit gutem Grund ohne Kündigungsfrist entlassen hatte. Trotzdem reichten jene Behauptungen des Klägers mit ihrer moralischen Verdächtigung des Gegners hin, um den Anwalt des Beklagten zu dem ausdrücklichen Gesuch zu veranlassen, der Richter möge seinem Klienten den Eid darüber abnehmen, daß er sich jener Honorarpraxis nicht schuldig gemacht habe. Und der Richter kam im Urteil in den schärfsten Ausdrücken auf die allgemeine Beschuldigung zurück, die der Kläger mit seiner Schilderung erhoben hatte: es müßte ihn mit dem tiefsten Bedauern erfüllen, wenn ein Anwalt sich für den Fall des Prozeßgewinnes ein besonderes Honorar versprechen ließe; das ginge geradeaus gegen die Ehre des Berufes.

Daß auch die Auffassung von der Beratung des Richters durch die Anwälte, die wir entwickelt haben, sich praktisch zeigt, das erweisen die gar nicht seltenen Fälle, in denen der Richter sein

Urteil abgibt „*without calling on counsel of the opposite side*". In der Michaelissession 1906 hatte z. B. Justice Warrington (*Chancery Division*) einen Prozeß zwischen dem Cyclists' Touring Club und einigen opponierenden Mitgliedern zu entscheiden; der Klub wollte seine Statuten ändern, um auch Motorfahrer aufnehmen zu können, die Mitglieder griffen die Kompetenz des Klubs zur eigenmächtigen, außergerichtlichen Statutenänderung (unter der *Companies Act* 1890) an. Der Richter hörte den Anwalt des Klubs, der sich in der Klägerrolle befand, und ließ sich die beschworenen Aussagen vorlesen, auf die sich der Kläger stützen wollte; dann richtete er an den Anwalt der opponierenden Mitglieder nur die Frage, ob er die Absicht habe, die Kompetenz zur Statutenänderung nach der *Companies Act* überhaupt zu bestreiten; auf die bejahende Antwort blieb dem Anwalt der Beklagten seine Gegenausführung erspart; der Richter wies das Klagegesuch ab, weil er erstens die richterliche Erlaubnis zu der Aufnahme der Motoristen in den Radfahrerklub nicht geben würde, zweitens aber nach dem Gesetz diese Statutenänderung überhaupt nicht zulässig sei, sogar mit der Erlaubnis des Richters nicht. — Solche Fälle sind, wie gesagt, häufig. — Seltener kommt es vor, daß der Richter einen Anwalt in seinen Ausführungen oder im Zeugenverhör unterbricht und erklärt, seine Meinung stehe nun fest und der Anwalt brauche sich keine Mühe mehr zu geben. In einem der beiden Polizeigerichte, die in der City von London liegen und in denen die Aldermänner von London der Reihe nach Richterdienst tun — sie sind natürlich fast lauter Kaufleute —, ereignete sich ein solcher Fall im Februar 1907 (Mansion House, Sir Horatio Davies; Anzeige der Chicagoer Reklameagentur Ch. H. Fuller gegen einen Angestellten der Londoner Agentur wegen Unterschlagung). Das Kreuzverhör des Managers der Londoner Agentur durch den Anwalt des Angeschuldigten ergab so eigentümliche Praktiken im Geschäftsbetrieb, daß mitten im Verhör der Richter erklärte, die Beweisführung der Anklage sei ungenügend, und den Angeschuldigten entließ.

Diese summarischen Prozeduren gehören eben zu den Ausnahmen, durch die eine Regel deutlich gemacht und bestätigt wird. Die Anwälte sollen in Rede und Gegenrede dem Richter die zwei denkbaren, möglichst gegensätzlichen Auffassungen des Falles darstellen, damit er sich daraus leicht die Mitte ziehen kann. Deshalb sagt er dem Anwalt, sobald er sich seine Meinung hat bilden können: was ich gehört habe, genügt mir; ich bedarf Ihres Vortrags nicht mehr.

Man kann in England oft gegenüber den kontinentalen Gerichtsordnungen die heimische mit der Begründung loben hören, daß das Hervorgehen des Richters aus dem Anwaltstand die sicherste Bürgschaft für die Humanität des Richters gebe. Daran ist gewiß viel Wahres, so gewiß, als die gewohnte Tätigkeit überhaupt den Menschen „nach ihrem Bilde formt", jene Eigenschaft an ihm verdorren läßt und diese Anlage dafür fördert und treibt. Aber wir glauben doch, daß der umgekehrte Schluß noch bedeutender ist: öfter als dem Richter der Gedanke kommen mag, wie er den Fall früher als Anwalt geführt hätte, ist für den Anwalt die Vorstellung kräftig wirksam, daß er künftig als Richter Recht sprechen kann, wo er jetzt als Anwalt für das Recht seiner Partei spricht. Gewiß gibt es viele hundert *barristers*, für die der Gedanke nie in greifbarer Nähe gestanden hat, daß sie sich die Richterwürde verdienen können; gewiß gibt es manche unter den größten Anwälten, die ihre ungeheueren Einnahmen nicht an die Richterehre mit dem Richtergehalt setzen möchten. Aber der ganze Stand stellt die Richter, und jeder einzelne in dem Stand muß sich sagen, daß er dem Richter nichts tun darf, was er nicht selbst als Richter vom Anwalt leiden möchte, ja, daß er dem Richter jede Hilfe leisten muß, deren er selbst als Richter von den Anwälten bedürfen wird. Der Anwalt, der dem Richter die Achtung im geringsten weigert, beleidigt seinen eigenen Stand.

Auf der anderen Seite spricht, wenn der Richter den Anwalt einmal zurechtweisen muß, der ältere, erfahrenere Standesgenosse zum jüngeren; das bedeutet sehr viel in einem Rechtswesen, das viel weniger auf juristische Kenntnisse und Begabung als auf Menschen- und Weltkenntnis und moralischen Takt der Rechtsverwalter gibt [65]). Indessen ist in Strafsachen wie im Zivilprozeß

[65]) Einer der beliebtesten Anwälte aus den letzten Dezennien des 19. Jahrhunderts, J. P. Murphy, K., ist Ende 1907 gestorben;

für den Richter nur äußerst selten die Notwendigkeit einer Unterbrechung oder Zurechtweisung gegenüber dem Anwalt gegeben, wie denn auch seit ungefähr zehn Jahren der früher übliche scharfe und rücksichtslose Ton des Kreuzverhörs nicht mehr zum guten Stil gehört, so daß die Partei fast niemals mehr vom Richter gegen den Anwalt ihres Gegners geschützt zu werden braucht (im Gegenteil hat gerade in den Prozessen, in denen eine Partei im Kreuzverhör scharf angefaßt wird, der Zuhörer oft das Gefühl, daß der fragende Anwalt den Richter dabei hinter sich hat und daß der Verhörte in den Urteilsgründen noch eine Rüge über sein schlechtes Bestehen vor den Anwaltsfragen bekommen wird). — Je größer und je skandalöser der Prozeß ist, desto leichter kann natürlich bei der Erregung der Anwälte, die ein gespanntes Auditorium hinter sich fühlen, eine Entgleisung vorkommen; unsere Beispiele kommen fast ohne Ausnahme aus den *causes célèbres* des Jahres. Da war der Prozeß der West Ham Guardians, die zum Schaden der anvertrauten öffentlichen Mittel sich von minderwertigen Lieferanten für die Vergebung der Kohlenlieferungen in ihrem Distrikt hatten bestechen lassen. Einer der Verteidiger sucht einen Zeugen in Verwirrung zu bringen, der eine Mittelsperson im Haus eines Angeklagten hatte aus- und eingehen sehen; es sei eine Frau von mittlerem Alter gewesen, meint der Zeuge. „Was verstehen Sie unter mittlerem Alter?“ fragt der Anwalt, und obgleich der Zeuge schon die Antwort gegeben hat: zwischen vierzig und fünfzig Jahren, fährt der Richter (Justice Jelf im *Central Criminal Court*, 8. Mai 1907) in das Verhör hinein und sagt: „Ich meine, mittleres Alter wäre genügend gewesen. Das ist die reine

---

er war 1831 geboren, 1856 zur Bar berufen, 1874 königlicher Rat geworden; sein Nachruf war: *„to a deep knowledge of law he laid no claim, but the class of case in which he was chiefly engaged* (Jurysachen erster Instanz, im Gegensatz zu den Berufungsprozessen im *Court of Appeal* und *House of Lords*) *needed no great erudition. Tact, resourcefulness, and infinite capacity for presenting commonplace arguments in an attractive form were the weapons in his armoury.*“ Man kann damit die Charakteristik des großen Kriminalrichters Lord Brampton am Schluß dieses Buchs vergleichen.

Zeitvergeudung.“ Und als der Anwalt darauf bestehen will, daß seine Fragen für die Sache seines Klienten von der größten Wichtigkeit seien, weist der Richter ihn kurz ab: er hoffe doch im Interesse des Angeklagten, daß er einen besseren Fall habe, als daß er von solchen Wortklaubereien abhinge. Damit ist das Verhör des Zeugen zu Ende. — Der größte Scheidungsprozeß des Jahres war Bryce v. Bryce (*Divorce Division*, Ende Mai 1907). Rufus Isaacs führte die Verteidigung und präsumierte in seinem Plaidoyer die Instruktion des Richters an die Jury dahin, daß außer der Gelegenheit zum Ehebruch auch die Begehung des Ehebruchs — sei es auch nur durch einen Indizienbeweis dargetan sein müsse, damit die Scheidung und der Schuldspruch gegen die verklagte Frau ergehen könne. Der Richter unterbrach ihn mit der Bemerkung, daß er sich in dieser Vorhersage irre; er werde der Jury zwei Fragen stellen, eine nach dem schuldbaren Geneigtsein (*guilty willingness*) zum Ehebruch bei günstiger Gelegenheit (Indizienbeweis durch Briefe und Zeugen) und eine nach dem Vorhandensein solcher Gelegenheit; bejahten sie die beiden Fragen für die gleiche Zeit, so könne der Schuldspruch erfolgen. Dabei blieb der Richter auch nach einiger Rede und Gegenrede, und der Anwalt richtete sein Plaidoyer danach ein. Der Eingriff des Richters lag hier ebensosehr im Interesse der Partei und des Anwalts selbst als in dem der gesamten Prozeßführung und Leitung. — Die gleiche kollegiale Behandlung von Meinungsverschiedenheiten oder Gegensätzen illustriert ein Fall, der wenigstens durch die Stellung des Beklagten einiges Aufsehen erregte; das Mitglied des Unterhauses Horatio Bottomley war auf Zahlung von hundert Pfund verklagt, und in der ersten Verhandlung vor Justice Channell (*Kings Bench Division*, Mitte März 1907) hatte, nachdem zuerst gar kein Anwalt für den Beklagten erschienen war und der Anwalt des Klägers die Klagbegründung vorgetragen hatte, ein vom herbeigerufenen Solicitor des Beklagten *ad hoc* instruierter Anwalt einen Vergleich geschlossen, durch den sein Klient sich zur Zahlung der Klagsumme verpflichtete. Im übrigen blieben die Verabredungen des Vergleiches geheim. Die Zeitungen brachten nun Berichte, in denen die Klagbegründung als Vergleichsinhalt verwertet war, und da in jener Begründung vorkam, daß Bottomley die ihm vom Kläger übergebenen hundert Pfund für sich selbst verbraucht habe, so war das Parlamentsmitglied in seiner Ehre angegriffen und mochte sich das um so weniger gefallen lassen, als er die Zahlung im Vergleich nur bewilligt hatte, um damit die lästigen Prätensionen des Klägers auf die kürzeste Art los zu werden — ohne Anerkennung und gegen das Versprechen, künftig in Ruhe gelassen zu werden. Der Richter bewilligt dem eigentlichen Anwalt des Beklagten, der in der früheren Verhandlung säumig war, erneutes Gehör, und es kommt zu einem Austausch von Erklärungen der Anwälte in der offenen Gerichtssitzung: der Anwalt des Klägers versichert, daß er seine Klagbegründung auf alle Fälle habe vortragen müssen, da er mit dem Gegner über den Vergleichsschluß damals noch nicht einig war, daß er aber alle Anschuldigungen gegen den Beklagten jetzt im Namen des Klägers feierlich zurücknehme; der Anwalt des Beklagten erklärt sich damit zufrieden; der Richter sanktioniert das, und damit ist drei Tage nach dem ersten Termin die Verwirrung beigelegt, die durch das Einspringen des nicht orientierten Anwalts entstanden war. — Gleich wichtig für das Recht und die Verantwortlichkeit der Presse und für das internationale Strafrecht war dann die Entscheidung in King v. Edward de Marny, die im Herbst 1906 vom *Lord Chief Justice* und vier anderen Richtern der *Kings Bench* gefällt wurde. De Marny war als Herausgeber der „Judy" angeklagt, Anzeigen obszöner Bücher und Photographien veröffentlicht und dadurch am Verkauf und der Verbreitung dieser Objekte teilgenommen zu haben. Die Jury hatte im *Central Criminal Court* den Angeklagten schuldig gesprochen; indessen rief De Marny die Revisionsinstanz des *High Court* als *Court for the Consideration of Crown Cases Reserved* an, und sein Anwalt Avory, K. C., griff vor den fünf Oberrichtern die Anklage mit der Begründung an, daß die obszönen Schriftwerke von ausländischen Verlegern angezeigt und vom Ausland an die englischen Besteller geschickt worden seien; wo aber der Hauptschuldige in England nicht verfolgt werden könne (selbst wenn er nach England käme), weil er sich nicht gegen das englische Recht vergangen hat, da könne auch der Teilnehmer oder Gehilfe nicht strafbar sein[66]). An diese Ausführungen schloß sich, vor dem Gegenplaidoyer des Kronanwalts, einer jener Dialoge zwischen dem Richter und dem Rechtsbeistand der Partei, die man fast ein Kreuzverhör des Anwalts durch den Richter nennen möchte: der Inquisitor legt dem befragten Counsel eine Reihe verwandter Rechtsfälle zur Entscheidung vor, um in den Antworten Widersprüche zu den früheren Ausführungen des Anwalts zu entdecken und ihn dazu zu bringen, daß er sich selbst widerlegt. Der Anwalt ist so mit dem schärfsten Argument für den Einzelfall noch nicht des Erfolges sicher; er muß die Konsistenz seiner Meinung mit einer gesunden Rechtsauffassung im ganzen dartun können. — Endlich hat auch die längste und seltsamste Verhandlung, die in diesem Gerichtsjahr in England vorgekommen ist, der Testamentsprozeß Wagstaff v. Wagstaff alias Jalland[67]) (*Chancery Division*, Justice Kekewich)

---

[66]) Die Revision ist zurückgewiesen worden. Die Urteilsbegründung geht auf die internationale Frage nicht ein; der entscheidende Satz ist wohl: „es wäre eine klägliche Schwäche des Rechts, wenn das Gesetz nicht mit einem Mann fertig werden könnte, der so viel für das Bekanntwerden jener Anzeigen bei Leuten getan hat, die sonst nichts von den angezeigten Büchern und von der Art ihrer Bestellung erfahren hätten.“

[67]) Der Tatbestand war in Kürze folgender: Eine junge Krankenpflegerin heiratet einen Arzt, Jalland, der sie am Abend des Hochzeitstags verläßt, um einen *drink* zu nehmen und erst nach drei Tagen völlig destitut wieder auftaucht. Sie ist inzwischen nach London zurückgegangen und hat unter ihrem Mädchennamen ihren Beruf wieder aufgenommen, unterstützt auch ihren Mann, der natürlich ganz getrennt von ihr lebt, gelegentlich. Als Pflegerin lernt sie Mr. Wagstaff, of Manor Park, Pottor, Bedfordshire kennen, und dieser reiche Gutsbesitzer, Friedensrichter und Sammler erotischer Literatur nimmt sie, im Einverständnis mit Jalland, den er abfindet, zunächst als Vorsteherin seines Haushaltes auf seinen Landsitz und heiratet sie dann. Jalland besucht die beiden öfters als Freund des Hauses, und die Dienstboten sind im Besitz des Familiengeheimnisses, als Wagstaff stirbt und seine Frau zur Erbin einsetzt. Da im Testament die Bedingung steht, sie dürfe sich nicht wiederverheiraten, sie aber schon einen neuen Bewerber im Auge hat, und da auch die Familie Wagstaff Miene macht, das Testament anzufechten, geht sie aufs Gericht und erzählt den Hergang. Daran schließen sich, ganz ähnlich

manche friedlich gelöste Meinungsverschiedenheit zwischen dem Richter und dem Anwalt des Klägers gezeitigt, und ist mit einer drastischen Bemerkung über die Präjudizienzitate eines anderen Rechtsbeistandes geschlossen worden: „*I am not disposed to think any cases will assist me unless you can find another Mr. Wagstaff and another Mrs. Jalland*“, worauf der Anwalt sagte: das kann ich leider nicht, und das weitere dem Richter überließ.

Der englische Richter weiß auch, was er an seinen Anwälten hat. Besonders in den Grafschaftsgerichten, bei denen kein Anwaltszwang besteht, kann man häufig hören, wie von der Richterbank der Partei oder ihrem Solicitor gesagt wird: Sie hätten einen Rechtsbeistand fragen sollen; dann hätten Sie sich den Prozeß erspart und müßten jetzt nicht den Rechtsanwalt Ihres Gegners bezahlen. Wir wissen von solchen Äußerungen des Richters Rentoul im *City of London Court* (d. h. dem Gericht, das für die City an der Stelle des *County Court* steht) aus einem Mietprozeß, in dem die Fortdauer der Miete beim Behalten der Hausschlüssel trotz

wie im Tichborne Case, nur in anderer Folge, zwei große Prozesse. Zunächst kommt Mrs. Jalland im Bigamie-Prozeß mit einer *nominal sentence* davon, da ihr der Richter glaubt, daß Wagstaff sie mit falschem Rechtsrat davon überzeugt habe, daß ihre erste Ehe als *matrimonium non consummatum* nichtig sei. Im zweiten Prozeß, den die Intestaterben gegen sie führen, kommt es darauf an, daß Wagstaff sie als „*his dear wife*“ bezeichnet und ihr die Nutznießung vermacht, „*so long as she shall continue my widow*“. Wußte Wagstaff bei der Eheschließung und der Errichtung des Testaments, daß sie verheiratet war, so ist die Einsetzung gültig. Wußte er es nicht, so dringt die Klage durch. Der Richter nahm das erste an. Der Fall ist zurzeit noch im *Court of Appeal* anhängig (Beginn der Verhandlung am 20. November 1907). Die Urteile des *Justice Kekewich*, der dieser Tage in voller Amtstätigkeit, 76 Jahre alt, gestorben ist, galten als leicht angreifbar; er besaß ein äußerst rasches Auffassungsvermögen und erledigte seine Prozesse schneller als die meisten andern Richter; gelegentlich, wie man meinte, vorschnell. Indessen war sein rasch zugreifender Instinkt doch auch viel wert, und wenn die Partei, für die er sein Urteil gesprochen hatte und die dann im *Court of Appeal* Unrecht bekam, die Sache durchhalten und an das Oberhaus gehen konnte, bekam sie dort häufig wieder ihr erstes Urteil hergestellt.

vorangegangener Kündigung streitig war (5. September 1907, Wood v. Oliver); des Richters Woodfall im Grafschaftsgericht in einem Prozeß über die Zahlung von Lieferungen, die der Beklagte im eigenen Namen, aber für einen dritten, bestellt hatte (London Motor Garage Co. v. Baron von Ernsthausen, 15. Mai 1907); des Richters Edge im Gericht von Clerkenwell (22. März 1907): "*I am sorry claimant has conducted his case in this way, because, even if he had a good case, there was a probability of his loosing it.*" Die Gerichte billigen dann auch die Kosten der Anwälte gewöhnlich sehr liberal zu; der *interlocutory appeal* in dem Kohlenstreikprozeß der Denaby and Cadeby Main Collieries Ltd. gegen die Yorkshire Miners' Association und einige ihrer Angestellten (*Court of Appeal*, Lords Justices Vaughan Williams, Moulton und Buckley, 21. Juni 1907) spricht nur scheinbar dagegen. Allerdings ist die „weitere Beschwerde" der beiden verklagten Parteien gegen die vom Richter bestätigte Entscheidung des *taxing master* abgewiesen worden und sie haben also für die erste und zweite Instanz nicht ihre zwölf Rechtsbeistände „erlaubt" bekommen (drei für jede Partei und jede Instanz), sondern nur für die verklagte Gesellschaft drei in der ersten und zwei in der zweiten Instanz und für die verklagten Angestellten in jeder Instanz zwei. Aber einmal ist das schon eine stattliche Zahl, wenn man bedenkt, daß in Wirklichkeit die Rechtslage der beiden verklagten Parteien fast ganz gleich war; dann ist die Zurückweisung der Beschwerde mit der Begründung erfolgt, die wir von den Beispielen des Rechtsmittelwesens kennen: daß nämlich die diskretionäre Entscheidung der unteren Instanz nur im äußersten Notfall, beim schweren Verstoß gegen Recht und Billigkeit, kassiert werden dürfe [68]); und endlich liegt der seltene

[68]) "*Apart from quantum prima facie, any case in which the Court was satisfied not only that the taxing master had exercised his discretion, but that the matter was so before him that he had an opportunity of exercising that discretion, the Court would not interfere. The surest way of stating the rule was to say that the discretion of the taxing master where the matter was one for his discretion and where he had exercised his discretion, would only be reviewed under exceptional circumstances. So far as the case for the personal defendants in this matter was*

Fall vor, daß die Richter nicht einig waren; Lord Justice Moulton hätte die Beschwerde wenigstens soweit zugelassen, daß er der Miners' Association auch für die Berufungsinstanz drei Anwälte erlaubt hätte [69]).

In dem Verhältnis zwischen dem Richter und den Anwälten ist das gegenseitige Vertrauen die vornehmste Note. Gegen die andern Figuren des Prozesses kehrt der Richter mehr den Herrscher den Träger der Disziplinargewalt heraus, der mit den Waffen der

---

concerned, if he had been sitting in the master's place he should not have allowed three counsel in the Court of Appeal. There was nothing in either case which rendered it at all necessary, because the cases were really identical. As to the union, he did not quite feel so clear. It was a case on the border-line, but he was satisfied that the master had exercised his discretion without being affected by any wrong principles or wrong considerations. Therefore he came to the conclusion that the appeal should be dismissed, and that costs should be allowed for two counsel only in both cases."

[69]) Für das Verhältnis der Partei zum Anwalt ihres Gegners ist der Beleidigungsprozeß der Solicitor-Firma Greenwell & Co. gegen John Lewis vor der *King's Bench Division* (Anfang Juli 1907, *Lord Chief Justice* und *Special Jury*) lehrreich. Ebenso der Ehescheidungsprozeß Wood v. Wood, Divorce Division vor Justice Bargrave Deane und einer Common Jury, mit folgender Episode: Der Anwalt des verklagten Ehemanns hat die Frau im Kreuzverhör und fragt:

Mr. Pritchard: Was not the marriage postponed because your present husband discovered something between you and a man named Charman?

Witness (tearfully): No, I have never been unfaithful to my husband.

Mr. Justice Deane (sternly): What is the point of that question?

Mr. Pritchard: On the question of the credibility of the witness.

Mr. Justice Deane: The only issue for the jury is this man's misconduct after marriage. What has anything before marriage to do with it?

Mr. Pritchard: If your lordship thinks —

Mr. Justice Deane (sharply): I do not think, I am certain. It is perfectly monstrous to think that a woman should come here and be questioned about her life before marriage when the issue is whether, after marriage, the husband has misconducted himself and there is no charge against the wife.

Mr. Pritchard: I am sorry I put the question. and I withdraw it.

(Bericht des Daily Telegraph vom 16. November p. 6)

contempt-of-court-Strafe und der öffentlichen Zensur in den Urteilsgründen auch den Solicitor, den Sachverständigen oder Zeugen hart treffen kann.

Der Solicitor ist als Mittler zwischen dem Privatmann und der Öffentlichkeit dem Engländer ebenso vertraut und unentbehrlich wie er dem Kontinentalen problematisch vorkommt. Er ist kein „Jurist"; nach unserer Auffassung müssen wir sagen, daß er ein Geschäft betreibt (nicht einen Beruf ausübt); er hat eine Firma und soll seine Bücher kaufmännisch führen und revidieren lassen [70]). Aber die Gerichte und die Organisationen der Juristen

---

[70]) Auf der diesjährigen Generalversammlung der *Law Society* (12. Juli und 1. August) hat folgender Kommissionsvorschlag über die Pflichten des Solicitors zur Beratung gestanden:

1. *That it is the duty of every solicitor to keep full and accurate accounts, which shall be periodically balanced.*

2. *That moneys received by a solicitor on behalf of his client should be kept separate from his own moneys, and that a convenient way of effecting this is by opening a clients' money account at a bank, into which all moneys received by a solicitor to any part of which a client is, or under any circumstances may be, entitled, should in the first instance be paid.*

3. *That moneys of clients in the hands of, or under the control of a solicitor, should only be used on account and with the authority of the client, to whom they respectively belong.*

4. *That any increment in the nature of interest, income, or other profit accruing on clients' moneys should be credited to the clients whose moneys have produced such interest, income, or profit, and that any solicitor who, without the authority of his client, should retain for his own use any such interest, income, or other profit, is guilty of professional impropriety.*

5. *That, except under special and unavoidable circumstances, it is no part of a solicitor's business to hold money belonging to a client for any lengthened period, and that it is contrary to right practice to do so.*

6. *That, in cases where a solicitor finds himself in possession of money of a substantial amount not his own, of which he cannot immediately, or within a short time discharge himself, it is his duty, if he does not keep a separate clients' account at a bank, and it is desirable even if he does keep such a separate account, to pay that money into a deposit account separate, not only from his own money, but from all other money, and to earmark it, by endorsement on the deposit receipt or otherwise, as belonging to the particular client or matter.*

wachen streng über seine Geschäftsführung; maßt sich ein Unberufener die Stellung des Solicitors an, indem er für eine Partei der andern mit einem Prozeß droht oder rechtliche Forderungen stellt, so droht ihm der Richter, vor dem sich diese Dinge in der Verhandlung herausstellen, mit krimineller Verfolgung und warnt vor ihm (Justice Darling in *Kings Bench Division*, Barett v. Horner, 23. Februar 1907), oder die Gesellschaft erhebt Klage gegen ihn „*with falsely using a description implying that he was entitled to act as a solicitor*" (Polizeigericht Bowstreet, Incorporated Law Society v. R. N. Haworth, im Februar; Polizeigericht West London, I. L. S. v. Godolphin Osborne, November 1906). Sie stellt auch beim Gericht (*Kings Bench Division*, vor dem *Lord Chief Justice* und zwei andern

---

7. *That every solicitor should either*
   (a) *Have his accounts audited at least once a year by a chartered or incorporated accountant, or*
   (b) *Keep a separate bank account for all moneys received by him on behalf of his clients.*

8. *That in the case of every solicitor whose accounts are audited by a chartered or incorporated accountant he should be required annually, on applying for his practising certificate, to forward to the society a certificate from such accountant, stating that the accounts had been properly kept and duly audited.*

9. *That in the case of every solicitor whose accounts are not so audited he should be required annually, on applying for his practising certificate, to forward to the Society a statutory declaration as follows:*
   (a) *That he had kept a separate bank account for all moneys received by him on behalf of his clients, and that all such moneys had been paid into that account and had been used only for or on account of the clients to whom they respectively belong.*
   (b) *That all increment in the nature of interest, income, or other profit accruing on such moneys had been credited to the clients whose moneys respectively had produced such interest, income, or profit, and*
   (c) *That on the date of the declaration all such moneys had been duly dealt with or were in hand and available.*

Die §§ 7—9 wurden abgelehnt, obgleich ihre Grundsätze durchaus anerkannt wurden; man wollte den Zwang nicht, weil er ein Zeichen des Mißtrauens wäre und doch den wirklich ehrlosen Solicitor nicht schrecken könnte; die sechs ersten Paragraphen wurden angenommen und sind dadurch Standesgesetz geworden.

Richtern) den Antrag auf Streichung aus der Liste, wenn ein Solicitor sich eines gemeinen Delikts schuldig gemacht hat, das zugleich einen *professional misconduct* bildet. Der Solicitor ist ein Rechtsschutzorgan, er füllt einen wichtigen Posten in der Gerichtsordnung aus. Wenn ein Solicitor, der nicht für den Prozeß genannt ist, für seinen abwesenden Kollegen vor dem Gericht erscheint, das ausdrücklich bemerkt, vom Richter deshalb gerügt und als „*agent*" behandelt wird und schließlich in gekränktem Ton erklärt: „Ich verdiene das nicht, ich habe offen und ehrlich gegen das Gericht gehandelt", so erwidert ihm der Richter: „*Certainly. Solicitors are officers of the court, and it is only what I except from them*" — nämlich, daß sie das Gericht immer mit lauterer Wahrheit bedienen. Ein besonderes Verdienst ist das nicht, sondern einfache Pflicht (Richter Bacon im Grafschaftsgericht Whitechapel, Herbst 1906). Indessen genießt der Solicitor bei den Richtern bei weitem nicht das gleiche Vertrauen, erfreut sich also auch nicht der gleichen kollegialen Langmut wie der Anwalt. Im Polizeigericht Westminster wirft am 20. August der Richter einen renitenten Solicitor hinaus und es dauert eine Weile, bis der ungezogene „*officer of the court*" wieder erscheint und unter Entschuldigungen bittet wieder zugelassen zu werden. Im Grafschaftsgericht Lambeth hat der Richter in einem Mietprozeß Smith v. Rudge (9. Oktober 1907) den Urteilsgründen die schärfste Zensur gegen den Solicitor eingefügt, der für den verklagten Mietpreller die Instruktion eines Anwalts übernommen hatten, nachdem erst zwei andere Solicitors sich dessen geweigert hatten; die Hilfe zur Durchführung einer so schlechten Sache vor Gericht sei ein grober Mißbrauch des Rechts und Verstoß gegen die Regeln des Berufs. Im *High Court* hat Justice Bray einer Klägerin, die selbst ihre Sache gegen den Solicitor Hon. Charles Russell führte, die größte Unparteilichkeit erwiesen und durch seine Assistenz einigermaßen den Nachteil ausgeglichen, in den sie ein Trio der besten Anwälte Londons auf der Seite des Gegners (Carson, Lush und Mathew) versetzen mußte; in der Tat bekam die Klägerin trotz einem sehr gefährlichen Kreuzverhör ein Verdikt auf 25 Pfund Schadenersatz gegen den Verklagten.

Der Sachverständige steht dem Richter im englischen Prozeß nicht näher als die anderen Prozeßpersonen; er ist nicht in einem engern Sinne als sie Gehilfe des Richters — das haben wir schon früher angemerkt. Notwendigerweise verringert sich seine Bedeutung überhaupt im gleichen Maße, in dem der Prozeß den Formalismus verliert, summarischer, vernünftiger wird, in dem also der Richter sich vom juristisch-technisch gebildeten Beamten zum *vir bonus et aequus* mit großer Lebenserfahrung und höchstem praktischem Taktgefühl wandelt. Der Richter, dem sein Amt vermöge bestimmter technischer Bildung und Fertigkeit verliehen ist, wird geneigt sein, die technische Bildung und Fertigkeit eines Sachverständigen von einer andern Fakultät zu respektieren. Dagegen hat der Richter, der gewohnt ist, sich auf sein Rechtsgefühl mehr zu verlassen als auf juristische Technik und Gesetzeskenntnis, der sich nicht scheut, zu entscheiden, wie er es für r e c h t hält, unbekümmert ob das auch R e c h t ist, kaum einen Grund, die Technik und das Dogma einer andern Wissenschaft in der Person eines Sachverständigen für sein Urteil maßgebend sein zu lassen[71]). Wir treffen wohl auch im englischen Prozeß auf das bekannte

---

[71]) Übrigens wird die Berufsehre vom Richter streng geachtet. In einem *breach of promise*-Prozeß im *High Court* am 28. Oktober 1906 wandte der Verklagte ein, er habe die Ehe nur unter der Bedingung versprochen, daß die Braut das Trinken aufgebe. Nach den Zeugen für die Klage kommt als erster Zeuge für ihn ein Arzt, der die Klägerin behandelt hat und sie häufig verwirrt und zerstreut — wie er glaubt, unter dem Alkoholgenuß — fand. Im Kreuzverhör wird er befragt, ob es nicht gegen den Standesgebrauch sei, auszusagen? Ob nicht die Beobachtung des Klienten strengstes Geheimnis zwischen dem Arzt und ihm sei? Er muß das zugeben, wendet sich aber zugleich an den Richter und sagt: Was ist das für eine Behandlung! Ich bin hergerufen zur Aussage und nun macht man mir Vorwürfe darüber, daß ich sie gebe! Der Richter fährt ihn aber hart an: „Ich habe Sie nicht gerufen. Ich habe es nie anders gehört, als daß eine solche Aussage gegen alle Standesehre und Berufsregel ist. Wenn ich ein Anwalt wäre, würde ich niemals die Frage an Sie gerichtet haben." Obgleich das natürlich gegen den Anwalt zunächst geht, ist auch der sachverständige Zeuge dadurch erledigt und bricht völlig zusammen. (Die Klägerin bekam schließlich 500 Pfund Schadenersatz und alle Kosten zugesprochen).

theatrum expertorum: zwei Veterinärärzte begutachten ein Pferd, dessen Fuhrherr der Schinderei beschuldigt ist — der Polizeiarzt findet es voller Striemen und Schwären und auf drei Beinen lahm, wogegen der Tierarzt der Verteidigung das Roß in gutem Stand und nur leicht auf einem Fuß lahmend findet (Oktober 1907 in einem *London Police Court*); oder ein Automobilfahrer ist angeklagt, sein Fahrzeug in der Trunkenheit zur Gefahr des Publikums gelenkt zu haben — der Gerichtsarzt riecht ihm den Alkohol von weitem an und stellt wässrige Trinkeraugen an ihm fest, worauf der herbeigerufene Hausarzt und Freund des Herrn Automobilisten beschwört, daß dieser vollkommen nüchtern war und nur vom schnellen Fahren Wasser in die Augen bekommen hat (Polizeigericht Westminster, 24. September 1907); oder der Militärarzt und drei Zivilärzte können sich nicht darüber einigen, ob eine südafrikanische Nesselsucht schlimmer ist als eine englische und ob der beim Appell ausgebliebene Yeoman durch diese Krankheit dauernd dienstunfähig geworden ist oder nicht (Middlesex Imperial Yeomanry v. A. H. Smith, Polizeigericht Westminster, 16. und 22. August 1907). Aber viel öfter urteilt der Richter, statt Sachverständige zu hören, auf seinen Augenschein hin, oder auf die Aussage von Zeugen, besonders von Berufszeugen: Beamten der Verfolgungsgesellschaften und Polizisten. Und auf jeden Fall verlangt der Richter vom Sachverständigen dasselbe, was er von diesen Zeugen verlangt, eine „*evidence*", die er brauchen kann; bekommt er sie nicht, so zensiert er den Sachverständigen, kritisiert in den Urteilsgründen die Widersprüche und Unklarheiten der Aussage und macht mit seinem gesunden Menschenverstand die Doktorsweisheit lächerlich. (Ein Beispiel: Polizeigericht Tower Bridge am 27. September 1907. Der Angeschuldigte, der betrunken gewesen sein soll, gibt an, er sei Epileptiker. Der Distriktsarzt sagt, bei der Untersuchung habe er nach Alkohol gerochen. Der Richter erwidert: „das kann ich nicht brauchen. Der Mann sagt, er habe wahrscheinlich einen epileptischen Anfall gehabt; da kann ihn leicht jemand Brandy gegeben haben." Das Zertifikat des Gerichtsarzts wird zurückgewiesen und auf der Anklageschrift ein Vermerk darüber gemacht. — Ähnlich Justice

Bigham in *Kings Bench Division* am 3. Dezember 1906 in einem Prozeß wegen falscher ärztlicher Behandlung.) Wenn hier einmal ein Vergleich zwischen dem englischen und dem deutschen Prozeßwesen erlaubt ist, so möchten wir sagen: der deutsche Sachverständige verlangt vom Richter, daß er sein Gutachten dem Urteil zugrunde legt, und kritisiert, wenn der Richter sich ihm nicht unterwirft, in der Fachpresse und in den Zeitungen seiner Partei den „bornierten Juristen" nach Herzenslust. Der englische Richter verlangt vom Sachverständigen, daß er ihn mit seiner Aussage nach Kräften unterstützt, und kritisiert, wenn der Experte das nicht willig und gehorsam tut, in seinem Urteil das untaugliche Gutachten und seinen Verfasser *coram publico.*

Für den Strafprozeß sind die berufsmäßigen Ankläger — sie sind zugleich Berufszeugen — als Prozeßpersonen natürlich von großer Bedeutung; ihr Verhältnis zum Richter ist ganz so geregelt, wie man es nach allem früher Ausgeführten erwartet[72]). Das Recht des Richters auf zuverlässige, der Justiz dienliche Aussage; ein auf die Erfahrung fest gegründetes Vertrauen darein, daß jeder Bürger und zumal jeder Rechtsdiener dieses Gerichtsrecht zu seinem Teil erfüllt; zuletzt aber auch die Mittel des Richters, diese Erfüllung zu belohnen und die Nichterfüllung wirksam zu strafen — das

---

[72]) Die schon wiederholt genannten Gesellschaften zur Rechtsverfolgung könnten mit ihrer Funktion im englischen Strafprozeß den Gegenstand einer eigenen Untersuchung bilden, die um so lohnender wäre, als das Legalitätsprinzip doch nirgends ganz fest steht und bei seiner Beseitigung die Frage der Privatorganisationen zur Strafverfolgung sogleich brennend wird. Hier fehlt der Raum dazu; doch sei erwähnt, daß z. B. am 9. August allein bei den Polizeigerichten im Innern von London fünf Gesellschaften der Art tätig waren, die sehr rührige *National Society for the Prevention of Cruelty to Children*, die *Stamp Trade Protection Association*, die *Society for the Prevention of Cruelty to Animals* (in zwei Fällen) und die *Music Hall Managers' Protection Society*, wozu noch Verfolgungen durch den *London County Council* und die *Thames Conservancy* kamen. Die Eisenbahngesellschaften verfolgen nicht nur blinde Passagiere und Delinquenten gegen die Verkehrsgesetze, sondern auch Taschendiebe, die im Bahngebäude stehlen (Westminster, 11. August 1907) und Fahrer, die den Regulativen über den Wagenverkehr am Bahnhof zuwiderhandeln.

sind die charakteristischen Seiten des Verhältnisses. Vom Ankläger wird, wie vom Kläger des Zivilprozesses, erwartet, daß er die Klage *optima fide* und wohlüberlegt vorbringt. Die bewußt falsche Anschuldigung mag daneben strafbar sein und vom Verleumdeten verfolgt werden können; das Recht des Richters auf gute Klage geht jedenfalls sehr viel weiter. Das wirksamste Mittel zu seiner Durchsetzung ist neben der öffentlichen Zensur die diskretionäre Befugnis zur Zubilligung und Versagung des Kostenersatzes an den Ankläger. Wir begegnen einem Fall, in dem die Kosten versagt wurden, obgleich die Anklage begründet war; der Richter fand, daß der Ankläger übereifrig vorgegangen war; fast wird dem Mann bedeutet, daß er ein Denunziant sei (Hartley v. Burgess, Feltham Assizes, 4. September 1907)[73]).

Der Londoner Polizeirichter könnte mit dem ungeheueren Stoff, den ihm seine Distrikte mit Hunderttausenden schlimmer Großstadtbevölkerung — vom rücksichtslosen Automobilfahrermillionär bis zum verkommensten Zuhälter in Soho — bieten, ohne Verlaß auf die Polizei sein Amt gar nicht ausüben[74]). Darum

---

[73]) Der lehrreichste Fall des Jahres auf diesem Gebiet war das Coroner-Verfahren über den Tod der dreijährigen Gladys Stoites in Wandsworth. Das Kind war an akuter Gin-Vergiftung gestorben, und die beiden untersuchenden Ärzte hatten erklärt, daß nach dem Verlauf der Krankheit und der Autopsie das Kind schon lange an Alkohol gewöhnt gewesen sein müsse (Säuferleber). Dagegen trat ein Beamter der *National Society for the Prevention of Cruelty to Children*, ein Polizist und ein Vertreter der Gesellschaft, bei der die Eltern in Dienst standen, auf und bezeugten einmütig, daß die Eltern wegen ihres musterhaften Haushalts und der Sorgfalt für ihre Kinder bekannt seien und nicht das geringste Anzeichen dafür vorhanden sei, daß sie den Kindern Alkohol gegeben hätten. Coroner und Jury haben darauf die Eltern ausdrücklich von jedem Tadel freigesprochen.

[74]) Die von der Regierung eingesetzte Polizeikommission, die nach Mißständen in der hauptstädtischen Organisation und ihrem Personal forschen sollte, ist bei einer großen Zahl von Sitzungen und peinlicher Sorgfalt der Untersuchung fast zu gar keinen Ergebnissen gelangt. Das wichtigste Ereignis, das sich vor ihr zutrug, war noch die Aussage des Lord-Advocate von Schottland über den Unterschied zwischen dem schottischen System der Offizialverfolgung und dem

überwältigt beim ersten Blick den Betrachter die Fülle der Fälle, in denen der Richter, scheinbar blind, der Aussage des Polizisten folgt, sie gegen und über andere Zeugen weg für unbedingt glaubhaft hält. Früher ist von einem Prozeß berichtet worden, in dem gegen ein Mitglied des Oberhauses der Richter sehr energisch die Partei des Schutzmannes ergriff und seine Meldung im Urteil bekräftigte; daß gegen zusammenhaltendes Gesindel aus dem Osten das gleiche Verfahren beliebt wird, ist nicht wunderbar. „*If the case had to be decided by the number of witnesses*" sagt der Polizeirichter Plowden — es waren sieben gegen den einen Konstabler — „*the constable would have no chance at all; he would be overwhelmed, dead, and buried. But, fortunately, witnesses are not only counted, but weighed*" (Marylebone, P. C., 13. August 1907). So wiegt Konstabler Ashenden mehr als Herr Oscar Lewisohn, der sein Automobil weder überschnell gefahren noch dem ihn stoppenden Konstabler eine lange Nase geschnitten haben will und doch deshalb zu 25 Pfund Sterling und Kosten verurteilt wird (Polizeigericht Eastbourne, 6. September 1907); Konstabler 396 I gilt mehr als John Smith und Sarah Knight zusammen, die hoch und heilig schwören, daß der Polizist die betrunkene Sarah mißhandelt habe, obgleich John Smith bereit war, sie ruhig nach Hause zu bringen; der Polizist wird von der Ladung, die die beiden gegen ihn ausgebracht hatten, entbunden, um so mehr, als er den Ruf besonderer Geduld in schwierigen Lagen hat. Auch ein Führer der Arbeiterpartei, John E. Williams, der im Strand gegen Mitternacht von der Polizei in halb bewußtlosen Zustand aufgegriffen worden war, konnte gegen die Aussage der Schutzleute nicht durchdringen, obwohl er einen medizinischen Spezialisten in Trunksuchtsfragen und einen Gewerbekammersekretär als Zeugen für sich hatte, der kurz vorher mit ihm im Unterhaus einer Nachtsitzung zu-

---

englischen Rechtszustand (Sitzung vom 26. Juli 1907). Die Unkenntnis des schottischen Rechts wirkt im englischen Gerichtssaal manchmal fast affektiert; so wenn Judge Russell im Grafschaftsgericht Westminster (7. Oktober 1907) der siegenden Partei besondere Kosten „*for advice concerning the Scottish law*" bewilligt.

gehört hatte (Polizeigericht Bowstreet, 9. August 1907). Aber auch das Zeugnis eines Polizisten zum Guten scheint von größter Wirkung zu sein. Im Polizeigericht Marylebone war vor dem Richter Taylor ein Invalide angeklagt, der mit einem Stock einen Polizisten beim Transport eines Arrestanten geschlagen und ihn dazu gröblich beschimpft hatte. Nachdem die Beweisaufnahme geschlossen war, erbat Police-Constable Newton das Wort zu der Erklärung, daß der Delinquent zur Zeit des Überfalles im Rausch gehandelt haben müsse; denn sonst sei der Mann immer ein ordentlicher, ruhiger Mann gewesen, der der Polizei nie nichts zu schaffen gemacht; vor kurzem habe er den Fuß gebrochen; seitdem sei er ohne Arbeit; der Stock, mit dem er zugeschlagen, sei sein Krückstock. Der Richter sagt darauf, er habe den Mann zu sechs Wochen Zwangsarbeit verurteilen wollen; auf die Fürbitte des Konstablers, die diesem zu hoher Ehre gereiche, wolle er aber seinen Angreifer nur in eine Geldstrafe von 40 Schilling nehmen (24. September 1907).

Indessen ist das nur der erste und stärkste Eindruck, den man vom Verhältnis des Richters zu den unteren Rechtsschutzorganen bekommt. Diese können auch die ganze Strenge der richterlichen Gewalt zu fühlen bekommen, und dazu ist vor allem der Anlaß geboten, wenn die Aussage des Polizisten leichtfertig oder widerspruchsvoll ist. Der Konstabler wird vom Magistrat ins Kreuzverhör genommen, und wenn er sich in Widersprüche verwickelt oder mehr gesehen haben will als der eigentliche Ankläger und Verletzte, oder sich erst nachträglich auf seine Wahrnehmungen besinnt (Polizeigericht Marylebone, 21. September, vor Mr. Plowden; North London, 24. September, vor Mr. Fordham; Old-Street, am gleichen Tag, vor Mr. Cluer), so ist nicht nur die Freisprechung des Angeschuldigten, sondern auch der Tadel für „*careless evidence*" und damit eine schwere Zensur für den Beamten sicher. Vollends gibt der Richter dem Polizisten die gehörige Rüge, wenn dieser sich als Staatsanwalt aufspielt und den Richter zur Verurteilung drängen möchte. Wir geben einen Bericht aus dem „Daily Telegraph" vom 15. September 1907 wieder:

SCENE IN COURT.

Charles Adams, otherwise Snow, and Alfred White, young men, decently dressed, were charged with being on licensed premises at a prohibited hour. An unusual feature of the case was that the men were taken in custody, instead of being summoned on such a charge.

Against Adams a second charge was preferred of having assaulted Police-constable 333 G, and for this it appeared a warrant had been out against him for a month past.

Mr. Biron (der Polizeirichter) *fined each prisoner 20 s for being on licensed premises, and convicting Adams of the assault sentenced him to four months' hard labour.*

Later in the day Mr. Margetts applied for a stay of this sentence, reminding the magistrate that the prisoner had not been defended, and the charge, he said, had been sprung upon him after his arrest on another matter, so that he could not get witnesses. He, however, said he had some who would come forward, and on that ground he asked for a reopening of the matter.

Inspector Evans, G Division, objected, saying that the prisoner was asked if he had witnesses.

Mr. Margetts did not know why the inspector interfered. It was a matter for the magistrate, and having regard to the heavy sentence there was a serious feeling that the case had not been tried out.

Mr. Biron: Certainly; if the man has witnesses it is a case to be held over for them to be called.

Inspector Evans: Then let the case be tried before Mr. Bros (ein anderer Polizeirichter). *He granted the warrant at Clerkenwell.*

Mr. Margetts said that was an outrageous suggestion.

Mr. Biron (severely): Even if the warrant was granted at Clerkenwell I have jurisdiction and I have heard the case.

Mr. Margetts: Let me be very frank, sir, and say this man has been convicted two or three times of petty thefts, but never of assaulting the police.

Inspector Evans (heatedly): He is a man who has not done an honest day's work, and one of the biggest blackguards.

Mr. Margetts protested that this was prejudicing the prisoner, and said, "I cannot understand the inspector's vindictiveness".

The Inspector: We have a right to say what we know.

Mr. Margetts: You have no right to prejudice the hearing, and the man has a right to have his witnesses called.

Mr. Biron agreed, and said that it was a case for further hearing, and he would remand it for a week.

The Inspector: At Clerkenwell?

Mr. Biron: No; here, next Friday.

Der Vorgang ist durchaus typisch. Übrigens hat das gerichtliche Nachspiel der Bombenexplosion am Landhaus des Lord Ashtown im Grafschaftsgericht Dungarvan (Irland, co. Waterford) vor dem Richter Fitzgerald den Beweis geliefert, daß die Gerichte auch dann nicht zugunsten der Polizei abdizieren, wenn sie annehmen können, daß die Regierung selbst hinter dem verfolgenden oder anklagenden Polizeibeamten steht. Lord Ashtown hatte den Distriktsrat von Clonmel auf Schadenersatz wegen des Attentates verklagt, und die Verteidigung stützte sich hauptsächlich auf den Bericht eines Polizeiinspektors Preston, der deutlich blicken ließ, daß der Kläger selbst mit Hilfe seiner Leute die Explosion veranstaltet habe, um sie dann zu politischen Zwecken auszunützen. In den Urteilsgründen sagte der Richter, nach seiner Meinung gäbe es schlechterdings gar keinen Anhalt für die Unterstellungen, Anklagen und Verdächtigungen, die auf den Kläger und seinen Diener von Anfang an gehäuft worden seien — die irische Partei hatte sich im Unterhaus diese Anklagen zu eigen gemacht und die Regierung hatte sie mit ziemlicher Ostentation nicht zurückgewiesen — und die sich hauptsächlich auf das ausgezeichnete Dokument, genannt „Bericht des Distriktinspektors Preston, von der Konstablerei" stützten. Über die Umstände, unter denen dieser sogenannte Bericht fabriziert worden sei, habe er, der Richter, seine eigenen Gedanken, die er hier nicht äußern wolle. Das aber könne er mit voller Überlegung sagen, daß es eine grobe Ungehörigkeit sei, daß dieses Dokument vor der Gerichtsverhandlung veröffentlicht und verbreitet worden sei, und daß das die Administration der Justiz schwer beeinträchtigt habe. Darüber sei er im hohen Grad empört. Die Justiz müsse über jeden Verdacht erhaben sein; jeder Versuch, ihren Gang zu beeinflussen, sei ein Verrat am Grundsatz der Ehrenhaftigkeit und des „*fair play*". In diesem Fall habe ein solcher Versuch große Unbill über die eine Partei gebracht [75]).

Zweiter Abschnitt: Die Prozeßleitung.

Das Regiment des Richters ist in allen Fragen der Prozeßleitung viel eher ein aufgeklärter Despotismus als eine konstitutionelle Monarchie; das Prozeßgesetz hält sich vom Reglementieren des Prozeßganges fast ganz fern und läßt herkömmlicherweise die Gerichte sich selbst ihre Verfahrensregeln ausarbeiten; diese Regeln schaffen dann formularmäßige Erleichterungen für die Behandlung

[75]) Wir möchten hier eine Betrachtung über das Verhältnis des Richters zu den Geschworenen anschließen; aber gerade in diesem Punkt versagt die kasuistische Methode. Die Fälle, in denen der Richter anderer Meinung ist als die Jury und deshalb die Geschworenen entläßt oder die Partei zur Berufung gegen den Spruch ermutigt, (z. B. Newman v. Gatti, *Kings Bench Division*, 13. Juli 1907, Justice Ridley; oder Judge Edge im *Clerkenwell County Court*, 13. November 1906; oder King v. Bowen, *Central Criminal Court*, 19. September 1907, Common Serjeant Sir A. Bosanquet; oder die *Coroners inquiry* über Maria Webb in *Lamberth Court*, vor Mr. Troutbeck, Ostern 1907) werden beachtet und in den Reports hervorgehoben; wenn ein Grafschaftsrichter sagt, seine Erfahrung mit Geschworenen sei, daß sie unfehlbar falsch urteilten, wo nur irgend eine Möglichkeit dazu gegeben sei, so geht die Äußerung durch alle Zeitungen (Richter Russell im Grafschaftsgericht Wandsworth am 7. Oktober 1907). Auch im Fall Edalji hat man — mit Recht — der Jury einen Fehlspruch vorgeworfen, der auf das instinktive Mißtrauen des Geschworenen gegen jeden Angehörigen einer fremden Rasse, jeden Ausländer, überhaupt jeden nicht zur eigenen Klasse des Geschworenen gehörenden Angeklagten zurückging. Aber man wird doch annehmen müssen, daß das Ausnahmefälle sind und daß das heutige Geschworenensystem weder vom Volk noch bei den Richtern als Übelstand empfunden wird; und umgekehrt scheinen die sehr deutlichen Instruktionen der Richter an die Jury von den Geschworenen fast immer willig aufgenommen zu werden.

der gewöhnlichen Fälle und lassen dem Richter für unvorhergesehene Hemmnisse und ungewöhnliche Konstellationen durchaus freie Hand. Trotzdem bemerkt der Zuschauer im englischen Gerichtssaal nirgends das starke imperium des Richters weniger als in der formalen Leitung des Rechtsstreits; er sieht zuerst die Achtung der Prozeßpersonen vor dem Magistrat, ihre Dienstbarkeit gegenüber dem Gerichtsherrn; er erkennt die souveräne Freiheit, mit der der Richter das materielle Recht und Unrecht der Parteien beurteilt — von der Sichtung und Anordnung des Prozeßstoffes, von einem beständigen Lenken, Treiben oder Zügeln des Prozeßgangs ist dagegen weniger zu spüren als vor den kontinentalen Gerichten. Man ginge fehl, wenn man darüber mit dem alten, fast sprichwörtlichen Satz hinweggehen wollte, daß eben die sicherste, straffste Leitung überhaupt für den Zuschauer am wenigsten sichtbar ist, wie man denn den schlechten Reiter daran kennen mag, daß er krampfhaft die Zügel umklammert und an ihnen zu zerren scheint aus Furcht, er könne sie verlieren. In Wirklichkeit ist das Zurücktreten der richterlichen Prozeßleitung in der Verhandlung der Prozesse mehr als bloßer Schein, wenigstens bei den obern Gerichten; die einfache Erklärung dafür ist, daß der Prozeß schon geläutert in das Stadium der mündlichen Verhandlung kommt, die gerichtlichen Unterbeamten und die Richter selbst haben „im Zimmer" den Streit schon so geordnet und gereinigt, daß im Gerichtssaal nichts Unebenes mehr an ihm zu finden ist. Wir brauchen die Worte gereinigt und geläutert absichtlich: denn alles treibt im englischen Zivilprozeß daraufhin, daß für die mündliche Verhandlung womöglich nur die eine letzte Streitfrage noch offen bleibt, von der das Endurteil abhängt, die eine Streitfrage, über die im deutschen Prozeß der Parteieid oder seine Weigerung entscheidet, die also im Läuterungsverfahren unseres Zivilprozesses ihre Lösung findet. Die Zurückführung der verwickeltsten Streitverhältnisse auf den einen entscheidenden Punkt, die crux des Prozesses, ist aber Sache der Prozeßvorbereitung; dieser Vorbereitung fällt die endgiltige Feststellung der streitigen Ansprüche, die Erledigung der Präjudizial- und Inzidentfragen, die Einordnung einer Intervention zu — daher auch auffallend häufig schon mitten im Vorverfahren der ganze Instanzenzug mit einem

Mitteldiug zwischen Prozeßbeschwerde und Berufung durchgefochten wird.

Der Prozeß Wagstaff-Jalland, der schon einmal erwähnt worden ist, gibt das beste Beispiel für diese Art von Konzentration der mündlichen Verhandlung. Die Verhältnisse, in die er rechtliche Klärung bringen sollte, waren gewiß so verwickelt wie möglich: eine Frau, die zweimal verheiratet war, sich nach dem Tode ihres zweiten Mannes selbst dem Strafgericht gestellt hat, aber für ihre unbestrittene Bigamie nur ein Nominalurteil bekommt, weil der Richter von ihrer optima fides beim Eingehen der zweiten Ehe überzeugt war und sie von ihrem zweiten Mann, dem Friedensrichter Wagstaff, verführt hielt. Darauf ein Zivilprozeß über das Testament dieses Mannes, der die Nutzungen seines Vermögens „seiner lieben Frau Dorothy Josephine Wagstaff" (in Wirklichkeit Mrs. Jalland) bis zu ihrem Tode oder ihrer Wiederverheiratung vermacht hat; Erbe sollte „sein Vetter William Harwood Wagstaff" und falls dieser nicht mehr am Leben wäre „der älteste Sohn seines Vetters John Wagstaff sein". Einen William Harwood Wagstaff hat es nie gegeben; dafür gibt es aber zwei John Wagstaffs, Vettern des Testators; der Sohn des einen John ist der Hauptkläger gegen die unechte Witwe; der andere John beansprucht die Erbschaft für sich, falls überhaupt die Witwe nichts bekommt, und ist deshalb neben ihr verklagt; endlich ist ein Testamentsvollstrecker, ebenfalls in der passiven Parteirolle am Rechtsstreit beteiligt. Das Objekt des Prozesses waren drei bis vier Millionen in unserem Geld. Die Vernehmung der Parteien und Zeugen und das Kreuzverhör nahmen fünf volle Verhandlungstage in der *Chancery Division* in Anspruch; die Schlußreden der Anwälte noch zwei Tage. Und trotz all diesen Zeichen eines Monstreprozesses spitzte sich der Streit, je länger er dauerte, je entschiedener auf eine einzige Frage zu, und bei den Kreuzverhören der Witwe und ihres ersten und rechten Mannes, bei den Plaidoyers und im Urteil selbst ist das vom Richter immer wieder betont worden: nicht Aktiv- oder Passivlegitimation, Klagenhäufung oder Hauptintervention, nicht die Wirkung des Strafprozesses und seines Urteils und nicht die Auslegung der Testamentsworte, sondern nur die einfache Tatfrage, ob Wagstaff bei der Abfassung des Testaments wußte, daß seine angebliche Frau mit einem andern Mann rechtsgiltig verheiratet war. Diese Frage hat der Richter nach den Anzeichen des Beweisergebnisses bejaht, und dadurch wurde der Prozeß zugunsten der verklagten Frau und des Testamentsvollstreckers entschieden [76]).

---

[76]) Die Kasuistik gibt hier auch ein gutes Gegenbeispiel, nämlich für eine unsicher geführte Verhandlung, in der die entscheidende Frage erst zuletzt auftaucht und deshalb zu Anfang in ganz verkehrter Richtung plädiert wird. Die Berufungsverhandlung im Prozeß der Akrobatentruppe Glinseretti gegen den Manager zweier Singspielhallen in Sydney und Melbourne (*Court of Appeal, Master of the Rolls, Lords Justices Cozens-Hardy* und *Fletcher Moulton).* Der Direktor hatte die Truppe im Oktober 1899 für ein australisches Gastspiel engagiert, das im Mai 1902 gegen ein Honorar von 75 Pfund in der Woche stattfinden sollte; zur Zeit des Vertragsschlusses hatte der Leiter der Truppe fünf andere Akrobaten neben sich, und der Direktor hatte diese sechs in England arbeiten sehen. Im Herbst 1901 bestand die Truppe immer noch aus sechs Mitgliedern; aber außer dem Leiter Glinseretti selbst war nur der jüngste Artist vom Jahr 1899 noch dabei. Die andern vier waren ersetzt worden, wie sie sich ins Privatleben zurückzogen oder in andere Kombinationen übergingen. Als der Direktor das hörte, trat er im Januar 1902 vom Vertrag zurück und lehnte das Gastspiel ab. Die Glinserettitruppe klagte auf Schadensersatz wegen Kontraktbruch und bekam 500 Pfund zugesprochen. Der Direktor legte Berufung ein, die sich auf ungenügende Beweisaufnahme und schlechte Instruktion des Richters stützte und über den letzten Punkt entspann sich zwischen der Richterbank und dem Anwalt des Berufungsklägers (Dickens, K. C.) ein äußerst scharfsinniges und mit Präjudizien gespicktes „Argument"; der Anwalt suchte zu verfechten, daß derartige Kontrakte mit den einzelnen Mitgliedern der Künstlertruppe geschlossen würden und daß die jetzigen „Glinserettis" nicht die damals engagierten seien; die Richter waren offenbar anderer Ansicht und suchten den Anwalt durch fingierte analoge Fälle (Orchester, Chorvereine, Vokalquartette) ad absurdum zu führen. Schließlich aber stellte sich heraus, daß der Klaganspruch auf jeden Fall deshalb begründet sei, weil der Direktor durch die vorzeitige Ablehnung des Gastspiels — er hatte telegraphiert, die Truppe solle gar nicht von England abreisen — kontraktbrüchig geworden sei; damals habe überhaupt noch die Möglichkeit bestanden, daß das Haupt der Truppe seine ursprünglichen sechs Leute für die australische Tour zusammenbringe, sodaß die Frage, ob auch die jetzigen sechs vom Direktor hätten angenommen werden müssen, für

Nur an drei Einzelpunkten des Verfahrens können wir deshalb die Prozeßleitungsgewalt des Richters mit Beispielen aus den Gerichtsverhandlungen belegen: nämlich an der Erlaubnis zur Klagänderung (oder richtiger Klagbesserung), an der Freiheit gegenüber dem eigenen, schon gesprochenen Urteil und zuletzt am Rechtsmittelzug.

Für die Erlaubnis zur nachträglichen Verbesserung der Klage fehlen auch sehr radikale Beispiele, besonders aus der Praxis der Grafschaftsgerichte, nicht. Im *Brompton County Court* (Sir W. Selfe) stand am 25. September 1907 die Klage eines Lieferanten auf Kaufpreiszahlung gegen den Solicitor der angeblichen Käuferin zur Verhandlung; dieser hatte sich für seine Klientin bei dem Geschäft bis zum Betrag von zehn Pfund verbürgt, erklärte aber dem Richter, daß er die Rechnung erst am Morgen des Gerichtstags bekommen habe, daß seine Klientin, die von ihrem Mann getrennt lebt, die Bestellung der Waren leugnet und daß nach der Art der gelieferten Sachen und sonstigen Anzeichen jener Ehemann der wirkliche Käufer und Schuldner sei. Der Richter verfügte daraufhin die Vertagung der Sache, „damit Lady Affleck (die angebliche Bestellerin) und ihr Mann als Streitgenossen mit dem Beklagten zusammen in Anspruch genommen werden können." — Bezeichnender ist die Erlaubnis zur Klagänderung, die der Grafschaftsrichter in Clerkenwell (zwei Tage nach dem eben erzählten Fall) einem Testamentsvollstrecker gab. Der behauptete Anspruch ging auf Rückgewähr von eingezahlten Versicherungsgeldern. Die Testatrix stützte sich in der Klage darauf, daß der Versicherungsvertrag in Wirklichkeit ein Lotteriespiel gewesen sei und jedenfalls den Versicherungsnehmer ungebührlich benachteiligt habe; die Verteidigung berief sich dagegen auf die Schiedsgerichtsklausel in der Polize. Der Richter gab zu, daß ihm nach der jetzigen Klagbegründung die Jurisdiktion fehle; aber statt die Klage abzuweisen, gewährte er eine Frist von sieben Tagen, binnen deren mit dem neuen Grund des Betrugs der Prozeß wieder bei ihm aufgenommen werden könne; für

---

den Prozeß gar nicht mehr den Ausschlag gebe. — Solche Fehlverhandlungen sind indessen äußerst selten.

die so verbesserte Klage hätte er dann die Zuständigkeit. — Am 26. November 1906 fand im Appellgericht eine Klagbesserung in der mündlichen Verhandlung selbst statt: die Berufung richtete sich dagegen, daß im *High Court* von Justice Bucknill eine einstweilige Verfügung abgelehnt war, durch die einige Mitglieder der *Liverpool Victoria Legal Friendly Society* einen Generalversammlungsbeschluß sistiert haben wollten. Das Gesuch richtete sich gegen den Vorstand und den Sekretär der Gesellschaft, die dann auch als Berufungsbeklagte auftraten und die Aktivlegitimation der Berufungskläger (exceptio plurium litis consortium) ebenso bestritten wie ihre eigene Passivlegitimation, da mit ihnen zusammen der Aufsichtsrat hätte verklagt werden sollen. Das Gericht rät dem Anwalt der Gesuchsteller, dieser Verteidigung nachzugeben; der Anwalt erklärt: ich willige darein, daß das Gesuch für alle Mitglieder der Gesellschaft und gegen die Aufsichtsräte gestellt wird, und daraufhin verkündet Lord Justice Cozens-Hardy, daß er, *considering the writ as amended in the way he had indicated*" die Berufung zulasse und die beantragte Verfügung gewähre [77]).

---

[77]) Manche Klagfehler kann freilich auch der Richter nicht heilen; in einem Prozeß vor dem Grafschaftsgericht Clerkenwell (Judge Edge, 2. Juli 1907) war der Beklagte in voller Kenntnis des Anspruchs erschienen, hatte aber statt sachlicher Verteidigung die Einrede fehlender Zustellung der Ladung erhoben; es stellte sich heraus, daß die Zustellung als unausführbar an den Kläger zurückgekommen war, daß aber der Schuldner eine Ladung als Zeuge für den Prozeß richtig bekommen hatte. Der Richter mußte die Klage zurückweisen, weil er ohne Zustellung der Klage keine Jurisdiktion hatte, und konnte seiner Meinung über die moralische Seite der Sache nur dadurch Ausdruck geben, daß er dem Schuldner die von ihm verlangten Prozeßkosten sehr entschieden abschlug. — Im Ehescheidungsprozeß Jessop u. Jessop (Divorce Division, 26. Juni 1907), in dem sich bei der Verhandlung herausstellte, daß die verklagte Frau sich nicht mit ihrem gänzlich unschuldigen Mitverklagten, sondern mit einem Dritten vergangen hatte, wies der Richter das Gesuch um Erlaubnis zur Klagänderung in das Vorbereitungsverfahren (das er selbst, aber in *chambers*, führt) und gab vorläufig zu erkennen, daß er die Klage für „tot" halte. — Auch der Mangel der Aktivlegitimation kann natürlich unheilbar sein und zur sofortigen Abweisung der Klage oder der Anklage führen; im Südwest-

Ein starkes Mittel zur freien, praktischen Gestaltung des Verfahrens im Strafprozeß ist die Befugnis des Richters, sein schon gesprochenes Urteil zurückzunehmen oder abzuändern — nicht anders als der deutsche Richter seine Prozeßbeschlüsse behandeln kann. Freilich gilt das nur für die erste Instanz, und die Polizeirichter machen bei weitem den meisten Gebrauch davon; der Verurteilte selbst, öfter aber ein Belastungszeuge oder der Ankläger gehen den Richter um Milderung seines Spruchs an; oder ein Arbeitgeber des Delinquenten kommt und erklärt, er wolle ihn wieder annehmen, wenn die Freiheitsstrafe gekürzt oder ganz erlassen werde; darauf geht der Richter meist bereitwillig ein und ändert sein, vielleicht vor mehreren Stunden oder gar am Tag vorher gefälltes Urteil ab oder hebt es einstweilen auf, damit noch genauere Nachrichten über die Würdigkeit des Delinquenten eingeholt oder Bürgschaften gebracht werden können. Hier muß ein Beispiel für viele stehen: der Schriftsteller G. R. Sims, der durch seine Schilderungen aus dem Osten Londons und aus Soho viel zur Aufdeckung und Hilfeleistung für das ärgste Elend der Großstadt beigetragen hat und in vielen Hilfsvereinen praktisch tätig ist, hatte einen Mann abweisen lassen, der ihn um Unterstützung anging und sich in dem

---

Polizeigericht in London trug sich am 24. Juni 1907 ein fast humoristisch wirkender Fall dieser Art zu, da der Ankläger, ein Detektivbeamter, zwar den Beschuldigten leicht hätte des Betrugs überführen können, jedoch zugeben mußte, daß er selbst von vornherein den Betrug durchschaut hatte und sich absichtlich hatte betrügen lassen; der Delinquent pries auf der Straße seine Waren an und bot dabei jedem Passanten für zwei Pence einen goldenen Ring und ein Sechspencestück zum Kauf an; der Umschlag, in dem diese Schätze sich befinden sollten, enthielt aber nur einen Messingring und kein Geldstück; die Käufer wurden auch ernstlich aufgefordert, den Umschlag erst hinter der nächsten Straßenecke zu öffnen. Der Mann kann das alles gar nicht leugnen; aber da der wahrheitsliebende Polizist dem Richter auf seine Frage, ob er denn für seine zwei Pence wirklich den Goldring und das Sixpencestück zu kaufen gehofft habe, die Antwort nein geben muß, fällt die Klage: „Wenn Sie mir ein kindliches Gemüt hierher bringen, das wirklich an das Versprechen des Marktschreiers geglaubt hat, so kann ich verurteilen; unterdessen hat der Angeschuldigte Glück, daß ihn der Polizist verfolgt und keiner aus dem Publikum.“

Bettelbrief, den ein Dienstbote ihm abgenommen hatte, auf frühere Bekanntschaft mit ihm berief; Sims verlas den Namen, konnte sich deshalb nicht auf den Mann besinnen und ließ ihn fortschicken; der Mann, arbeitslos und vom Hunger gereizt, nahm kurzer Hand einen Stein vom Weg und warf die Fenster seines früheren Wohltäters ein, der jetzt nichts mehr von ihm wissen wollte. Sims erklärte schon in seiner Aussage vor dem Polizeirichter, daß er inzwischen festgestellt habe, die Angaben des Mannes seien richtig, und er habe ihm wiederholt geholfen, ihn auch zum Wiederkommen in der Not ermächtigt; als trotzdem sechs Wochen Zwangsarbeit über den Angeklagten verhängt wurden, kehrte Sims ins Gerichtsgebäude zurück, wandte sich noch einmal um Milderung des Urteils an den Richter und versprach zugleich, daß er nach der Verbüßung dem Mann zu einer Stelle helfen wolle; der Richter war zuerst wenig geneigt darauf einzugehen und meinte, Sims werde sich auf diese Weise nur noch mehr eingeworfene Fenster holen; aber schließlich hob er doch sein Urteil auf, wies den Attentäter für eine Woche in Untersuchungshaft und setzte schließlich nach acht Tagen das Strafmaß herab, da Sims bei seiner Verwendung beharrte und der aus der Haft vorgeführte Delinquent seine Reue kundgab (*Marylebone*. vor dem Polizeirichter Denman, am 10. und 16. August 1907)[78]).

---

[78]) Natürlich hat dieses Schalten des Richters mit seinem eigenen Urteil gar nichts mit der Rechtskraft und der Achtung vor dem endgültigen Spruch und seiner Begründung zu tun. Wir werden im weiteren noch zu zeigen haben, wie stark die Wirkung sogar der Urteilsgründe nach außen ist. Um der scharfen Auffassung der Rechtskraft willen, die darin hervortritt, soll aber ein Prozeßbericht des Daily Telegraph vom 22. August hier angeführt werden, — der Fall ist auch wegen einer eigenartigen Figur der Verurteilung lehrreich —:

Vacation Court.

(Before Mr. Justice Pickford.)

Mr. Greaves appeared in the action, Quinine Manufacturing Company (Ltd.) and others v. James, on behalf of the plaintiffs, in an application for committal of the defendant, Morgan William James, for breach of an injunction ordered by Mr. Justice Neville. Defendant appeared in person. — Counsel said that on June 7 Mr. Justice Neville made an order restraining the defendant from issuing a preparation, quinine

Zwei Illustrationen zur Prozeßleitung im Rechtsmittelzug mögen ebenfalls nur andeuten, wie der Richter in der praktischen Führung der Streitsachen freie Hand hat; im übrigen kann an dieser Stelle auch das Gesetz selbst einmal sprechen, da die im Anhang abgedruckte *Criminal Appeal Bill* ja ex professo das Verhältnis der Instanzen regelt. Die beiden Beispiele, die hier folgen, sind vom Zivilprozeß beim Grafschaftsgericht und beim *High Court* (*Kings Bench Division*) hergenommen: Der erste Fall zeigt eine sehr einfache Erledigung der prozessualen Schwierigkeiten, die sich beim Streit über Grund und Betrag sonst aus der Berufung gegen Vorbehalturteile vielfach ergeben; ein deutscher Sprachlehrer, der von einem Omnibus überfahren worden war, klagte gegen die Gesellschaft, deren Wagenführer den Unfall verschuldet habe; der Richter sah keine rechtliche Möglichkeit, dem Kläger zu helfen, da der Omnibuskutscher, den Zeugenaussagen nach, jede Sorgfalt im Fahren beobachtet hatte; die schlechte Straßenführung und die Bauart der Omnibusse mit ihrem überragenden ersten Stock-

---

bitters, in bottles on which were labels which would appear to represent that the bitters were produced by William Evans, or his successors. The affidavit of Mr. Robert Tait showed that on June 15 he purchased a bottle of quinine bitters which contained a similar label to that objected to, and declared by Mr. Justice Neville to be improper. — Defendant said no order was made that he should drop his trade name, which he had been using for twenty years. — His Lordship: Mr. Justice Neville said in his judgment you were likely to get yourself into trouble if you continued the use of the label. — Defendant: I am not bound by the expression of opinion of Mr. Justice Neville. — His Lordship: You may not be, but I am. I hold that the continued use of the label complained of is a breach of the injunction. — Defendant said he had taken the advice of a solicitor, and he was told that he was not bound by the remarks of the judge, which were not contained in the order made. — His Lordship said in this case there had been a clear breach of the injunction, and he did not wish to go behind the judgment of Mr. Justice Neville. Defendant had chosen to do exactly that which Mr. Justice Neville said he must not do. He would make an order for committal, but, to give the defendant an opportunity of behaving properly, he would not have the order drawn up for a fortnight. If by the end of that time defendant had not decided to obey the order it would be enforced and he would have to go to prison. — The order was accordingly made, with costs against the defendant.

werk sei an dem Unglück schuld, meinte er, und so hart das für den verunglückten Fußgänger sei, er könne ihm keinen Schadensersatz gegen die Gesellschaft zusprechen. Aber da er das Urteil ungern gebe, so solle dem Kläger die Berufung erlaubt sein, und für den Fall, daß das Obergericht den Anspruch dem Grund nach durchläßt, setze er im voraus den Schadensersatz auf vierzig Pfund fest — sechzig Pfund waren in der Klage verlangt. So wird die Normierung des Betrags dem Unterrichter vorbehalten, der in diesem Punkt souverän urteilt; zugleich aber wird dem Kläger ein zeitraubendes Nachverfahren zur Festsetzung der Schadenssumme für den Fall seines Sieges im Berufungsgericht erspart [79]). — Das andere Beispiel ist einem Gewerkschaftsprozeß entnommen, der einiges politisches Aufsehen erregt hat; der Kläger, ein Metallarbeiter, war aus seiner Gewerkschaft ausgetreten, als der Arbeitgeber ihm eine Aufseherstelle gegeben hatte; diesen Posten vermochte er aber nicht auszufüllen, und nach einer Weile rückte er wieder in die Reihe der Arbeiter ein. Darauf erschien im Auftrag mehrerer Gewerkschaftler ein anderer Arbeiter, der schon zwanzig Jahre für das Geschäft tätig war, beim Prinzipal und erklärte ihm, die Anstellung dieses *non-union*-Mannes habe unter den Arbeitern böses Blut gemacht; der Prinzipal entließ, ohne daß es zu einer Streikdrohung gekommen wäre, den Kläger, um Frieden mit der Gewerkschaft zu haben. Die Klage war wegen *conspiracy* gegen den Arbeiterdeputierten und einige andere Gewerkschaftler gestellt; im Grafschaftsgericht fand die Jury zwei der Verklagten auch wirklich schuldig, und dagegen war die Berufung eingelegt. Aus den Vorträgen der Anwälte war über die Instruktion des Grafschaftsrichters an die Jury keine Klarheit zu gewinnen; der Berufungskläger wollte sich auf einen Zeitungsbericht über die Verhandlung stützen, dessen Zuverlässigkeit sein Gegner bestritt.

---

[79]) Grafschaftsgericht Shoreditch, Richter Smyly, K. C., Febraur 1907. In der Aprilnummer des „Managing Clerk" ist übrigens gerade gegen diese Erleichterung des Verfahrens, von der im Verhältnis zwischen dem Circuitrichter und dem High Court öfters Gebrauch gemacht werde, eine erbitterte Polemik geführt; die bloße Summen-Entscheidung unter Vorbehalt des Grundes sei eine Farce.

Das Gericht ordnet die Vertagung an und beschließt, sich selbst bei dem Richter der ersten Instanz zu erkundigen und erst nach dem Eingang seines Berichts die Verhandlungen wieder aufzunehmen [80]).

Es hieße Eulen nach Athen tragen, wollte man noch besonders betonen, wie viel das Fehlen der bureaukratischen Routine bei der Stärkung der richterlichen Gewalt ausmacht. Daß hier einmal der Unterrichter mit äußerster Schärfe auf seinem Urteil besteht und die Berufung abschneidet, ein anderes Mal der Partei noch Mut macht, ihr Rechtsmittel einzulegen und fürsorgliche Maßregeln für die kommende Kassation seines eigenen Spruchs trifft; daß je nach den Notwendigkeiten und Bedürfnissen des einzelnen Prozesses die Berufungsrichter sich hier von den Parteianwälten über die Angriffspunkte informieren lassen kann und dort einen vertraulichen Bericht vom iudex a quo einholen, das ist eben Prozeßrecht des Herrenrichters, im Gegensatz zu den festen Formen und Formularen, an die der Beamtenrichter gebunden ist. Ein imperium, das stark sein soll, darf sich nirgends kleinlich zeigen.

Wir legen uns denn auch in diesem Gedankengang fast unwillkürlich die Frage vor, ob nicht im Weggehen über Bagatellsachen und Bagatellfragen der Kern des englischen Prozeßwesens zu finden ist. Minima non curat praetor: gilt das vom englischen Richter? Erklärt sich daraus die geringe Zahl der Prozesse, die zur mündlichen Verhandlung und zum Urteil kommen, und die kleine Zahl der Richterstellen, zumal an den ordentlichen Gerichten und im *High Court*? Ist der *abuse of the process of the Court*, von dem man hier und da einen ungeduldigen englischen Richter sprechen hört, die Behelligung der Gerichte mit kleinen Prozessen, deren Gegenstand die Zeit und die Gedankenarbeit der hohen Richter nicht wert ist? Ist vielleicht die Kostspieligkeit der Prozeßführung, von der man in Deutschland viel gehört hat [81]), auch ein wohl-

---

[80]) Vgl. *Criminal Appeal Bill, sect.* 8 im Anhang I, p. VIII.

[81]) Man vergißt bei den Erörterungen über die Höhe der Prozeßkosten und der Richtergehälter in England immer wieder die Verschiedenheit des Geldwerts hier und dort; oder man tut diese Verschiedenheit gleich von vornherein ab, indem man sie erwähnt, sie aber

beabsichtigter Zug des Gesetzgebers, um minima von der Schwelle des Gerichts fernzuhalten? Aber die Kasuistik läßt ein rundes Ja auf diese Fragen nicht zu. Sie hat uns schon früher gezeigt, daß

---

dann um so gründlicher ad acta legt. Die Gehälter der beiden juristischen Kronbeamten von England haben, nach einer Mitteilung des Premierministers Campbell-Bannerman im Unterhaus, während der letzten fünf Jahre durchschnittlich 13 700 Pfund für den Attorney-General und 10 298 Pfund für den Solicitor-General betragen; sie müssen dafür ebenso wie der Richter, der aus dem Anwaltstand auf die Richterbank kommt, ihre Praxis für die Zeit ihres Amtes aufgeben, und das wird in den meisten Fällen ein pekuniäres Opfer sein. — Ein *third class clerk at the Law Courts*, der am 9. August wegen Grausamkeit gegen seine Ehefrau vor dem Polizeigericht erschien, erfreute sich eines Gehaltes, der sich rasch bis auf 400 Pfund im Jahr steigern sollte; dabei gab ihm seine Stellung noch Gelegenheit zu reichlichem Nebenverdienst. — Die Prozeßkosten sind allerdings bei den oberen Gerichten sehr hoch; aber daß sie den Streitgegenstand selbst vielfach übersteigen, das kommt auch anderswo vor, und selbst der Fall des Schriftstellers Hannan, der im Grafschaftsgericht Wandsworth um seine Entlassung aus dem Bankerott nachsuchte und dabei dartat, daß er als vermögensloser Beklagter und Widerkläger in einem Beleidigungs- und Autorrechtsprozeß 25 Pfund Schadensersatz und rund 772 und einige Pfund Kosten auferlegt bekommen hat (eine Instanz im High Court), selbst dieser verblüffende Fall verliert seine schlagende Kraft, wenn man statt des Pfundes die Mark setzt und annimmt, daß ein solcher Prozeß in erster Instanz vor dem Reichsgericht oder der Cour de Cassation geführt werden könnte. Die Prozeßkosten bei den englischen Bagatellgerichten sind äußerst gering.

Bei der Beratung der vielbesprochenen Schottischen Landbill im August 1907 kam im Oberhaus die Rede darauf, daß im ersten Regierungsentwurf für die Mitglieder der Enteignungskommission 1000 Pfund Jahresgehalt ausgeworfen war, später dagegen der Staatssekretär für Schottland 2000 Pfund für jeden Kommissarius gefordert hatte. Lord Rosebery griff in seiner glänzenden Rede, durch die er das Gesetz zu Fall brachte, auch diesen Angriffspunkt auf und verspottete die Regierung, die vermutlich für 2000 Pfund „die Charakterstärke und Unparteilichkeit bei den Kommissaren zu erreichen hofft, die sie zu dem niedrigen Tarif nicht bekommen kann". Niemals seit Menschengedenken hat ein einzelner Staatsmann, der keine Partei hinter sich hat, so großen Einfluß gehabt und solche Achtung genossen wie Lord Rosebery jetzt; seine Äußerungen wiegen um so schwerer,

ein guter Teil der Verhandlungen im Appellgerichtshof und im Oberhaus auf Beschwerden über formale Prozeßfragen fällt. Sie zeigt uns die einzelnen Senate des *High Court*, wie sie ganze Sitzungen lang über den Schwanz einer Chinchillakatze debattieren, dessen unnatürliche Kürzung die Eigentümerin um einen Preis auf der Ausstellung des Südenglischen Katzenbundes gebracht hat, oder über ein Huhn, das, vom bellenden Nachbarhund erschreckt, einem Radfahrer in seine Maschine geflogen war (*Divisional Court*, *Justices* Phillimore und Bray, 15. Mai) oder wieder über eine Katze, die ein Gartenbesitzer auf seinem Grundstück angeschossen hat und dann noch ein paar Stunden elend an dem Schuß hat verkommen lassen (*Kinqs Bench Division*, *Lord Chief Justice*, *Justices Darling* und *Phillimore*, 26. April); wir dürfen ruhig einmal verallgemeinern: das *minima non curant* gilt keinesfalls in dem Sinn, daß die Richter des höchsten Hofes nur mit großen, hochwertigen Sachen befaßt würden; die Zeit des Mannes, dem der Staat Hunderttausende für seine Dienste zahlt, gilt dem Katzenschwanz ebensogut wie der Beleidigungsklage eines Seifenkönigs, dem eine Million Mark als Vergleichssumme eben genügt. Das Circuitsystem ist ganz und gar auf dem Gedanken aufgebaut, daß auch die geringen Sachen, die Provinzprozesse ein Recht haben, von einem Lordrichter des höchsten Gerichts abgeurteilt zu werden. Und gehen wir in die Grafschaftsgerichte oder bis zu den Polizeigerichten herunter und prüfen die Prozesse durch, in denen nach kontinentalen Begriffen vorzeitig der Richter den Gang des Rechtsstreits aufhält und ohne weiteren Zeitverlust die Parteien von der Schwelle des Gerichts weist, so findet man schließlich unter einer Fülle von Formen, die so groß und bunt ist wie das Leben, das fast von der Straße weg an der Bank der untern Gerichte vorbeizieht, doch nur einen Grund: die Schärfe und Schneidigkeit der richterlichen Gewalt gegen frivole Klagen, gegen den Mißbrauch der Rechtsschutzordnung durch fingierte Beschwerden und durch Streitereien, die in der Familie,

---

wenn sie sich gegen Vorlagen der liberalen Regierung wenden, die er früher selbst geleitet hat. Jene Bewertung der hohen Gehälter ist aber auch außerhalb Englands richtiger und würdiger als die Meinung, daß man mit recht hohem Lohn dem Staat die besten Diener sichern könne.

unter Standesgenossen oder zwischen Vereinsbrüdern in ihren vier Wänden und unter vier Augen ausgetragen werden könnten, gegen nachlässige Prozeßführung der Parteien, gegen den Mangel an Achtung, der in schlechter Vorbereitung der mündlichen Verhandlung liegt. Zwei prozessierende Geistliche werden heimgeschickt, weil es ein Ärgernis ist, wenn sie ihre Unversöhnlichkeit und Rechthaberei öffentlich ausstellen; zwei alte Jungfern, die sich nicht über das Abstauben ihrer gemeinsamen Stuben einigen können, bekommen den Rat, sie sollten sich jede ein eigenes Zimmer nehmen; was es mehr kostet, brächten sie an den Gerichtskosten ein; vielleicht ist, wenn man eine Anknüpfung an das deutsche Recht sucht, am ehesten zu sagen, daß die vernünftige denegatio juris des § 866 BGB. für streitsüchtige Mitbesitzer in der Übung der englischen Untergerichte ganz allgemein gelte. Das alles mag im einzelnen Fall nach einem großartigen Weggehen über minima aussehen: zum Beispiel wenn die Times einen Metallarbeiter auf fünf Pfund rückständige Abzahlungsraten für eine Encyclopaedia Britannica verklagt[82]) und der Richter (im *City of London Court*, 9. Januar 1907) die Ver-

---

[82]) Die „*instalment books*“ waren im Somme 1907 eine ständige Rubrik in den Prozeßberichten geworden. Besonders die „*Encyclopaedia Britannica*“ und eine „*Library of famous literature*“, die weithin auf Abzahlung vertrieben wurden, machten den Gerichten zu schaffen, so daß mehrmals gegen die klagenden Verleger und Agenten scharfe Zensuren in den Urteilsgründen ausgesprochen wurden. Indessen scheinen daraufhin die Klagen auch wirklich abgenommen zu haben, so daß sich hier ein Beispiel dafür fände, daß der Richter die ausbeuterische, aber juristisch begründete Klage gar nicht abzuweisen braucht, um den Kläger zu künftiger Zurückhaltung zu bringen, daß vielmehr der Tadel im Gericht oder in den Gründen dazu hinreicht. Solche Fälle waren Edward Lloyd, Limited v. Grafton, City of London Court, 5. Juli; der gleiche Kläger gegen William Southern, beim gleichen Gericht; Virtue & Co. v. E. W. Jones, County Court Clerkenwell, 2. Juli, und Lloyd v. Leathers, City of London Court, 19. September. Dagegen hatte Richter Rentoul im Londoner Grafschaftsgericht am 7. Juni eine ähnliche Klage einfach abgelehnt (d. h. die Verhandlung mit der Bemerkung vertagt, er wolle den Klägern dadurch Zeit geben, sich ihre Position noch einmal zu überlegen; das Gericht lasse sich nicht zum Instrument eines großen öffentlichen Schwindels machen).

hängung der Schuldhaft ablehnt, weil es „den Prozeß des Gerichts zu einer Farce herabwürdigt, wenn solche Schulden mit seiner Hilfe beigetrieben werden sollen.“[83]) Oder man freut sich in einem andern Fall, wenn der Richter dem Verklagten, der einen unfrankierten Brief an das Gericht geschrieben hat, eine kleine Strafpredigt über diese Unart hält, aber zugleich den Ersatz der zwanzig Pfennige Strafporto an das Ger:cht ablehnt, weil es eine Lappalie sei; das ist ein erfrischendes Erlebnis, wenn man aus Ländern kommt, in denen über einen der hohen Behörde fehlenden Pfennig ganze Aktenbündel angelegt werden. Aber man täte unrecht zu übersehen, daß gerade in diesem Fall eine gründliche mündliche Verhandlung über dreieinhalb Schilling Droschkenfahrgeld stattfand; der Verklagte behauptete nämlich, da er dem Cab nur einige Pakete aufgeladen habe, brauche er ihm auch nur den ordentlichen Packträgerlohn zu zahlen, und außerdem habe er sich dermaßen über den Kutscher ärgern müssen, daß er darüber ein Klubessen versäumt und sieben Schilling Strafe bekommen habe [84]). Jeder Richter weiß, wieviel Geduld und Aufmerksamkeit nötig ist, um die Darstellung ihrer Rechtsfälle durch „kleine Leute“ ohne Unterbrechung anzuhören und ihnen vom Hundertsten ins Tausendste zu folgen; treibt man sie oder schneidet man ihnen die Erzählung nebensächlicher Dinge ab, so werden sie verwirrt oder verstummen ganz. Im Eingehen auf die Eigenart der Parteien sind zumal die Polizeirichter in London Meister ihres Amts. Die Besten unter ihnen beherrschen den hauptstädtischen *slang* vollkommen, und keiner scheut sich, ihn selbst zu sprechen, wenn er dadurch der Partei oder den Zeugen die Zunge lösen kann oder wenn er glaubt, mit einer derben Wahrheit dem Prozeßgang besser zu dienen als mit der elegantesten forensischen Wendung. Und bis zu den Anwälten,

---

[83]) „*Just imagine the Times thundering away at this poor metal worker, who is scarcely doing any work! No order. And if he returns the books I will cancel the agreement.*“ Nicht die geringe Summe oder die Alltäglichkeit des Geschäfts oder gar die Ärmlichkeit des Schuldners, sondern die unmoralische causa der Forderung läßt den Richter so sprechen und handeln.

[84]) Marylebone Police Court, 18. Juni 1907, vor P. Taylor.

die Hunderttausende verdienen und morgen als Lordkanzler dem Thron zunächst zu stehen kommen können, geht durch die englischen Juristen der Wille und das Bekenntnis durch, daß sie nichts Menschliches sich fremd sein lassen wollen [85]). Wieviel menschlicher ist aber doch das Kleine, Alltägliche, Gemeine als das Große und Pompöse — wieviel menschlicher die Klage des Droschkenkutschers um seine dreieinhalb Schilling als der Millionenprozeß eines schottischen Peers mit dem Fiskus über die Erbschaftssteuer vom Fideikommißgut!

Mit der Einsetzung eines andern Wortes wird freilich das lateinische Rechtssprichwort für das englische Recht so wahr, wie es für den englischen Richter ungültig ist: minima non curat lex.

Während des Druckes sind drei Prozeßberichte in den Special Law Reports des Daily Telegraph erschienen, die zu charakteristisch für die Prozeßleitung im obersten Gericht, besonders für die freie Beweglichkeit der Richter bei der Leitung sind, als daß wir sie nicht wiedergeben sollten, trotzdem die Zeitgrenzen unseres Stoffes dabei überschritten werden.

1.

(4. November 1907.)

Kings Bench Division.

Before Mr. Justice Darling and a Common Jury.

Lstr. 750 Damages.	750 Pfund Schadenersatz.
Whether damages in the proportion of two-thirds against one company	Ob Schadenersatz im Verhältnis von zwei Dritteln gegen eine Gesell-

[85]) *The Reminiscences of Sir Henry Hawkins, Baron Brampton ed. by R. Harris. K. C. (London, E. Arnold, 1905)* p. 20, 30, 50, 56—58, 134, 135—138, 167, 275, 300, 346 und öfter. Der Richter soll jenseits von groß und klein sein, wie er jenseits von gut und böse ist: „*this knowledge of the world, seen as I saw it, was of the greatest use in my profession. If you would know the world, you must not confine yourself to its virtues. There is another side, and it is well to look at it.*“ Ein alter Falschspieler war mit besonderer List und unter großer Gefahr aus der Untersuchungshaft ausgebrochen, als er erfahren hatte, daß der damalige Lordoberrichter Jervis ihn aburteilen sollte. „Lieber,“ soll er gesagt haben, „will ich meinen Beruf aufgeben, als von so einem alten Dieb abgeurteilt werden. Was glauben Sie, der alte Spitzbube kennt jeden Trick vom ganzen Geschäft.“ Solche Äußerungen sind das höchste Lob für den Richter, dem sie galten.

and one-third against the other could be given in an action for damages for injuries brought by a boy of 14, against the London Motor Omnibus Company (Ltd.) (Vanguard services), and the London General Omnibus Company was the interesting and unusual question put by the jury to his lordship.

The facts as stated by counsel on Friday were that John Benjamin Longuet, son of a piano tuner, was standing on the kerb in Tottenham Court-road an Oct. 13, when a Vanguard motor omnibus ran on to the pavement, knocked him down, and dragged him along for a considerable distance. He lost four fingers, had one rib broken, another displaced, and also sustained serious internal injuries. At the University College Hospital it was found that a prompt operation was necessary.

On behalf of the London Motor Omnibus Company, it was stated that their 'bus had been struck by another motor 'bus, which belonged to the London General Omnibus Company, and that it was driven on to the pavement, along which it ran for a distance of some 90 ft. This was denied by the London General Omnibus Company, and each company alleged that the accident was the fault of the other.

The jury considered their verdict for some time, and then announced that they had a message for his lordship who, however, had left the Courts. Therefore, they were directed to attend the Court on Saturday.

Mr. Marshall Hall, K.C., and Mr. Clark Hall (instructed by Messrs.

schaft und einem Drittel gegen die andere auf eine Klage eines 14 jährigen Jungen gegen die Londoner Motor-Omnibus-Gesellschaft und die Londoner Allgemeine Omnibus-Gesellschaft zugesprochen werden könne, das war die ungewöhnliche und interessante Frage, die der Richter der Jury stellte.

Der vom Anwalt in der letzten Verhandlung behauptete Tatbestand war, daß S. B. Longuet, Sohn eines Klavierstimmers, am 13. Oktober im Tottenham Court-Road am Rand des Trottoirs gestanden habe, als ein Motoromnibus dagegen fuhr, ihn umwarf und ein gutes Stück Wegs schleifte. Er verlor vier Finger, brach eine Rippe, eine andere wurde disloziert, und auch noch andere innere Verletzungen bekam er ab. Im Universitätsspital fand man, daß eine schleunige Operation nötig sei.

Für die Motor-Omnibus-Gesellschaft wurde geltend gemacht, daß ihr Wagen von einem andern Motoromnibus angefahren worden und gegen das Trottoir gedrückt worden sei, an dem er dann etwa neunzig Fuß weit entlang fuhr. Die Allgemeine Omnibus-Gesellschaft, der dieser Wagen gehören sollte, bestritt das, und jede Gesellschaft schob der andern die Schuld an dem Unfall zu.

Die Jury beriet einige Zeit über ihren Spruch und ließ dann sagen, sie habe eine Botschaft für den Richter, der indessen schon den Gerichtshof verlassen hatte. Also beschied man die Geschworenen für den nächsten Tag wieder ins Gericht.

Freke, Palmer, and Co.) appeared for the plaintiff; Mr. Eldon Bankes, K.C., and Mr. Norman Craig (instructed by Messrs. Christopher and Roney) were for the London Motor Omnibus Company, and Mr. Montague Shearman, K.C., and Mr. Ernest Charles (instructed by Messrs. Hicks, Davis, and Hunt), represented the London General Omnibus Company.

His lordship informed the Court that the jury had asked whether he would accept damages in the proportion of two-thirds against one company and one-third against the other. He asked Mr. Eldon Bankes whether he knew of any legal objection to such a course.

Mr. Eldon Bankes replied that he thought there was a legal objection. There were not two torts alleged.

His Lordship: Suppose an action for assault was brought against two people, and it was proved that one of them struck two blows and the other one blow of equal violence, should not one pay two-thirds of the damage?

Mr. Bankes: I do not feel in a position to consent to such a course.

Mr. Clarke Hall said that under these circumstances he could not agree either.

His lordship did not know that there was any precedent for the suggestion.

Mr. Bankes: It might be better to take the verdict of the jury. They have apparently come to a conclusion, and it is doubtful, after they have separated without giving their verdict, if they can go back again.

Anwalt des Klägers: Marshall Hall, K. C., und Clark Hall, instruiert von Freke, Palmer und Co.

Anwalt der Motor-O.-G.: Eldon Bankes, K. C., und Norman Craig, instruiert von Christopher und Roney.

Anwalt der Allgemeinen O.-G.: Montague Shearman, K. C., und Ernest Charles, instruiert von Hicks, Davis und Co.

Der Richter erklärt, daß die Geschworenen gefragt hätten, ob er Schadenersatz im Verhältnis von zwei Dritteln gegen eine Gesellschaft und einem Drittel gegen die andere annehmen würde. Ob der Anwalt der M.-O.-G. glaube, daß gegen ein solches Urteil gesetzliche Bedenken beständen.

E. Bankes erwiderte, nach seiner Meinung bestehe in der Tat ein gesetzliches Hindernis. Es seien ja nicht zwei unerlaubte Handlungen behauptet.

Der Richter: Angenommen, eine Klage wegen tätlichen Angriffs ist gegen zwei Leute erhoben, und es wird bewiesen, daß einer zwei Schläge und der andere einen Schlag von gleicher Heftigkeit geführt hat, sollte nicht der erste zwei Drittel des Schadenersatzes tragen?

E. Bankes: Ich glaube mich nicht zur Zustimmung zu solchem Verfahren berechtigt.

Clarke Hall (für den Kläger) sagt, dann könne er auch nicht damit einverstanden sein.

Der Richter fragt, ob ein Präzedenzfall bekannt sei.

Bankes: Vielleicht wäre es doch besser, den Spruch der Jury anzu-

Mr. Charles saw no objection to the jury's suggestion.

His lordship retired to ask the opinion of the other judges. On returning into court, he said the question was one of some difficulty. He had consulted with his learned brethren, and what they had said confirmed the opinion he had formed that there would not necessarily be anything wrong in a verdict which divided the damages to be paid by two defendants in the proportion of two-thirds against one and one third against the other. But such a verdict could only be justified if it were possible to say that the amount of damage done to the plaintiff could be divided in those proportions according to the evidence. That did not mean that one of the defendants was more to blame than the other for the accident. It meant that the evidence must show that more of the damage was done by one defendant than the other. In such a case as he had suggested to Mr. Bankes there would be no difficulty. It was not enough to say that one of the 'buses was more to blame than the other for the accident. What the jury must be satisfied of in such a case was that if both caused the accident, the negligence of one caused more damage to the boy than the negligence of the other. For his own part, he would find a very great difficulty upon the evidence in dividing the damages in such a proportion as the jury seemed to have thought possible.

The jury again retired, and after an absence of twenty minutes, gave

nehmen. Sie sind offenbar zu einem Schluß gekommen, und es ist zweifelhaft, nachdem sie auseinander gegangen sind, ohne den Spruch abzugeben, ob sie wieder zur Beratung zusammentreten dürften.

Charles sieht kein Hindernis gegen die Annahme des Geschworenen-Vorschlags.

Der Richter zog sich zurück, um die Meinung seiner Kollegen zu hören. Als er im Gerichtssaal wieder erschien, bemerkte er: die Frage sei ziemlich schwierig; er habe aber seine gelehrten Amtsbrüder befragt, und ihre Meinung habe ihn in seiner eigenen gestärkt, daß an sich ein Spruch, den der Schadenersatz unter zwei Beklagten im Verhältnis von 2 : 1 verteilt, nicht notwendig verkehrt sei. Indessen sei ein solcher Spruch doch nur dann gerechtfertigt, wenn man sagen könne, daß nach dem Beweisergebnis das Maß des angerichteten Schadens in diesem Verhältnis geteilt werden könne. Das soll nicht heißen: wenn einer der Beklagten mehr wegen des Unfalls zu tadeln sei als der andere, sondern: wenn die Beweisaufnahme zeigt, daß ein größerer Teil des Schadens von einem Beklagten angerichtet ist. In einem Fall wie dem früher von ihm erwähnten ginge es ohne Schwierigkeit. Aber hier wäre es nicht genug, zu sagen, daß der eine Omnibus mehr zu tadeln sei als der andere; wovon die Jury in einem solchen Fall überzeugt sein müsse, das sei, daß, falls überhaupt beide am Unfall schuld seien, die Nachlässigkeit des einen dem Jungen mehr Schaden zugefügt

a verdict for the plaintiff for £ 750 against both defendants.

His lordship entered judgment accordingly, with costs.

Mr. Clarke Hall said the question of how the money would be invested would form the subject of an application to his lordship in chambers.

His Lordship: Yes. In a case like this, where a person receives the benefits of a charitable institution, and such benefits as have been conferred upon this boy, where it is perfectly obvious that the boy would have died but for the accurate diagnosis of the clever house surgeon, the immediate decision that an operation was necessary, and the calling in of a skilled surgeon, and where the staff of the hospital has exercised such great skill, a substantial contribution should be made to the institution. That can be made out of the amount of damages, and the rest I can order to be invested. I will deal with this matter in chambers. (Tho the jury): I think you agree with me in this, gentlemen.

The Foreman: We do, and we agree that the hospital should receive a contribution from the amount we have awarded. We think that the balance should take the form of an annuity for the boy.

His lordship informed the jury that there was a special department in the courts which dealt with these matters, and that was the course which would be adopted.

hat als die Nachlässigkeit des andern. Für seine Person würde er eine sehr große Schwierigkeit haben, wenn er nach dem Beweisergebnis den Schaden in dem Verhältnis teilen sollte, wie es die Jury anscheinend für möglich hielte.

Die Geschworenen zogen sich wieder zurück und gaben, nach zwanzig Minuten, einen Spruch zugunsten des Klägers auf 750 Pfund gegen beide Beklagten.

Der Richter sprach danach das Urteil, mit Prozeßkosten.

C. Hall sagt, die Frage, wie das Geld angelegt werden sollte, werde den Gegenstand eines Gesuchs an den Richter in seinem Zimmer bilden.

Der Richter: Gut. In einem Fall wie diesem, wo jemand die Vorteile einer wohltätigen Anstalt hat, und noch dazu solche Vorteile, wie dieser Junge sie hatte, wo es ganz klar ist, daß er ohne die treffende Diagnose des geschickten Spitalarztes, die schnelle Entscheidung über die Notwendigkeit einer Operation und die sofortige Berufung eines erfahrenen Chirurgen gestorben wäre, und wo das Personal der Anstalt sich so geschickt erwiesen hat, gehört es sich, daß der Anstalt eine erhebliche Summe zugewiesen wird. Diese kann vom Schadenersatz vorweg genommen werden, und den Rest kann ich anlegen lassen. Ich werde darüber im Zimmer verfügen. (Zur Jury): Ich denke, Sie sind damit einverstanden?

Der Obmann: Ja, wir meinen auch, das Hospital soll einen Beitrag von der zugesprochenen Sum-

me bekommen. Der Rest sollte die Form einer Jahresrente annehmen.

Der Richter bemerkte, daß eine besondere Abteilung beim Gericht bestehe, die diese Dinge besorgt, ihr werde er die Sache überlassen.

2.

(13. November 1907.)

Probate Division.

Solicitor's will disputed.

The circumstances attending the making of a will by the late Mr. John Haynes, who for many years was solicitor to the District Railway Company, were inquired into in the action brought by Mrs. Rosina Agnes Haynes, the widow, who propounded a will dated Jan. 23, 1898. Mrs. Eleanor Lynch, the defendant, alleged that that will was revoked by a later will of Oct. 24, 1906, which the plaintiff replied was not properly executed, the deceased gentleman being of unsound mind.

Mr. Bayford, who was counsel for the defendant, said that Mr. Haynes and his wife had not lived together since 1899, while his daughter had been a source of considerable trouble to him. He had known Mr. and Mrs. Lynch for many years, and during the last six or seven years of his life had lived at their house. On Saturday, Oct. 20, 1906, Mr. Haynes went home, saying he was tired and had a painful cough. It was rather troublesome the next day, but on the Monday the testator went to his office. He was taken ill during the day, and the doctor ordered him to go home to bed. He was then found to be suffering from pneumonia, but his mind was

Testament eines Solicitors angegriffen.

Die Umstände, unter denen der verstorbene langjährige Solicitor der Distriktseisenbahngesellschaft, John Haynes, sein Testament gemacht hat, wurden untersucht in dem Prozeß, den seine Witwe Rosina Agnes H. angestrengt hat, um einen letzten Willen vom 23. Januar 1898 zur Geltung zu bringen. Die Beklagte, Frau Eleanor Lynch, behauptete, dieser Wille sei durch einen späteren vom 24. Oktober 1906 widerrufen; dieser, replizierte die Klägerin, sei nicht gehörig errichtet, da der Testator zu der Zeit nicht bei gesundem Verstand gewesen sei.

Anwalt Bayford, für die Beklagte, sagte, daß Haynes und seine Frau seit 1899 nicht mehr zusammen gelebt haben und daß seine Tochter ihm schwere Sorgen gemacht hat. Er hat Herrn und Frau Lynch viele Jahre gekannt und die letzten sechs oder sieben Jahre seines Lebens in ihrem Hause gewohnt. Am Samstag, dem 20. Oktober 1906, kam Haynes nach Hause, klagte über Müdigkeit und hatte einen bösen Husten, der ihn auch am nächsten Tag quälte; doch ging er in sein Bureau. Dort wurde er krank; der

perfectly clear. A Captain Smallman, a friend, had come to stay, and the testator told him he would like to leave everything he had to Nellie — Mrs. Lynch. On the following morning he repeated the wish, and Captain Smallman asked if he should write it out for him. The deceased gentleman said "Yes", and Captain Smallman and Mr. Lynch went downstairs,and the former wrote out a will. It was read over to the deceased gentleman, whose mind was perfectly clear, and a pen was given to him. He tried to write a "J", but he could not, and put down the pen. Captain Smallman suggested he should make a mark, and the deceased gentleman did so. He was then perfectly clear mentally. He had been ordered champagne by the doctor, but what the took had no effect on him. He died later that day.

Mrs. Macgregor, who was at Mr. Haynes's house, Queenslea, Stanley-road, Teddington, also spoke to the deceased gentleman's mental capacity when making his mark on the will. Mrs. Lynch was the housekeeper.

Dr. Ross described the testator as a very shrewd man. He did not give the impression of being a man who drank a good deal more than was good for him.

Mr. Murphy (for the plaintiff): What did you think was the position of Mrs. Lynch in the house? — The housekeeper.

What was Mrs. Lynch's capacity in the house? — He used to go tobus iness every day; he was in some legal work.

On the Tuesday night did you expect to see the deceased gentleman alive again? — No.

Arzt schickte ihn heim ins Bett. Dort fand man, daß er Lungenentzündung hatte; doch war sein Bewußtsein ganz klar. Kapitän Smallman, ein Freund, war zum Besuch gekommen, und der Testator sagte zu ihm, er möchte gern sein ganzes Vermögen Nellie — Frau Lynch — hinterlassen. Am Morgen darauf wiederholte er den Wunsch, und der Kapitän fragte, ob er es für ihn aufsetzen solle. Der Verstorbene bejahte das; Smallman und Lynch gingen ins Erdgeschoß hinunter und der erstere setzte das Testament auf. Es wurde dem Verstorbenen, dessen Bewußtsein klar war, vorgelesen; man gab ihm eine Feder; er versuchte ein „J" zu schreiben, konnte aber nicht und legte die Feder nieder, Kapitän Smallman schlug vor, er solle ein Zeichen machen; das tat er auch, und war bei vollem Verstand. Er hatte Champagner vom Arzt verordnet bekommen; doch wirkte das, was er nahm, nicht auf sein Bewußtsein. Er starb später am gleichen Tage.

Frau Macgregor, vom Haushalt Haynes', bezeugte die geistige Klarheit des Verstorbenen zu der Zeit, als er das Zeichen machte. Frau Lynch sei die Haushälterin gewesen.

Dr. Ross beschrieb den Testator als einen sehr gewiegten Mann. Er machte durchaus nicht den Eindruck, als trinke er mehr als er vertragen könnte.

Anwalt Murphy (für die Klägerin) Was glaubten Sie, daß die Stellung der Frau Lynch im Haus sei? — Die Haushälterin.

John Robert Smallman, a captain in the merchant service, explained that he made the acquaintance of Mr. Haynes at Llandudno in August, 1906. Deceased introduced Mrs. Lynch as his sister. At his invitation witness came up to Teddington to stay for a few days with him. Witness thought he only had a very heavy cold, but he got worse rapidly.

Cross-examined: Writing the will took half an hour.

Mr. Murphy: How many shots did you have at it? — I did not have any. Mr. Lynch dictated it to me.

Did you know Mr. Haynes was making his wife and daughter an allowance? — No.

Nor that the daughter was frequently calling at his office and being given presents? — No.

Did anybody ask if he wanted to leave anything to his wife and daughter? — No.

Mr. J. A. Robinson, stockbroker, also spoke to the state of the deceased gentleman immediately prior to his death.

Mr. Murphy: Did he tell you that his wife left him in consequence of his misconduct with Mrs. Lynch? — No.

Mr. Bayford: It is absolutely untrue.

Mr. Justice Deane: If there were that improper intimacy between the two it is the very strongest reason for the will. I have often heard that put forward in court as though it would work against the will, whereas, on the other hand, it is the other way. When a man and

Was waren die Geschäfte des Herrn Lynch im Haus? — Er pflegte täglich zu Geschäften auszugehen: er hatte eine rechtliche Anstellung.

Erwarteten Sie am kritischen Tag den Verstorbenen abends noch am Leben zu finden? — Nein.

J. R. Smallman, Kapitän in der Handelsflotte, erklärte, daß er Haynes im August 1906 kennen gelernt habe. Dieser stellte Mrs. Lynch als seine Schwester vor. Auf seine Einladung kam der Zeuge nach Teddington für ein paar Tage zu Besuch bei ihm. Der Zeuge glaubte, er habe nur eine sehr heftige Erkältung; aber es ging sehr schnell schlechter mit ihm.

Im Kreuzverhör gibt der Zeuge an, die Niederschrift des Willens habe eine halbe Stunde gedauert.

Murphy: Wie viele Entwürfe haben Sie dafür gemacht? — Gar keine. Lynch hat mir das Testament diktiert.

Wußten Sie, daß Haynes seiner Frau und seiner Tochter Unterhaltsgelder zahlte? — Nein.

Auch nicht, daß die Tochter oft auf sein Bureau kam und Geschenke erhielt? — Nein.

Hat ihn jemand gefragt, ob er seiner Frau und Tochter nichts hinterlassen wolle? — Nein.

J. A. Robinson, Börsenmakler, bezeugte ebenfalls den gesunden Verstand des Testators unmittelbar vor seinem Tode.

Murphy: Sagte er Ihnen, daß seine Frau ihn wegen seines Ehebruchs mit Frau Lynch verlassen hat? — Nein.

woman enter into immoral relations it is a very common thing for the man to think he does his duty to her by making a will in her favour.

Mr. Murphy: I have letters in the handwriting of Mrs. Lynch which I can put to her, and my suggestion is that was not the ordinary relation. There is something a good deal more in this case.

Mr. Justice Deane: The only question I have to try is whether this is a good will or not. I am certainly not going to have any dirty linen washed in public for anybody's amusement.

Mr. Bayford: I can only protest that the matter is absolutely untrue.

Mr. John Charles Lynch, a solicitor's clerk, said that he married his wife in 1893, and Mr. Haynes had lived with them mostly since.

Mr. Murphy, in cross-examination, handed to the witness some letters which he admitted being in his wife's handwriting. One, dated July 26, 1898, was addressed to the deceased gentleman at his office in Berners-street. It began:

My own darling,

and continued,

What will you do darling about coming down on Thursday? With heaps of love and kisses, I am, darling old Jack — Yours Nellie.

Mr. Murphy: Have you never heard that the separation between husband and wife was about a complaint on her part of his relations, with some woman I'll say? — No, never.

Bayford: Das ist absolut unwahr.

Der Richter Deane: Wenn solche unrechte Beziehungen bestanden hätten, wäre das nur der stärkste Grund für das Testament. Ich habe oft im Gericht derartiges vorbringen hören, als ginge es gegen den angegriffenen Willen, während es doch in Wirklichkeit gerade umgekehrt wirkt. Wenn ein Mann und eine Frau in unerlaubtem Verkehr stehen, ist es etwas sehr Gewöhnliches, daß der Mann es für seine Pflicht gegen sie hält, ein Testament zu ihren Gunsten zu machen.

Marphy: Ich habe Briefe in der Handschrift der Frau Lynch, die ich ihr zeigen kann, und meine Behauptung ist, daß das Verhältnis kein gewöhnliches war. Es steckt ein gutes Teil mehr als das Gewöhnliche in diesem Fall.

Der Richter: Ich entscheide nur darüber, ob der Wille gilt oder nicht. Sie können sicher sein, daß ich hier keine schmutzige Wäsche zu irgend jemandes Vergnügen öffentlich waschen lassen werde.

Bayford: Ich kann nur versichern, daß die Behauptung ganz unwahr ist.

John Ch. Lynch, ein Anwaltsgehilfe, sagte aus, er habe seine Frau im Jahre 1893 geheiratet, und Haynes habe seitdem meistens bei ihnen gelebt.

Im Kreuzverhör überreicht Murphy dem Zeugen einige Briefe, von denen er zugibt, daß sie in der Handschrift seiner Frau geschrieben seien. Einer vom 26. Juli 1898 war an den Erblasser in sein

Was The Firs, Horley, where you lived, furnished and paid for by Mr. Haynes? — No, paid for by ourselves.

Was Mr. Haynes a paying guest? — Something of that sort.

Mr. Justice Deane pointed out that Mr. Murphy was proving a strong sese for the defendant. It was a very thious thing for counsel representing der widow to try and blacken the cweendant's name in public solely aitfh the object of getting money.

Mr. Murphy: There is no money now.

Mr. Justice Deane: Then where is it?

Mr. Murphy replied that it had been dissipated. He had only introduced this matter after the daughter had been attacked by the other side.

Witness, in answer to further questions, recognised entries in the deceased gentleman's account-book relating to presents to his wife and daughter. During his illness it was suggested that they should be sent for, but the deceased gentleman said „No".

Mr. Murphy commented on the absence of Mrs. Lynch from the witness-box.

Mr. Justice Deane: Do you think you have paved the way for her to go into the witness-box?

Mr. Murphy: Perhaps that is the reason why she is not going into the witness-box. I felt that it was necessary to explain that it was not all on one side, as my learned friend opened to your lordship.

Mrs. Rosina Hill, only surviving child of the testator, mentioned that

Bureau in Berners-Street adressiert und begann:

Mein Liebling!

und fuhr fort

Wie willst du es einrichten, Liebster, mit deinem Kommen am Donnerstag? Mit Liebe und Küssen in Fülle bin ich, liebster alter Jack, deine Nellie.

Murphy: Haben Sie nie gehört, daß die Trennung zwischen Mann und Frau eingetreten ist, weil sie über seine Beziehungen, sagen wir, zu einer andern Frau klagte? — Nein, nie.

War Jhr Haus, wo Sie lebten, von Haynes eingerichtet und bezahlt? — Nein, von uns selbst bezahlt.

War Haynes zahlender Gast? — Etwas von der Art.

Richter Deane machte darauf aufmerksam, daß der Anwalt der Klägerin einen starken Fall für die Beklagte mit seinen Beweisen schaffe. Es sei eine sehr ernste Sache für den Anwalt der Witwe, daß er hier öffentlich den Namen der Beklagten zu schwärzen versuche, nur um Geld zu bekommen.

Murphy: Es ist gar kein Geld mehr da.

Der Richter: Wo ist es denn dann?

Murphy: Sie haben es verschwendet. Ich habe diese Dinge erst hereingebracht, nachdem die Tochter von den Gegnern angegriffen worden war.

Der Zeuge erkannte auf fernere Fragen hin Einträge im Rechnungsbuch des Verstorbenen an, die sich auf Geschenke an seine Frau und

her mother received an allowance of £ 3 a week from the deceased gentleman. They parted in 1898 through some woman, and the only trouble between witness and her father was because she was not friendly with Mrs. Lynch. She saw him sometimes twice a week at his office.

Mr. Justice Deane asked what had the widow to gain in starting this case. It was agreed on all hands that the unhappy man left no property, and the only result of the action would be that his memory must be blackened. That Court was not to be made the medium of throwing mud at people; the whole object of the Probate Division was to see whether or not a will passing property was good or bad. The result was that Mrs. Lynch was obliged to bring forward her case, and it turned out, what probably would not have been known to the world at large, that this solicitor had formed a strong attachment some years ago, and he and his wife separated in consequence. Here was the strongest motive for making a will. The letters put in by the wife proved the very strong affection between Mr. Haynes and Mrs. Lynch. The wife had succeeded in throwing a great deal of mud, and that was the only result. The testator was of sound mind, and knew and approved of the contents of the will, which was duly executed. The will was entitled to probate, and the plaintiff must pay the costs of the litigation.

Tochter bezogen. Während der Krankheit sei gefragt worden, ob man sie holen solle; aber Haynes habe gesagt: Nein.

Murphy machte Bemerkungen über das Fehlen der Frau Lynch auf der Zeugenbank.

Richter: Denken Sie, Sie haben ihr den Weg in den Zeugenstand geebnet?

Murphy: Das ist vielleicht der Grund dafür, daß sie nicht kommt. Ich hielt es für notwendig, darzutun, daß die Sache nicht so mit allem Licht auf einer Seite liegt, wie mein Freund, der Gegenanwalt, es in seiner Eröffnungsrede dem Herrn Richter geschildert hat.

Frau Rosina Hill, das einzige überlebende Kind des Testators, erwähnt, daß ihre Mutter von ihm eine Rente von drei Pfund wöchentlich erhielt. Sie trennten sich 1898 wegen einer Frau, und der einzige Grund für das Zerwürfnis zwischen der Zeugin und ihrem Vater war, daß er fand, sie sei nicht freundlich gegen Frau Lynch. Sie sah ihn manchmal zweimal in der Woche in seinem Bureau.

Der Richter fragte, was die Witwe wohl zu gewinnen gehabt habe, als sie diesen Prozeß anfing. Man ist darüber einig, daß der unglückliche Mann nichts hinterlassen hat; das einzige Ergebnis der Klage kann sein, daß sein Andenken getrübt ward. Dieses Gericht dürfe nicht dazu gebraucht werden, um Schmutz auf andere Leute zu werfen; der einzige Zweck seines Senats sei, zu sehen, ob ein letzter Wille gut oder schlecht sei.

Das Ergebnis war, daß Frau Lynch genötigt wurde, ihren Standpunkt zu verfechten und daß sich herausstellte — was sonst der Öffentlichkeit verschwiegen geblieben wäre — daß dieser Solicitor vor mehreren Jahren ein enges Verhältnis eingegangen ist, als dessen Folge die Trennung zwischen ihm und seiner Frau eintrat. Hier sei das stärkste Motiv für die Abfassung des Testaments. Die Briefe, die die Witwe vorgebracht hat, bewiesen die sehr starke Neigung zwischen Haynes und Frau Lynch. Die Witwe hat es durchgesetzt, ein gutes Teil Schmutz zu werfen; das sei aber auch das einzige Ergebnis. Der Erblasser war bei seinen Sinnen und kannte und billigte den Inhalt des Testaments, das gültig errichtet war. Das Testament kann die gerichtliche Bekräftigung verlangen, und die Klägerin muß die Kosten des Prozesses tragen.

3.

(15. November 1907.)

Court of Appeal.

Before Lord Justice Vaughan Williams, the President of the Probate, Divorce, and Admiralty Division, and Mr. Justice Bigham.

A Literary Affidavit.

The Court disposed of a single application which illustrated three things — the courtesy extended by judges of the Supreme Court to people of every nationality, the difficulties which beset the litigant-in-person, and the futility of feminine persistence to overcome the inexorable rules of legal procedure.

Eine literarische Aussage.

Der Gerichtshof erledigte ein einzelnes Gesuch, das drei Dinge illustrierte — die Höflichkeit der Oberrichter gegen Ausländer, die Schwierigkeiten, denen sich die selbst prozessierende Partei (ohne Anwalt) aussetzt und die Vergeblichkeit eines Kampfes weiblicher Hartnäckigkeit gegen unerbittliche

Late on Wednesday afternoon a Spanish lady, Mrs. De Prevost, appeared in person and asked leave to appeal from an order of Mr. Justice Ridley at chambers, dismissing her action for slander against Messrs. Bircham and Co., solicitors, as frivolous and vexatious. The lady alleged that one of the defendants' clerks had made a defamatory statement with reference to the bona fides of a letter written by a Mr. Gordon in connection with other proceedings to which her husband was a party. She maintained that the statements of the clerk imputed that she had fabricated the letter, and wished now to read an affidavit which, she said, would put the matter right.

Mr. Justice Bigham asked to be allowed to see the affidavit.

Applicant: No, please, sir. It has taken ten hours of my life to write it.

Lord Justice Vaughan Williams pointed out that it was necessary the Court should look at the document before allowing its contents to be read in public.

Applicant: It is sworn.

Lord Justice Vaughan Williams: That is not the same as being stamped.

Mr. Justice Bigham: You will have to stamp the affidavit, and you should let us see it.

Applicant: No, I want to give you a surprise. I am Spanish, and it is really the best writing I have done in my life, and I want to see the expression on your faces when I read it. (Laughter.)

Lord Justice Vaughan Williams (it being now time for the Court to adjourn): Come to-morrow.

Regeln der gesetzlichen Prozedur.

Spät am Mittwoch abend erschien eine Spanierin, Mrs. de Prevost, in Person und erbat die Erlaubnis zur Berufung gegen eine Verfügung des Richters Ridley in seinem Amtszimmer; durch diese Verfügung war ihre Klage wegen Verleumdung gegen die Solicitor-Firma Bircham und Co als leichtfertig und chikanös zurückgewiesen worden. Die Beschwerdeführerin behauptete, einer von den Gehilfen der Firma habe verleumderische Angaben über die bona fides eines Briefes gemacht, den ein Mr. Gordon im Zusammenhang mit Rechtsstreitigkeiten ihres Mannes geschrieben hatte. Sie bestand darauf, daß die Angaben des Gehilfen andeuteten, sie habe den Brief fabriziert, und hatte nun den Wunsch, eine beschworene Aussage vorzulesen, die, wie sie sagte, die Sache in Ordnung brächte.

Richter Bigham bat, sie möge ihm erlauben, die Aussage zu sehen.

Sie: Bitte, nein, mein Herr. Es hat mich zehn Stunden meines Lebens gekostet, sie zu schreiben.

Richter Vaughan Williams suchte ihr klar zu machen, daß es nötig sei, daß das Gericht das Dokument ansehe, ehe die Erlaubnis zur öffentlichen Verlesung gegeben wird.

Sie: Es ist beschworen.

Richter V. Williams: Das ist nicht ausreichend. Sie müssen es stempeln lassen und uns dann zeigen.

Sie: Nein, ich möchte Sie überraschen. Ich bin eine Spanierin, und es ist wirklich das Beste, was ich

Mrs. De Prevost yesterday put in an appearance with the document, which was read by their lordships.

Lord Justice Vaughan Williams: I have read the letter through, and, taking the highest passage in your favour, it does not support your statement; therefore we are bound to treat your action as frivolous and vexatious. Judges are ever reluctant to let a case go without trial when there is a real case to try, but I have failed to find that this is such a case.

Applicant: Why don't you allow me to clear my husband's character?

Lord Justice Vaughan Williams: Because this is not the place to do it. If you do not realise that, it is only because you are vexed and annoyed at the present moment. However much you wish to clear the character of your husband, you cannot be allowed to read in court an affidavit which makes a series of imputations upon people who are not present, and which is not relevant to the matter in hand. You wish to read this affidavit in order that it may be published in the newspapers.

Applicant: No, no, my lord.

Lord Justice Vaughan Williams: Whatever your motive may be, our duty is not to allow it.

Applicant: Allow me to say a word.

Lord Justice Vaughan Williams: I cannot allow you to tell us by word of mouth what the contents are of an affidavit which we think you ought not to be allowed to read.

Applicant: Oh! don't be unkind. (Laughter.) Why don't you allow

in meinem Leben geschrieben habe; ich möchte gern den Ausdruck auf Ihren Gesichtern sehen, wenn ich es lese.

Richter V. Williams: Die Gerichtstunden sind aus. Kommen Sie morgen.

Mrs. De Prevost erschien am Tage darauf mit dem Dokument, das nun von den Richtern gelesen wurde.

Der Richter: Ich habe das Schriftstück gelesen und wenn ich ihm die für Sie günstigste Auslegung gebe, so stützt es doch Ihre Angaben nicht; wir sind also genötigt, bei der Auffassung des Unterrichters zu bleiben. Richter sind niemals willig, einen Fall ohne Verhandlung gehen zu lassen, wenn irgend ein wirklicher Grund zur Prüfung da ist, aber ich habe in diesem Fall keinen finden können.

Sie: Weshalb erlauben Sie mir nicht, den Charakter meines Mannes zu reinigen?

Der Richter: Weil hier nicht der Ort dafür ist. Sie würden das selbst einsehen, wenn Sie nicht im Augenblick ärgerlich und gereizt wären. Ihr Wunsch, Ihrem Mann zu helfen, mag noch so stark sein, wir können Ihnen doch nicht erlauben, hier vor Gericht eine Aussage zu verlesen, in der Abwesende beschuldigt werden, und die nichts mit einem anhängigen Prozeß zu tun hat. Sie wollen die Aussage ja nur lesen, damit sie in die Zeitungen kommt.

Sie: Nein, nein.

....

Der Richter: Ich bedaure, Ihnen nicht helfen zu können.

me 'o read it? I only want to read one part.

A gentleman sitting at the solicitors' table tried to induce the applicant to accept this decision, but failed.

Lord Justice Vaughan Williams: I am sorry we cannot help you, madam.

Applicant: The only thing I wish to ask is —

Lord Justice Vaughan Williams: Taking all the evidence together, it is obvious no imputation is made upon you.

Applicant: The imputation is against my husband.

Lord Justice Vaughan Williams: I can only give you the consolation that there is no imputation against you.

Applicant: Don't turn me out, my lord — I am only a woman. Give me a little latitude.

Lord Justice Vaughan Williams: We have given you every latitude, and can do nothing for you.

Applicant then quietly left the court.

Sie: Das einzige, warum ich bitte, ist . . .

Der Richter: Wenn ich alle Beweise zusammennehme, so ist klar, daß Ihnen nie ein Vorwurf gemacht worden ist.

Sie: Der Vorwurf geht gegen meinen Mann.

Der Richter: Der einzige Trost, den ich Ihnen geben kann, ist, daß kein Vorwurf gegen Sie erhoben ist.

Sie: Weisen Sie mich nicht ab, ich bin nur eine Frau, Geben Sie mir ein wenig Spielraum.

Der Richter: Wir haben Ihnen alles Gehör gegeben; tun können wir nichts für Sie.

Darauf verließ die Gesuchstellerin ruhig den Gerichtssaal.

Fünftes Kapitel.

Richter und Gesetz.

Minima non curat lex: die Inschrift kann heute noch über dem Eingang eines englischen Gerichtssaals stehen ohne zu lügen. Sie scheint gewiß dem Ausländer unberechtigt, der nur die *leges scriptae* des Landes kennt; denn diese Gesetze können sich im Eingehen auf Einzelheiten oft nicht genug tun; man möchte sie als den geraden Gegensatz zu den breiten, abstrakten, sozusagen überlebensgroßen Normen des Code civil ansehen mit ihrer ausführlichen, dem einzelnen Tatbestand genau auf den Leib geschnittenen Fassung. Aber was sind diese geschriebenen Gesetze — das neue Haftpflichtgesetz oder eine *Companies Act* — im ganzen englischen Recht? Und was kennt man vom englischen Recht, wenn man so ein Gesetz gelesen hat? Die Engländer brauchen sich ihrer Literatur nicht zu schämen, der schönen so wenig wie der wissenschaftlichen; sie haben — von der spanischen Ausbeute der Frührenaissance abgesehen — den anderen Kulturvölkern in ihren Schriftwerken immer mehr gegeben als sie genommen haben. Aber für ihre eigene Auffassung ist nichts charakteristischer als Kiplings Gedicht von Mr. Tomlinson, dem Mann, der nach seinem Tod weder in den Himmel noch in die Hölle kommen kann, weil er nichts Gutes oder Schlechtes getan, weil er alles nur gelesen, gelesen hat — so einer ist ein Nichts, sagt der repräsentativste Dichter des jungen England; er muß in der ungeheuren Leere zwischen Himmel und Hölle hängen, sogar von den Teufeln und ihren verdammten Seelen verachtet und verlacht.

Für das Recht wie es lebt, nicht wie es in Gesetzbüchern begraben ist, gilt jener erste Satz in England heute noch, gilt die vornehmste Tugend des allmächtigen Gesetzes: Bescheidenheit, gilt die beste Sicherung einer guten Justiz: Scheidung zwischen der natürlichen Aufgabe des Gesetzgebers und der des Richters.

Auch hier tritt uns wieder eine konventionelle Auffassung des englischen Rechtswesens in den Weg: dort, heißt es, sind ja die Richter auch Gesetzgeber, schaffen in ihren Urteilen Recht, nicht nur für den Fall, der vor ihnen liegt, sondern für die andern Gerichte, für die künftig ihr Recht Suchenden. Die landläufige Vorstellung von der „freien Rechtsschöpfung" des englischen Richters und ihrem Zusammenhang mit dem Präjudiziensystem ist aber falsch. Wir können dem hier nicht nachgehen; für eine Untersuchung der verschiedenartigen Wirkung gleicher Einrichtungen in ungleichem Klima und auf verschiedenem Boden gibt es kaum ein besseres Beispiel als das des Präjudiziensystems in England und den Vereinigten Staaten: hier ein Instrument der ärgsten Advokatenjurisprudenz, eine unerschöpfliche Quelle prozeßtechnischer Angriffsmittel gegen vernünftige Entscheidungen, eine unerträgliche Bindung der Gerichte und, was am schlimmsten ist, eine beständige Lockung zum Schematisieren, Klassifizieren und Registrieren, kurzum zum bureaukratischen Ersticken und Abtöten der lebendigen Tatbestände; dort eine wohltätige Sicherung wirklichen Rechts gegen juristische Haarspaltereien und gegen die Skepsis, mit der die wissenschaftliche Erkenntnis immer arbeiten muß, die aber im Rechtsschutz des Staates unbedingt zu unterdrücken ist — der gute und starke Richter darf niemals die Frage des Pilatus tun, darf sich seine innern Zweifel und Gewissensskrupel nicht merken lassen —; dazu eine durchaus vernünftige und dem Staat als Erzieher gut anstehende Abschreckung vor der Prozeßsucht des Rechthabers, der immer glauben möchte, daß ein drittes oder viertes Gericht ihm endlich die Anerkennung seiner Rechtsansichten zollt, die das erste und zweite ihm verweigert hatten; für den Solicitor und den Anwalt eine feste Richtschnur, nach der sie ihren Klienten sagen können: diese Rechtsansicht, diese Auslegung eines Gesetzes kann ich beim Gericht durchbringen, jene nicht. Man könnte in einem kurzen, freilich paradoxen Satz sagen, daß der Präjudizgedanke in Amerika positiv und mit schlechter Wirkung gelte, in England nur negativ und durchaus heilsam. Aber das steht, wie gesagt, auf einem andern Blatt. Daß ein Richter in den Rechtsgründen seiner Entscheidung Regeln aufstellen kann, an die dann andere Gerichte und schließlich auch die Parteien gebunden sind, das macht sein imperium für den Prozeß, den er gerade zu leiten und zu entscheiden hat, nicht stärker.

Daß er aber in diesem Prozeß eine Domäne für sich hat, einen Teil seiner Aufgabe, in dem er nicht an Gesetze, geschriebene oder ungeschriebene und auch nicht an Präjudizien und Gewohnheiten gebunden ist, das ist für sein imperium eine Lebensfrage. Und hier setzt jene Scheidung zwischen der natürlichen Aufgabe des Gesetzgebers und der des Richters ein.

Wer sich in der Doktrin des internationalen Privatrechts umgesehen hat, der hat einen Gegensatz oder eine Schwierigkeit einmal empfunden, die selbst dem genauesten Kenner und Praktiker des positiven inländischen Rechts nicht leicht zum Bewußtsein kommt: Rechtsordnung und subjektive Rechte, Rechtsnormen und Rechtsverhältnisse sind nicht dasselbe Ding in verschiedener Auffassung, sind auch nicht Grund und Folge, und nicht zwei Hälften einer glatt durchgeschnittenen Kugel, die, aneinandergepaßt, ein Ganzes ergeben und, jede für sich genommen, auch nicht den kleinsten Teil vom Stoff der andern in sich halten. Rechtsordnung und subjektives Recht sind eher zwei feindliche Mächte, die bemüht sind, jede der andern einen Teil ihres Gebiets abzuringen und für sich zu gewinnen. Man müht sich im internationalen Recht um ihre Verbindung, sucht ihre Wünsche und Ansprüche dazu zu überreden, daß sie sich decken; man redet dem Gesetzgeber ein, daß er mit seiner Rechtsordnung nicht überall und immer herrschen darf, und man überzeugt das subjektive Recht, daß es auch einmal mit einer Fremdherrschaft zufrieden sein muß. Ein ehrlicher Waffenstillstand wird aber nur möglich, wenn eine Scheidung in zwei Rechtssphären eintritt: der Gesetzgeber, die Rechtsordnung kann Prinzipien aufstellen, für deren Formulierung das Leben in seiner konkreten, kasuistischen Art keinen Beruf spürt — im internationalen Privatrecht mag er zum Beispiel zwischen dem „Nationalitätsprinzip“ und dem „Domizilprinzip“ wählen, im internationalen Strafrecht seine Normen gegen die Staatsangehörigen oder die Territorialen oder die inländischen Beamten oder die ausländischen Landstreicher richten —; im übrigen aber trägt der Lebenstatbestand sein subjektives Recht in sich selbst und neben jener ersten und selbständigen Rechtsaufgabe gibt sich damit für den Gesetzgeber nur die zweite, sekundäre: daß er Regeln aufstellt, die dem Richter das Herausholen des im Tatbestand steckenden Rechts ermöglichen oder erleichtern. Die Aufgabe, einem Tatbestand von außen her oder von oben herunter Recht aufzunötigen, mutet sich der weise Gesetzgeber nicht zu. Auch jene sekundäre Tätigkeit wird er mit Vorsicht ausüben und wird, wenn er sich überhaupt auf seine menschlichen Diener verlassen will, mehr auf die Wahl der Persönlichkeiten achten, denen jenes Herausholen des immanenten Rechts aus den Tatbeständen obliegt, als auf die gesetzliche Regelung der Prozedur, die sie dabei anwenden sollen.

Denn jener Gegensatz von Rechtsordnung und subjektiven Rechten oder richtiger gesagt: jene Scheidung der Gebiete, auf denen sie herrschen, wiederholt sich im Verhältnis des Richters zum Gesetz. Das Gesetz ist eine Fessel für den Richter, eine Schranke für sein imperium; wenn wir uns aus dem Gefühl unserer Zeit heraus die Urgeschichte zurechtbilden dürften, so müßten wir sagen: zuerst war der Richter da, nur in seinem Gewissen gebunden; das Mißtrauen des Volks hat ihn dann mit Gesetzen umhegt. Jede starre Rechtsnorm und jede feste Form des Verfahrens ist ein Stück vom Herrenrecht des Richters genommen. Darum hören wir den Richter im englischen Gericht zu der Partei sagen, die er abweist: „Du hast Recht und ich spreche das Urteil, das dich zurückweist, widerwillig und mit Bedauern; das Gesetz zwingt mich dazu." Oder zum Beklagten, den er verurteilt: „Ich verhänge eine nominelle Strafe über dich, ich verfüge, daß du von deiner Schuld von tausend Pfund monatlich einen Schilling abzahlst; wenn ich könnte, wie ich wollte, ließe ich dich frei ausgehen, aber der Kläger besteht auf seinem Schein, dem Gesetz, also muß ich dich verurteilen" [86]).

---

[86]) *Kings Bench Division*, 2. November 1906, vor Justice Grantham und einer Jury. Eine Chorsängerin klagt gegen das Drury-Lane-

Niemand denkt an eine Rückkehr zur Willkürjustiz. Man ist in einem demokratischen, oder jedenfalls anti-aristokratischen Zeitalter weiter als je von einem System entfernt, bei dem die Menge sich nicht nur unter eine Hand gebeugt sieht, sondern auch noch obendrein jeder Möglichkeit zur Kritik und zum Besserwissen gegenüber dem Obern beraubt ist — denn auch das ist eine von den Aufgaben, die das Gesetz gegen den Richter zu erfüllen hat, daß quivis ex populo an der Hand des jedem verständlichen Gesetzes die Urteile nachprüfen, schelten oder loben und sich, immer unter der Fahne des Gesetzes, zum höhern Tribunale konstituieren kann. Aber auch heute noch kann die Gebundenheit des Richters im Gesetz verschiedene Formen annehmen, die vom Bild der Zwangsjacke bis zum Millionärszimmer eines amerikanischen Reformgefängnisses schwanken. Ein guter Prozeßgesetzgeber sucht den natürlichen Gegensatz zu versöhnen; aber dazu ist nötig, daß er ihn zuerst erkannt hat. Je mehr er dem Richter bei der Behandlung des Tatbestandes, bei jenem Herausholen des Rechts aus ihm

---

Theater auf Schadenersatz für einen Unfall im Dienst; in der Pantomime ist ihr, als sie mit anderen Choristinnen die Bühne zum Umziehen verließ, eine Kulisse auf den Kopf gefallen, hat ihr den Helm des Amazonenkostüms, das sie trug, in den Kopf gedrückt; sie hat eine schwere Wunde, eine Nervenerschütterung und lange Unfähigkeit zur Ausübung ihres Berufes davongetragen. Die Gesellschaft redet sich darauf hinaus, daß die Kulisse von einem Maschinisten disloziert worden sei, daß also ein Fall vorliege, in dem der Unfall durch einen Anstellungsgenossen verursacht ist und deshalb nach englischem Recht der *Common employer* nicht haftet (*Employers' Liability act*). "*His Lordship said the question was whether scene-shifters were engaged in common employment with the chorus. He was sorry to say that in law he must say they were. It was a hard thing for the plaintiff, and he was very sorry for her, but he had to find that her case could not succeed .... His Lordship expressed the hope that it would be a case in which the defendants would do something for the plaintiff*". Die Theatergesellschaft wird sich dem Wunsch des Richters nicht haben entziehen können, so daß in diesem Fall das billig erwünschte Ergebnis gegen das Gesetz, doch ohne Rechtsbruch, erreicht wird. In andern Fällen sucht der Richter der Ausbeutung harter Gesetze durch die Parteien mit den Mitteln seiner diskretionären Kosten-Entscheidungen und seiner Gewalt über Solicitors und Advokaten entgegenzutreten.

freie Hand läßt, desto sicherer ist er, daß seine höchsten Regeln vom Richter willig beachtet und geschützt werden; je mehr der Richter sich auf der einen Seite als Herr fühlen kann, desto eher ist er auf der andern bereit, Diener des Gesetzes zu sein. (Wir haben den idealen Richter im Sinn; es gibt auch einen, dem das Paragraphennetz gar nicht eng genug sein kann, und dem nichts schlimmer scheint, als wenn er eine „Lücke" im Gesetz findet und seinen Spruch ohne Nachschlagen in Gedrucktem abgeben muß. Von ihm ist nicht weiter zu reden.)

Daß diese Dinge nicht körperlich greifbar sind und daß eigentlich nur ein Richter über sie sprechen dürfte, der unter den verschiedensten Gesetzgebern gedient hat, das ist klar. Indessen können doch auch hier die Erfahrungen des täglichen Prozeßlebens und die Beispiele aus der Praxis wenigstens Anzeichen des wahrscheinlich Richtigen geben. Zweierlei fällt dem Fremden am englischen Prozeßwesen schon bei der ersten Betrachtung auf, was uns als ein solches Anzeichen dienen kann: die Universalität des Richters und die Häufigkeit der Urteile, die man landläufig als salomonische bezeichnet.

Als Beispiel für die Universalität des englischen Richters könnte die Bildung des neuen Berufungsgerichts in Kriminalsachen [87]) für sich allein genügen: die *Kings Bench Divison,* die bisher nur in Zivilsachen Recht sprach, hat die Richter für das höchste Strafgericht des Reichs gestellt. Ein Jurist, der seiner subtilen Kenntnis des Handelsrechts vor einem halben Jahr die Erhebung zum *High Court-Richter* zu danken hatte, wird jetzt das letzte Urteil in dem Strafprozeß fällen, der seiner innern Wichtigkeit oder seiner juristischen Schwierigkeiten halber vor das höchste Gericht kommt. Man hat nicht einmal den Vorschlag gemacht, die Richter für das neue Gericht aus den größten Kriminalanwälten, aus den Präsidenten der Schwurgerichte oder aus den Beamten der staatlichen Strafverfolgung zu nehmen; ohne Bedenken gab der Staat seinen höchsten Zivilrichtern auch das letzte Wort im Kriminalrecht, und keiner hat sich dieser Bürde geweigert. Dieses

[87]) Vgl. Anhang Seite 1.

vollkommene Fehlen eines richterlichen Spezialistentums ist aber bei den Höchsten, den *lawlords,* den *Lords of Appeal* oder den *Kings Bench-* und *Chancery-, Probate-, Divorce-* und *Admiralty-*Richtern keine Besonderheit, die sich aus ihrem langen Dienst voll verschiedenster praktischer Erfahrung, aus der reifen und abgeklärten Weisheit einer Ältesten-Gruppe unter den Richtern erklären ließe. Fast möchte einem die Universalität des Magistrats im Polizeigericht noch mehr auffallen, wenn man an einem Vormittag die Londoner Stationen dieser summarischen Rechtsprechung durchwandert: Strafjustiz vom kleinsten „groben Unfug" bis zum Druce - Portland - Prozeß; Deliktsklagen; reine Zivilsachen vom schleunigen Mietprozeß bis zur Ehestreitigkeit; einstweilige Verfügungen jeder Art; Rechtsauskünfte an hilflose Parteien und Fürsorge für Obdach- und Arbeitslose, und dazu eine unübersehbare Menge von Verwaltungsakten und Funktionen der freiwilligen Gerichtsbarkeit! Und dabei kein Gedanke an eine Kompetenzenverteilung; die Zuständigkeit der Polizeigerichte untereinander ist nur räumlich abgegrenzt. Durch diese rasch wechselnde Reihe von Fällen hülfe dem Richter nicht die ausgezeichnetste wissenschaftlich-technische Schulung, nicht die phänomenalste Begabung für das Arbeiten mit Präjudizien und nicht die stattlichste Gesetzessammlung mit dem besten Register hindurch. Hier kann nur einer das Richteramt üben, der aus jedem Fall das Recht herausholt, das in ihm steckt. Kein Volksrichter — denn das Durchschnittsmaß von Rechts- und Billigkeitsgefühl und die Befangenheit im Glauben und Aberglauben der Menge, die dem Spruch des Volksrichters seinen eigenartigen Wert gibt und ihm die Gewähr für die Billigung des Urteils durch seine Volksgenossen leistet, ist nicht das, was dem Polizeirichter not tut (man darf vielleicht bildmäßig das Erkennen des Tatbestands, die freie Beurteilung des Einzelfalles, wie wir sie jenen Richtern als größten Vorzug nachrühmen, mit der ärztlichen Diagnose vergleichen; gewiß kann einem großen Gelehrten in allen Dingen der Heilmittelkunde, einem ausgezeichneten Chirurgen, einem berühmten Bakteriologen die „Gabe" sicherer Diagnose ganz fehlen; gewiß kann auch ohne besondere medizinische Gelehrsamkeit der Arzt ein vortrefflicher

Diagnostiker sein; auf jeden Fall aber wird dem „Schäfer“, dem Luft- oder Wasserdoktor, mögen seine Mittel und Apparate auch oft ganz ausgezeichnete Wirkung tun, gerade die Kunst der Diagnose fehlen — daher er auch so häufig zur Fernbehandlung geneigt ist und seine Spezialkur auf jedes Gebrechen vom Beinbruch bis zur Neuralgie anwendet.) Freilich ist der Magistrat im Polizeigericht erst recht kein Juristenrichter im kontinentalen Sinn, kein „gelernter“, geprüfter Jurist; seine Rechtskunde geht nur — negativ — so weit, daß er sich von der juristischen Formulierung des Falls durch einen Anwalt oder eine gerichtsgewandte Partei nicht blenden läßt, und — positiv — so weit, daß sie ihm die Kunst und Technik der Einzelbehandlung, eben der Diagnose des Prozesses, ermöglicht.

Am 4. Juli 1907 gehen wir durch die Londoner Gerichte verschiedenster Ordnung und hören die Verhandlungen in folgenden Fällen: im *Divorce Court* vor Justice Bucknill die Ehetrennungsklage Eckhardstein v. Eckhardstein, mit einem ungewöhnlich anstrengenden Kreuzverhör und einer sehr intrikaten Frage des internationalen Prozeßrechts (der Ehemann klagt in Deutschland auf Scheidung; die Frau, eine geborene Engländerin, in England auf Aufhebung der ehelichen Gemeinschaft); der Richter, der, freilich mit Hilfe der besten Anwälte, den Prozeß musterhaft geleitet und instruiert hat, bemerkte selbst im Lauf einer Diskussion über die Zulässigkeit einer Zeugenaussage, daß er in diesem Senat des *High Court* nur ein Gast sei — „*though I am supposed to know the law I do not know all the practice*“ und die gesetzlichen Beweisregeln gehören zur *practice*, nicht zum *law* —; er war für einen erkrankten Kollegen eingesprungen. — In der *Chancery Division* erschien am gleichen Tage vor Justice Swinfen Eady der Rev. Shapurji Edalji als Beklagter in eigener Person, um gegen den *Attorney-General* als Vertreter des Unterrichtsministeriums die Sache einer staatskirchlichen Schule in seiner Pfarrei zu verfechten, oder vielmehr der Übergabe des tatsächlich ungebraucht liegenden Schulgebäudes an die Gemeinde zu interkonfessioneller Benutzung zu widersprechen; Sir Lawson Walton schlug in seiner Klagrede vor, daß wenigstens für zehn Jahre der Gemeinde mietweise das Schulhaus für die Tagesstunden überlassen werden solle, und der Richter gab sein Urteil nach diesem Antrag ab, da damit die Rechte und der billige Vorteil der Staatskirche, der nonkonformistischen Steuerzahler, der weltlichen Gemeinde und des Pfarrers selbst am besten gewahrt seien; das Einzelne solle in *chambers* festgesetzt werden. — Im gleichen Gerichtshofe verhandelten unterdessen vor Justice Kekewich die Erben des Malers Whistler gegen das Schriftstellerehepaar Pennell und den Verleger Heinemann, die eine Biographie Whistlers herausgeben und darin Briefe von ihm abdrucken wollten; die Kläger oder Gesuchsteller — denn eine einstweilige Verfügung ist beantragt — stützen sich nicht auf das Urheberrecht, sondern darauf, daß Whistler ein geschworener Feind biographischer Arbeiten und Mitteilungen aus seinem Privatleben gewesen sei, während der verklagte Verleger behauptet, den Segen des Künstlers für dieses Buch gehabt zu haben; die Persönlichkeit des Toten wird heraufbeschworen; der Richter ist zum Psychologen geworden. — In der *Kings Bench Division* nimmt Justice Phillimore einen genauen Beweis über die Fähigkeiten einer Riesendruckmaschine auf, mit deren Hilfe in der letzten Wahlzeit in London eine neue Zeitung, die Tribune, in monströser Auflage hergestellt werden sollte; die Gründung mißglückte, und nun wollten die Eigentümer wenigstens diese 130 000 Mark-Maschine wieder loswerden; sie habe nichts getaugt und die Lieferanten könnten sie wiederhaben; diese aber behaupten, die Zeitung habe zu schlechtes Papier für die gute Maschine verwendet. Der Richter löste auch hier die Aufgabe, den Geschworenen Rechtsfrage und Beweisergebnis zum Urteile auseinanderzulegen, aufs beste. — Im *Court of Appeal* finden wir darauf vor dem *Master of the Rolls*, dem Präsidenten der *Probate*, *Divorce* und *Admiralty Division* (der im Appellgericht aushilft) und dem Appellrichter Kennedy nach dieser Maschinenprosa einen Gespensterprozeß: ein Schriftsteller hatte in einer Novelle ein Haus beschrieben, in dem es spukt, und diesem Haus die Lage und Nummer seiner eigenen Wohnung gegeben; der Hausbesitzer sagt, er könnte seitdem die Zimmer in diesem *haunted house* nicht mehr vermieten, und verlangt Schadenersatz von einer Zeitschrift, in der ein Auszug aus der Novelle neuerdings erschienen war; in der untern Instanz hatten die Verklagten „um dem Gericht kein Urteil über die Möglichkeit eines Spuks zuzumuten" zugegeben, daß die Geistergeschichte erfunden war, und waren verurteilt worden. Der Appellhof läßt die Berufung zu, da die Kausalität zwischen der Veröffentlichung und dem Schaden des Hausbesitzers nicht nachgewiesen ist. — In den Grafschaftsgerichten der Vororte von London ist die Reihe der Fälle nicht weniger bunt: in Clerkenwell bittet ein Büchersubskribent den Richter Edge um Befreiung von dem Kontrakt, den er nur in der Eile unterschrieben habe, um den zudringlichen Hausierer loszuwerden; aber der Richter sagt ihm: „Wenn Sie ein Dienstmädchen wären, das eine Familienbibel für 42 Schilling bestellt hat, würde ich Ihnen wohl die Entlastung aus dem Vertrag gewähren; aber Sie sind ein ausgewachsener Mann von guter Erziehung; da gibt es solche Ausreden nicht; nehmen Sie sich die gute Lehre und unterschreiben Sie nichts mehr in der Eile". In Shoreditch hat Richter Smyly darüber zu befinden, ob die Badekostüme der Firma Berliner u. Co. für *Ramsgate* zu durchsichtig und zu knapp geschnitten seien oder nicht, was natürlich ein Theater für die Zuhörerschaft im Gerichtssaal abgibt. Dafür ist in Southwark eine ernstere Art von Öffentlichkeit zu finden; der Richter Willis hatte kurz vorher einen Jungen, der mit seinem Rad eine Frau angefahren und verletzt hatte, auf deren Klage zum Ersatz von dreißig Schilling verurteilt, dabei aber das Verhalten des Jungen, der gleich abgesprungen war, die Frau in ihr Haus gebracht und ihr von seinem Wochenlohn von sechs Schilling seitdem immer einen als Schmerzensgeld gezahlt hatte, laut gelobt, ihn einen vollendeten kleinen Ehrenmann genannt. Seitdem liefen täglich Geldsendungen beim Gericht für den Jungen und seine Mutter ein, und jetzt empfängt diese vom ersten Gerichtssekretär die erste Zahlung aus dem Hilfsfonds; im übrigen verwahrt der Sekretär von Gerichtswegen das kleine Kapital für sie und wird ihr die Zinsen davon aushändigen. — Endlich die Polizeigerichte: in Westminster ein überaus wichtiger Prozeß des Gemeinderats Chelsea gegen die elektrische Untergrundbahn, wegen des Rauchs, der aus den Kaminen ihrer Kraftstation aufsteigt; in Marylebone die Verfolgung eines heruntergekommenen Menschen aus guter Familie, der sein Haus „*for improper purposes*“ hat benützen lassen; die skandalisierten Nachbarn haben ihn angezeigt, und er entgeht mit knapper Not dem Gefängnis; vor dem gleichen Richter ist ein junges Dienstmädchen, dem die beliebten Detektivgeschichten den Kopf verdreht hatten, nicht so glücklich: sie kommt trotz ihrer flehentlichen Bitten und ihrer *good looks* nicht von der Verweisung vor das ordentliche Strafgericht zur Aburteilung los und muß froh sein, daß sie ihre Sherlock Holmes-Szene — ihr Herr hatte sie beim Heimkommen in einem ausgeplünderten Zimmer, geknebelt, mit den Armen an eine hohe Stehlampe festgebunden, und mit zerrissenen Kleidern vorgefunden, und erst ein findiger Detektiv kam dahinter, daß sie den Einbrecher und die Fesselung fingiert und das geraubte Silber im Keller versteckt hatte — nicht schon vor fünfzig Jahren aufgeführt hat; sie wäre wohl gar gehängt worden.

Man kann ruhig sagen, daß von diesem Dutzend Verhandlungen jede vor jedem der dabei beteiligten Richter hätte stattfinden können; der Polizeirichter hätte auch den Mietstreit um das Gespensterhaus oder die einstweilige Verfügung über die Whistler-Briefe bekommen können und der Appellgerichtshof die rauchenden Schlöte der Untergrundbahn oder die Badekleider von Ramsgate. Jeder Richter hätte dem jungen Radfahrerhelden in und trotz der Verurteilung geholfen, und jeder hätte im Streit um das leere Schulgebäude dafür gesorgt, daß neben dem Buchstaben des Rechts das öffentliche Wohl, die Billigkeit im guten Sinn zu ihrem Teil komme. In keinem Prozeß aus dieser bunten und rein zufällig zusammengekommenen Reihe war die Auslegung eines Gesetzes, die Anwendung einer Norm auf den Tatbestand nötig; jeder trug sein eigenes Recht in sich, und jeder bekam die Art und Form des Rechtsschutzes, deren er bedurfte; dieser ein Urteil, jener einen richterlichen Befehl, dieser summarische Erledigung und jener die Verweisung vor ein höheres Gericht, dieser einen Rechts- und jener einen Gnadenakt, dieser eine moralische Zensur und jener tatkräftige Hilfe [88]).

---

[88]) Bekannt ist, daß die Gerichte im Nebenamt Vormundschaften zu führen haben; der Vorsitzende des irischen Appellgerichts in Dublin

Die Häufigkeit salomonischer Urteile auch der höchsten Gerichte ist einer der ersten und stärksten Eindrücke, den man von der englischen Praxis bekommt; er ist auch in den früheren Beispielen schon gelegentlich hervorgetreten. Aber hier ist nun grundsätzlich zu bemerken, wie eng diese Neigung mit jener Herrschaft des Richters über das Recht des einzelnen Falls zusammenhängt, mit jenem Eindringen in den Tatbestand und Herausholen des Rechts aus ihm. Wir nehmen zwei Prozesse, die so liegen, daß sicherlich ein deutsches Urteil über sie in seinen Gründen nur vom Gesetz und seiner Auslegung spräche, und ebenso gewiß ein französischer Richter die Entscheidung mit einer langen Reihe von Rechtsgründen (*attendu que*) gestützt hätte:

Am 13. November 1906 erschien vor Sir W. Selfe im Grafschaftsgericht eine italienische Opernsängerin, von ihrer Köchin auf Zahlung des vollen Monatslohnes verklagt. Die Köchin will bei einem Wortwechsel, der ihrer Entlassung vorausging, gesagt

---

bekam im März 1907 ein Gesuch einer Mündel, die ihr einundzwanzigstes Jahr erreicht hatte und sich mit einem Holländer verheiraten wollte, um Entlassung aus der Vormundschaft; nach eingehender Verhandlung kam der hohe Richter zum Schluß, daß das Gesuch einstweilen nicht genehmigt werden könne, da erst eine Untersuchung darüber angestellt werden müsse, ob die beabsichtigte Ehe ein „*desirable match*" sei und ob die Mündel ihres Vermögens auch in der Ehe sicher bleibe. — Eine andere Funktion der freiwilligen Gerichtsbarkeit, die dem Richter obliegt, ist die Erteilung von Gewerbescheinen; im Polizeigericht Old-Street suchte am 4. September 1907 ein Singspielhallen-Direktor um eine Erlaubnis zum Auftreten für einen dreizehnjährigen Jungen nach, der mit einer älteren Schwester am Abend zweimal auftreten sollte; die Vorschriften des Londoner Grafschaftsrats gestatten das bei Kindern unter 14 Jahren nur, wenn zwischen den Produktionen vier Stunden Zwischenraum liegen. Der Direktor schlug vor, der Junge möge um halb sieben und halb elf auftreten; aber der Richter wies ihn ab, weil dann doch zwischen Ende der ersten und Anfang der zweiten Produktion keine vollen vier Stunden lägen und er nicht dazu helfen wolle, daß der Junge die ganze Zeit in der Umgebung der Singspielhalle herumlungere. — Von Zeit zu Zeit bekommen die Richter des obersten Gerichts auch mit den *relief*-Bitten in Wahlsachen viel zu tun (*Divisional Court*, reine Administrativsache).

haben: *I wish to leave this day month* (ich gehe heute über einen Monat); die Sängerin repliziert, daß sie nur gehört habe: *I wish to leave this day*, also: ich gehe heute. Da habe sie dann die Köchin auch auf der Stelle fortgeschickt und wolle ihr nicht noch einen Monat Lohn zahlen. Aber der Richter sagt ihr: Ich sehe aus der Verhandlung, wie gut Sie englisch sprechen und verstehen; Sie können unmöglich, das Sie so gewandt mit unserer Sprache umgehen, wirklich geglaubt haben, daß Ihre Köchin Ihnen mit der Wendung „*this day*" hat aufsagen wollen. „Ich gehe heute" heißt „*I leave today*". *This day* sagt man nur mit einer Frist dahinter — *this day week* oder *this day month*. Also zahlen Sie den Monatslohn.

„Gesetz" braucht ein Richter gewiß nicht zu solchen Urteilen (oder anders herum ausgedrückt: auch das ausführlichste und fürsorglichste Gesetz kann Tatbestandsmomente, wie sie hier für den Ausgang der Sache entscheidend waren, nicht vorhersehen und auf eine allgemeine Regel bringen); der Richter liest seinen Spruch der Partei vom Gesicht, vom Mund ab; er nimmt zum materiellen den prozessualen Tatbestand und beurteilt danach die subjektiven Rechte, die im Spiel sind. Das liegt natürlich zu einem guten Teil daran, daß der Zivilprozeß in England nicht anders als der Strafprozeß dazu dienen soll, dem Richter unmittelbare Wahrnehmung des Streitstoffs zu verschaffen; auch da, wo die Partei mit ihrem Anwalt erscheint oder wo der Anwalt ihre Sache allein führt, ist die Überzeugung des Richters vom Recht und Unrecht der Parteien zu allererst auf dem Eindruck aufgebaut, den er von ihrer *bona fides*, von der Loyalität und Ernstlichkeit ihrer Ansprüche und Bestreitungen bekommt. Aber auch in Fällen, in denen die Prozeßführung keine Aufschlüsse gibt, ist der Richter noch geneigt, sich an den Tatbestand zu halten und ohne Gesetz durchzukommen, wenn es eben geht.

Der Prozeß Montyn gegen Gammersbach, der hier als zweites Beispiel dienen kann, hat bei seiner Verhandlung in der Chancery *Division* (vor Justice Kekewich) im März 1907 ziemliches Aufsehen erregt. Die Blätter brachten Berichte über ihn unter der Überschrift: „Aliens in London", denn die Klägerin kam aus Holland und Gammersbach war ein ausgewiesener Deutscher, der vom Strafrichter schon drei Monate Gefängnis bekommen hatte, weil er vom Straßenverdienst der Klägerin gelebt und sie in ihr trauriges Gewerbe getrieben hatte. Nun handelte es sich im Zivilprozeß darum, das Recht der Klägerin an einem Depot festzustellen, das Gammersbach auf seinen eigenen Namen bei einer Bank errichtet hatte. Sie behauptete, sie habe ihm das Geld dafür in der Meinung gegeben, daß er als ihr Geschäftsführer die Einzahlung bei der Bank machen, sie aber die freie Verfügung über die Summe behalten solle. Zeugen waren nicht da, Schriftliches auch nicht. Der Richter hat festgestellt, daß die Klägerin genau über ihren Erwerb, ihre Zahlungen an Gammersbach und über die Anlage des Kapitals Bescheid wußte; er hat auch festgestellt, daß der Beklagte ihm keinen glaubhaften Nachweis über eigenen Erwerb der deponierten Beträge liefern konnte. Das reicht hin, damit das Urteil zugunsten der Klägerin fällt: ihr wird das Recht zur Verfügung über das Depot zuerkannt, die Umschreibung auf ihren Namen angeordnet. An die Konstruktion des Rechtsverhältnisses zwischen der Eigentümerin, dem Stellvertreter im eigenen Namen und der Bank hat der Richter kein Wort verloren. Wir sagen uns auch hier wieder: Gesetze braucht der Richter zu solchen Urteilen nicht. Freilich liegt auch die einzige Gewähr für die Richtigkeit und Rechtmäßigkeit des Spruchs in der Persönlichkeit des Richters. Wir kommen zum Ausgangspunkt zurück: man bindet den Richter an die Gesetze, wenn man ihm mißtraut, wenn man für den Ausfall seiner Urteile in bestimmter Richtung Bürgschaften haben will, die außer seinem Charakter, seiner Erfahrung, seinem Treuverhältnis zum Souverain liegen. Wenn man ihm aber vertraut, so läßt man ihm Freiheit vor dem Gesetz soviel er selbst sie braucht und haben will.

Auf die Klagen, die im vergangenen Jahr über die Stockung der Prozesse beim höchsten Gericht laut wurden, hat der Lordkanzler mit einem Notgesetz geantwortet, durch das er die Erlaubnis bekam, Senate von zwei statt drei Richtern zu bilden. Man kam mit der Befürchtung, bei dieser gleichen Besetzung würden viele *denegationes iuris* herauskommen, die Richter würden oft verschiedener Meinung sein — und dann bleibt nur die Vertagung und Wiederholung des Rechtsstreits, wie bei der Uneinigkeit der Geschworenen, und damit eine Vermehrung und Verlängerung der Prozesse noch über den gerügten schlechten Stand der Gegenwart hinaus. Aber diese Bedenken, so plausibel sie scheinen, schlugen nicht durch, die *lawlords* im Oberhaus bezeugten aus ihrer Erfahrung, daß ein *disagreement* der Richter zu den äußersten Seltenheiten gehöre; man wagte es mit der geraden Richterzahl[89]). Dieses Wagnis wäre frevelhaft, wo die Richter juristische Techniker sind[90])

[89]) Eine Vertagung wegen *disagreement* zweier Richter, bei nicht voll besetzter Bank, gab es am 22. August 1907 in den *Mortlake Petty Sessions*. Ein Arzt war vom Registrar-General angeklagt, widerrechtlich die Sterbescheine für drei Kinder zurückgehalten zu haben, zu deren Ausstellung er verpflichtet gewesen sei. Die Kinder waren Drillinge und überlebten die Geburt, bei der der Arzt half, nur kurze Zeit; sie waren schon tot, als der Arzt das Haus der Eltern verließ; nach der Behauptung der Anklage habe er Gebühren für das Zertifikat gefordert, die ihm nicht zustanden, und als die Zahlung verweigert wurde, einen ungenügenden Schein gegeben. Die Verteidigung repliziert, der Arzt habe einen Verdacht über die Ursache der Frühgeburt gehabt, der ihn zur Weigerung berechtigte; übrigens sei er auch nicht in gehöriger Form aufgefordert worden, das Zeugnis zu geben. Auf jeden Fall war die Folge, daß drei *Coroners inquests* über die Kinder gehalten werden mußten. Der Vorsitzende ist der Ansicht, daß nach der *Births and Deaths Registration Act*, 1894, s. 20, das Zertifikat hätte gegeben werden müssen; der Beisitzer dagegen findet zwar, der Arzt hätte taktvoller und zweckmäßiger gehandelt, wenn er sich gleich mit dem *Coroner* in Verbindung gesetzt und der Untersuchung beigestanden hätte, aber seine Zweifel seien doch begründet gewesen, da er nicht dem ganzen Geburtsakt beigewohnt und die Hebamme nicht gekannt hat. Infolgedessen wird der Prozeß um zwei Monate vertagt, da früher auf eine volle Richterbank nicht zu rechnen ist; die Parteien müssen unter heftigen Klagen über die Ausgaben, die ihnen entstehen, abziehen.

[90]) Natürlich ginge man gründlich in die Irre, wenn man die englischen Richter für juristisch ungebildet hielte. Die meisten sind hervorragende Juristen auch im Sinn der wissenschaftlich-technischen Schulung. Die Gerichte haben große, gut geleitete Bibliotheken; der höchste Gerichtshof hat für jeden Senat eine eigene Bibliothek, zusammen etwa 25 000 Bände, wobei man berücksichtigen muß, daß

und ihre Urteile Gesetzes-Anwendungen. Man weiß, wie schwer sich verschiedene Meinungen über abstrakte Fragen der Methode oder Systematik, wie schwer sich verschiedene Auslegungen eines Gesetzes ausgleichen lassen; man kann sagen, daß oft die Natur der Kontroverse selbst auch das kleinste Nachgeben ausschließt; die Gegner können sich nur bekämpfen, bis einer tot auf dem Platz bleibt. Zwischen verschiedenen Auffassungen einer Parteihandlung aber, zwischen verschiedenen Werturteilen über die Redlichkeit und Güte einer Klage läßt sich eine mittlere Linie finden; die Strenge eines Richters läßt sich durch die Billigkeit und Milde des andern temperieren. Je mehr ein Urteil auf juristisches Taktgefühl, auf Rechtsmoral und auf den Instinkt der Erfahrung zurückgeht, desto duldsamer wird der Urteiler gegenüber der abweichenden Meinung seines Nachbarn auf der Richterbank sein — hartnäckiges, eigensinniges Durchfechten des eigenen Standpunkts ist umgekehrt da natürlich, wo man rein verstandesmäßig zu diesem Standpunkt gekommen ist und im Nachgeben nur das Geständnis sehen müßte, daß die Verstandesarbeit des andern besser war als die eigene.

Was bleibt aber bei dieser Stellung des Richters noch für das Gesetz übrig? Wie geht es zu, daß die Engländer sich so gern als ein gesetzestreues Volk bezeichnen? Meinen sie damit das Gesetz, das ihnen der Richter erst in seinem Spruch gibt? Sind nicht die englischen Gesetze im Seerecht, im Recht der Handelsgesellschaften oder im Verwaltungsrecht den kontinentalen sogar vorangegangen?

Doch auch vom Standpunkt des Gesetzgebers aus kommen wir zur gleichen Scheidung zwischen seiner Domäne und der des Richters, die sich vom Prozeß aus gezeigt hat. Denn „ein gutes Gesetz erkennt man daran, daß es am seltensten im Prozeß zur Anwendung kommt". Auf dem Kontinent sehen sich die meisten Gesetze wie Instruktionen des Staats an seine Gerichte an; im friedlichen Rechtsverkehr kümmert man sich nicht viel um sie;

---

die Rechtsgeschichte und das kontinentale Recht nur mit verschwindend kleinen Zahlen in Betracht kommen. Da die Kommentare fast ganz fehlen, so geht man bei der Benutzung der wissenschaftlichen Literatur viel mehr auf die erste Hand zurück als bei uns.

wenn man aber zu streiten anfängt, sucht das subjektive Recht sich sein Gesetz, unter dem es Schutz findet, nach dem es gerichtet wird. Die Rechtsnorm scheint recht eigentlich für den Streit, den Prozeß gegeben zu sein. Die Richter beklagen sich bei uns, wenn die *lex scripta* eine Lücke zeigt; sie sagen zum Gesetzgeber: „du hättest uns doch hier noch einen Paragraphen und dort ein ganzes Gesetz geben sollen, denn das ist deine Pflicht und Schuldigkeit gegen uns; du gibst uns das Gesetz und wir wenden es an". Der Richter liebt sein Gesetz; er ist stolz auf das nahe Verhältnis, in dem er zu ihm steht. Wir wissen, daß der Richterstand sich nie höher zu rühmen glaubt, als wenn er von sich sagen kann, daß er ein neues Gesetz von mehreren tausend Paragraphen in wenigen Jahren verarbeitet, in sich aufgenommen und anzuwenden gelernt hat. Vielleicht würden die englischen Richter sich gegen die Zumutung, vom 31. Dezember auf den 1. Januar ein neues Recht gesetzt zu bekommen, offen auflehnen; sicher ist aber das eine, daß der englische Gesetzgeber bei der technischen Ausarbeitung (dem „Machen") des Gesetzes zuletzt an seine Richter denkt und zuerst daran, daß möglichst wenig Prozesse auf dem Gebiet des Gesetzes unter seiner Herrschaft angefangen werden möchten. Wenn ein „*law-maker*" ein Gesetzes-Redactor, stirbt[91]) oder sich zurückzieht, so rechnet man ihm bei der Besprechung seines Wirkens nach, in wie viel Rechtsstreitigkeiten nach der Statistik die von ihm ausgearbeiteten Gesetze angewendet werden mußten, und die geringste Zahl ist sein größter Ruhmestitel. Gesetzgeber und Richter stehen neben-

---

[91]) Nekrologe auf Lord Thring, Dezember 1906. Thring war in mehreren Kabinetten Gladstones der Haupt-Gesetzesredakteur und von 1868 (erstes Ministerium Gladstone) bis 1886 *Parliamentary Counsel.* Er saß im *Statute Law Committee* der siebziger Jahre und hat außer den meisten Gesetzen über die Handelsgesellschaften die verschiedensten *leges scriptae* von der *Irish Land Act* (1870) und der *Army Act* (1881) bis zu der bekannten *Merchant Shipping Act* (1854) und der im Jahr 1897 abgelösten *Employers' Liability Act* redigiert. In einem Nachruf heißt es: "*the man who expresses in intelligible form the intentions of a great statesman is entitled to a degree of credit only second to that due to the statesman himself. At all events, he p r e v e n t s l i t i g a t i o n , sometimes enormously.*"

einander; jenem fällt die Aufgabe zu, durch klare Regeln über schwierige, neue Rechtsbildungen den Ausbruch von Rechtsstreitigkeiten zu verhüten; diesem kommt es zu, für den trotzdem ausgebrochenen Prozeß die gerechte Einzellösung zu finden[92]**).**

---

[92]) Für das Verhältnis des Richters zum Gesetz in den Augen des englischen Publikums ist eine Korrespondenz im Daily Telegraph vom 4. und 5. September 1907 über „*unpaid magistracy*" interessant. Der Einsender, D. Walsh. M. D., klagt über die ungleiche Rechtsprechung der unbezahlten Friedensrichter; sie beurteilen die Vermögensdelikte und die Delikte gegen das Grundeigentum (Flurschaden, Wilddieberei) übermäßig streng und die Roheitsvergehen oft viel zu milde. Man möge juristische Qualifikationen von ihnen fordern, sie einem Examen in der Gesetzeskunde unterwerfen, wie es Mediziner, Theologen, Beamte auch machen müssen. Aber der Vorschlag fällt ab, trotzdem die Mängel in der Rechtsprechung jener Gerichte vielfach zugegeben werden. Die Zeitung selbst sagt: "*Yesterday a letter appeared in these columns pointing out the shortcomings of the unpaid magistrate, and suggesting that an examination in certain matters of law should be instituted, the conditions of which every candidate for the honour of the magistracy should be required to satisfy. Inquiries made in legal circles show that there is general agreement with our correspondent's contention that the system of unpaid magistrates is by no means perfect in its working; on the other hand it is felt that a system of examination will not better matters. The magistrates, it is argued, are kept right as far as regards law by an official. As to the main qualifications for the duties of magistrate, these are rather a knowledge of life and a practical experience of the conditions of society, which no examination in law would test. By the time that knowledge is gained and that experience is acquired, to put the matter mildly, the desire for examination is gone. The adoption of the suggested safeguard would be effective, but not in the way our correspondent desires; indeed, the country would, in the event of its adoption, lose the services of many admirable men who, as citizen-magistrates, render valuable service to the State.*" Und ein anderer Einsender bemerkt dazu: "*I don't think an examination would work at all in the direction which your correspondent desires. It would induce a great many very useful potential magistrates all over the country to abstain from coming forward. Really, I am not convinced that this legal experience is so necessary for the magistrate. He wants, I should say, a knowledge of the world and common sense.*

Now and then, of course, there is an outcry about 'justices' justice', and I agree that certain classes of unpaid magistrates are unsatisfactory. For instance, I think clergymen make very bad justices, which one would hardly perhaps expect. They are dictatorial and violently prejudiced in their view of certain cases. They are especially severe on poachers, tramps, and other undesirable persons. No doubt naturally enough they wish that these should be kept out of their district, but they are apt to show undue harshness. Still, after forty years of contact with the unpaid magistracy, as well as with that which is paid, my experience is that as a rule unpaid magistrates are both efficient and conscientious, and the magistracy on the whole is an independent and perfectly impartial tribunal."

Sechstes Kapitel.

Das imperium des Richters.

Eine Reihe von Beispielen, geordnet nach dem natürlichen Gang eines Prozesses, soll schließlich zeigen, wie in Wirklichkeit die richterliche Gewalt ausgeübt wird, von deren Grundlagen und Begleiterscheinungen bisher die Rede war; dabei bleibt außer Betracht, was grundsätzlich schon früher dargestellt ist: Der *Contempt of Court*, das Recht des Gerichts auf ehrliche Prozeßführung und auf Unterstützung durch Anwälte und Solicitors, überhaupt die Prozeßleitungsgewalt.

1. Klage; Verhütung unnötiger Prozesse[93]).

Am 10. November 1906 wurde vor Justice Joyce in der *Chancery Division* zwischen dem Bürgermeister und der Korporation von Westminster und dem Pfarrer und Kirchenvorstand von St. Martins Vestry Hall über das Eigentum und Verfügungsrecht an diesem kirchlichen Zwecken dienenden Gebäude verhandelt. Der Richter fragt: Was hat der Streit für eine praktische Bedeutung? Will die Gemeinde den Kirchenbehörden den Gebrauch nehmen? Droht ein Verkauf der Halle? Die Anwälte antworten: Nein, es ist ein Streit um das Recht; niemand will den überlieferten Besitzstand und die kirchlichen Gebrauchsrechte ändern. Darauf der Richter: Dieser Prozeß ist eine Vergeudung von Staatsvermögen; das ist ja beim Streit zwischen zwei verschiedenen öffentlich-rechtlichen Korporationen gewöhnlich so; hier ist es sicher,

---

[93]) Vgl. auch Blätter für vergleichende Rechtswissenschaft III S. 61 (Mai 1907), und oben S. 76 fgde.

daß das Gebäude in einer oder der andern Form der Öffentlichkeit gehört. Die Klage wird in der Sprache des deutschen Prozeßrechts vom Richter ex officio zurückgewiesen, weil das Rechtsschutzbedürfnis fehlt, obgleich der Wille zum Streiten bei beiden Parteien da ist.

Im Polizeigericht der Towerbrücke waren am 18. August 1907 fünf Händler auf die Anklage der Verkehrsstörung geladen; sie hatten ihre Verkaufsstände auf der Straße vor ihren Läden; die Polizei forderte sie auf, diese Stände zu räumen; sie beriefen sich auf ihr herkömmliches Recht. Nun soll der Richter entscheiden, ob die Polizei, der zweifellos die städtischen Vorschriften zur Seite stehen, im Recht ist, wenn sie diese Ordnung des Gemeinwesens auch in Tabard-Street durchführt, wo sich noch niemand über den offenen Straßenverkauf beklagt hat. Der Richter läßt sich vom verfolgenden Polizei-Inspektor bezeugen, daß wirklich keine Klagen eingegangen sind, sondern die Polizei nur „der Konsequenz wegen" auch in dieser Straße die Räumung verlangt hat. Darauf erklärt er, er liebe es nicht, in alte Gewohnheiten einzugreifen; die Ladung werde vorläufig um einen Monat vertagt; der Bezirksrat (*Borough Council* — im Gegensatz zum *L. C. C.*) möge sich zu der Sache äußern, und wenn der kein Bedenken habe, könne der Handel wie zu Väters Zeiten weitergehen.

Am 23. April verhinderte Sir William Selfe im County Court Marylebone eine Strafverfolgung, die sich aus der Zeugenaussage des Ehemanns gegen seine Frau zu entwickeln drohte. Die Klage beruhte auf einem Darlehnsschein, der den Namen der Frau und des Mannes trug; den letzteren hatte die Frau darauf gesetzt, nach ihrer eigenen Angabe bona fide und auf den Rat eines Agenten, nach einigen Zeugenaussagen aber doch unter recht belastenden Umständen. Der Mann wollte nun anfänglich im Zivilprozeß sich der Zahlung weigern; der Richter ließ sich den Schein vorlegen, gab zu erkennen, daß der stärkste Verdacht dafür vorliege, daß die Frau absichtlich die Schriftzüge des Mannes habe nachahmen wollen, und redete daraufhin dem Manne aufs ernstlichste ins Gewissen, er solle sich zu der Schuld bekennen und der Frau die sonst drohende Strafverfolgung ersparen. „Ihrer Frau kann es sehr schlecht gehen", sagt er dem Mann. „Sie hätte es aber nicht tun sollen", erwidert der. „Das ist wahr, aber sie hat es nun einmal getan. Ich kann Sie nicht zwingen, aber überlegen Sie sich's; wenn Sie die Schuld übernehmen, ordne ich die Vollstreckung so an, daß Sie im Monat nur vier Schilling zu zahlen haben." Darauf geht dann der Mann endlich ein, und so schließt der Prozeß „*to the evident relief of his wife and the Court*" und zur hohen Ehre des Richters.

2. Zuständigkeit[94]).

Die Prozeßvorschriften der *Judicature Act Order 11*, *Rule 1 F* und *Rule 2* kamen im *Court of Appeal* am 25. Februar 1907 (Watson and Sons Ltd. v. Daily Record, Glasgow, Ltd.) vor. Der Daily Record, ein schottisches Blatt, hatte zur Zeit des englischen Seifentruststreits im Winter 1906/1907 gegen die klagende Seifenfabrik die Beschuldigung erhoben, daß sie auf der Verpackung ihrer Seifen zu schwere Gewichte angebe. Die Klage ging auf Unterlassung dieser Behauptung in Zukunft (*injunction*), nicht auf Schadenersatz, und auf Grund des „Fliegens" der Presse baten die Kläger um gerichtliche Erlaubnis zur Ladung in Schottland vor das englische Gericht, damit dieses dem Daily Record die Wiederholung seiner Behauptungen im Hinblick auf die Zirkulation des Blattes in England untersage. Dieses Gesuch um Ausdehnung der Gerichtsbarkeit wird aber abgelehnt; nur im äußersten Notfall wolle das Gericht von der diskretionären Befugnis Gebrauch machen, die ihm *Order 11 Rule 1 F* gibt.

3. Proclamatio.

Der jüngst verstorbene Chancery-Richter Kekewich hat am 23. Juli 1907 eine Proklamationsfrist eröffnet, deren Ablauf er nun nicht mehr erlebt. Die Jüdische Kolonialbank, eine zionistische Gründung, suchte bei ihm um die Erlaubnis zur Beschränkung ihres Operationsfeldes, entgegen ihrem ersten Statut, nach. Sie war gegründet, um jüdische Kolonien irgendwo in der Welt zu unterstützen, und die englische Zionistengruppe unter Zangwills

[94]) Vgl. oben S. 91.

Führung hält wegen des Ugandaprojektes an dieser ersten Absicht fest, während die Mehrheiten der letzten zionistischen Kongresse in Basel und Antwerpen sich der Beschränkung auf Palästina zuneigten. Der Richter läßt sich die Akten über die letzten Generalversammlungen und über schriftliche Abstimmungen der Aktionäre zeigen; aber da die Gegner der Statutenänderung, voran Zangwill selbst, beschworene Aussagen vorlegten, aus denen sich ergab, daß von den 250 000 Aktien doch nur ein kleiner Teil bei der Abstimmung beteiligt war, so verfügte Justice Kekewich die Vertagung der Sache auf den ersten Dienstag im April 1908 und ordnete zugleich an, daß unterdessen in allen Ländern, in denen sich Aktien befänden, Anzeigen in der Presse gemacht werden sollten mit der Aufforderung an die Aktionäre, sie möchten bis zu jenem Termin ihre Zustimmung oder Ablehnung des Änderungsvorschlags kundgeben.

4. Beilegung des Prozesses durch Anerkenntnis und Vergleich[95]).

„*The heaviest damages on record*" brachte der Beleidigungsprozeß der Sunlight-Seifen-Fabrikanten Lever Brothers gegen die Daily Mail den Klägern ein; nachdem das Haupt der klagenden Firma ein zweieinhalbstündiges Kreuzverhör des Anwalts der Be-Beklagten, R. Isaacs, glänzend überstanden hatte, blieb der Zeitung nur die Zurücknahme der Behauptungen übrig, die zur Klage geführt hatten, und die unbedingte Annahme der Ersatzforderung: über eine Million Mark. Isaacs begann die Erklärung, in der er am dritten Tag der Verhandlungen (Justice Lawrence, Liverpool Assizes, 15. Juli und die folgenden Tage) den Vergleich anbot, mit den Worten: „*I have to thank your lordship for giving us an opportunity of prolonged consultation.*" Das Ergebnis sei, daß die Beklagten auf jede Verteidigung verzichten, ihre Behauptungen zurücknehmen, um Entschuldigung bitten und nur die Frage der Höhe des Schadenersatzes noch offen lassen, wenn die Kläger darüber nicht einen Vergleich abschließen wollen. Sir E. Carson

[95]) Vgl. oben S. 76 fgde.

entgegnet für die Kläger, ebenfalls an den Richter gewandt, daß sie diese Entschuldigung erwartet haben, sich aber bei der Schwere und Planmäßigkeit der Beleidigung nicht mit der Entschuldigung begnügen könnten, sondern den Spruch der Jury verlangen müßten. Der Richter nimmt diese Erklärungen mit den Worten entgegen: „*As the case is to proceed before the jury, I do not consider that this is the occasion for me to make any comments upon it further than to say this—that I entirely approve of the course taken by Mr. Rufus Isaacs, so far as I am able to judge from the evidence before me. I think that upon that evidence it was the right and proper and the only honourable course to take.*" Er willigt dann in eine zweite Unterbrechung der Verhandlung, damit die Anwälte über die Höhe des Schadenersatzes verhandeln können. Dann erklärt Isaacs auch hier die völlige Unterwerfung der Beklagten unter die Ansprüche des Klägers, und in seinem Schlußwort billigt der Richter dieses Verhalten und gibt zu erkennen, daß sein Urteil in der gleichen Richtung gefallen wäre. Mit seiner Erlaubnis wird auch eine zweite, noch nicht zur Verhandlung gediehene Klage der Firma Lever gegen andere Zeitungen des gleichen Unternehmers (Lord Northcliffe) durch diese Prozeßbeendigung erledigt.

5. Beweisverfahren und freie richterliche Festsetzung der Ansprüche im Zivilprozeß[96]).

Am 26. April 1907 verhandelten vor Richter Woodfall im Grafschaftsgericht Westminster die Parteien über einen Schadenersatzanspruch, der aus einem Unfall des Klägers entstanden war; dieser hatte sich die Kniescheibe bei einem Sturz gebrochen, dessen unmittelbare Ursache ein auf der Treppe liegendes Stück Kohle war. Die Beklagten waren gerade im Begriff, eine Ladung Kohlen in eine der Wohnungen des Hauses zu liefern, in dem der Unfall sich zugetragen hat; daß beim Hineintragen das unheilvolle Stück Kohle auf die Treppe gefallen und liegen geblieben ist, wird nicht bestritten; die Beklagten sagen aber, sie seien nicht passivlegitimiert; denn ihr Fuhrmann habe zwar die Kohlen ins Haus getragen,

---

[96]) Vgl. oben S. 80 fgde., 112 fgde.

aber es sei üblich, daß er dafür vom Hausmann des Bestellers einen Extralohn bekomme, und das sei auch hier so gewesen; der Hausmann habe für das Tragen in den siebenten Stock pro Tonne 1 Schilling und Tenpence versprochen. Also sei der Fuhrmann beim Fallenlassen und Liegenlassen der Kohle im Dienst des Bestellers und nicht der Lieferanten tätig gewesen. Der Fuhrmann wird als Zeuge vernommen und verschwört sich hoch und heilig, daß er nicht die kleinste Kohle hat fallen lassen; darauf geht der Richter aber gar nicht ein, sondern fragt ihn: „Wenn Sie sich beim Hinauftragen den Arm gebrochen hätten, wen hätten Sie verklagt?" Der Anwalt der Beklagten sucht dazwischen zu fahren, der Zeuge stockt mit der Antwort, aber der Richter fährt fort: „Heraus mit der Sprache! Sie wissen es ja ganz genau, daß Sie die Kohlenlieferanten als Ihre Arbeitgeber haftpflichtig machen würden". Und mit diesem Argument, das in den Urteilsgründen wiederkehrt, ist dann die Frage der Passivlegitimation und damit der Prozeß überhaupt zu des Klägers Gunsten entschieden.

Am 27. September 1907 reduzierte Richter Edge im Grafschaftsgericht Clerkenwell den Anspruch eines Geldleihers um den Betrag, den er für wucherischen Zins ansah, und weigerte außerdem dem Kläger die Prozeßkosten. Arthur Walters, ein junger Mechaniker, brauchte ein kleines Kapital zu seiner Niederlassung; er sah die Ankündigungen des Klägers, der jede Summe von fünfzig bis zehntausend Pfund herzuleihen versprach, ohne daß ihm Sicherheit geboten würde. Walters wollte zweihundert Pfund haben, und nachdem ein Agent des Klägers seine Apparate und die Einrichtung der Wohnung besichtigt und abgeschätzt hatte, bekam er, gegen einen Schuldschein über siebzig Pfund, fünfzig Pfund als Anzahlung ausgehändigt. Der Rest sollte nach einigen Tagen folgen, aber der Wucherer fing nun an, Schwierigkeiten zu machen, Bürgen zu verlangen, gestellte Bürgen zurückzuweisen, und schließlich lehnte er überhaupt die Zahlung ab. Walters brachte ihm gleich die fünfzig Pfund, die ihm zu nichts nütze waren, zurück; er verweigerte die Annahme. Darauf zahlte Walters die fünfzig Pfund in wöchentlichen Raten zurück, wie es im Kontrakt ausgemacht war; der Geldleiher verklagt ihn jetzt auf die zwanzig, die er ihm noch schuldig sei. Der Richter sagt, die Handlungsweise des Klägers, der zwanzig Pfund Zinsen verlangt, trotzdem ihm die geliehenen fünfzig Pfund innerhalb einer Woche zurückgezahlt wurden, sei gewissenlos und höchst unanständig; es sei nicht recht noch billig, daß er 150 Prozent auf eine Summe bekomme, die er wenige Tage nach ihrer Hingabe nicht hat zurücknehmen wollen. Also: Reduktion des Anspruchs auf fünf Prozent Zinsen, und soweit ein Urteil für den Kläger; aber keine Prozeßkosten für ihn.

In einem Grafschaftsgerichts-Prozeß vor Richter Smyly im Winter 1906/7 (Young v. Remnant, vom *High Court* an das Untergericht zurückverwiesen) verlangte ein Gastwirt, von dem sein Weinlieferant den Preis einer weihnachtlichen Rum-Sendung gezahlt haben wollte, in der Widerklage 400 Pfund Schadenersatz für den Verlust an Kundschaft, den er aus jener Sendung gehabt; denn das sei kein Rum, sondern schlechter Ginger gewesen und er habe seine Abnehmer, zumal im hohen Geschäftsgang der Weihnachtstage, gar nicht über das Zeug beruhigen können, das er ihnen im besten Glauben ausgeschenkt habe. Die Kläger gaben zu, daß ihnen beim Versand eine Verwechslung passiert sein könne; schließlich gibt aber der Richter doch dem Widerkläger nur fünf Pfund Ersatz und bemerkt dazu: Wenn er das auf Versöhnungs-*drinks* mit seinen gekränkten Kunden verwende, werde er sie wohl alle wieder zu sich zurückführen.

Der vollkommene Erlaß der Schuld, der im Strafprozeß in der Gewalt des Richters steht, äußert sich gegenüber dem Bürgen eines Strafurteils auch als Erlaß einer Zahlungspflicht; tut der Bürge dem Strafrichter dar, daß er im besten Glauben sich für das Erscheinen des Freundes zur Urteilsannahme eingesetzt und das seine getan hat, um den Flüchtigen herbeizuschaffen, so rät ihm der Richter, ein Gesuch an das Staatsschatzamt zu richten, in dem er um den Erlaß der Bürgschaftssumme bittet; das Gesuch wird vom Richter befürwortet und ist dann seines Erfolges sicher. (Clerkenwell Sessions vor R. Wallace, K. C., Chairman, 25. September 1907.)

6. Lob und Belohnung guter Zeugen[97]).

Ein Laufjunge, der einem Taschendieb nachgesetzt und ihm trotz seiner Drohungen und Bitten bis zur Verhaftung nicht von den Fersen gewichen ist, bekommt am 14. August vom Vorsitzenden der Clerkenwell Sessions, Loveland, ein öffentliches Lob und eine reichliche Geldspende aus der Gerichtskasse.

Mrs. Goschen, die Schwägerin des verstorbenen Schatzsekretärs, die eine Pferdequälerei auf der Straße abgestellt hat und dann in der Strafverhandlung gegen den Fuhrmann als Zeugin erschienen ist, bekommt ebenfalls den öffentlichen Dank „für ihre Mühe in der Sache der Menschlichkeit" votiert (Polizeigericht Bromley, Kent, 19. August 1907).

7. Entlassung Schuldiger zur Auswanderung, im Strafprozeß[98]).

Am 22. Oktober 1907 erschien im *Central Criminal Court* vor dem Commissioner Rentoul, K. C., ein Mädchen, um sein aufge-

---

[97]) Dagegen bekommt die Partei, die einen Zeugen während des Verfahrens bedroht oder gar angreift, eine schwere Contempt-Strafe, und der Verurteilte, der sich nach der Strafverbüßung am Zeugen rächt oder dessen Freunde den Zeugen belästigen, hat ebenfalls sein volles Strafmaß zu erwarten (drei Monate Zwangsarbeit bei leichter Körperverletzung, die ein Freund des Verurteilten dem Zeugen aus Rache zufügt, Lambeth Police Court, 4. September 1907).

[98]) Der *High Commissioner* von Kanada, Lord Strathcona hat beim englischen Kolonialamt gegen die „Deportation nach Kanada" Verwahrung eingelegt. Die Schriftstücke haben nach der Times vom 19. September, Seite 10, folgenden Inhalt:

Lord Strathcona, writing to the Under-Secretary for the Colonies on June 26, stated that from time to time the Canadian Government had had brought to its notice that on occasions magistrates and others in this country had agreed, on the representations of interested persons, to defer passing judgment on transgressors against the law on the condition of their being sent to Canada. In November, 1905, he had a correspondence with the Recorder of London in regard to a young man convicted of obtaining money by false pretences, who was not sent to prison but allowed to go to Canada. He then communicated to the Recorder the strong opposition which was felt by the Government and people of Canada to the sending

schobenes Urteil zu hören; sie hatte ihren ungetreuen Liebhaber im Streit verwundet. Der Richter hatte am Schluß der Verhandlung

---

to the Dominion of any person convicted of a crime, or having exhibited criminal tendencies; and at the same time directed attention to the provisions of the Canadian Act respecting immigration and immigrants (6 Edward VII., Chap. 19), under which powers are given to prohibit the landing of and to deport any undesirables or criminals, such powers being rigidly enforced by the Canadian authorities.

Attention was widely drawn to this correspondence at the time, and it was hoped that, as a consequence, the practice complained of would cease.

It would appear, however, that such was not the case; and it was feared that the course to which objection was taken may have been adopted to even a larger extent than had been apparent. In these circumstances, the Canadian Government greatly desired that, if possible, some general notification of its views on the subject may be conveyed to magistrates and others concerned, in order definitely to put a stop to the sending to Canada of persons convicted of crime.

The High Commissioner enclosed a copy of a letter from the Criminal Investigation Department to the Assistant Superintendent of the Emigration Interior Department of Canada giving information of the circumstances relating to two men, Arthur Lloyd and Charles Stevenson, who were convicted and offered immigration to Canada as an alternative to imprisonment.

The Under-Secretary for the Colonies replied on August 19, enclosing the following letter from the Home Office: —

"Home Office, Whitehall, S.W., Aug. 9, 1907.

"Sir, — In reply to your letter of July 11 forwarding a communication from the High Commissioner for Canada on the subject of the emigration to Canada of convicted criminals, I am directed by Mr. Secretary Gladstone to say, for the information of the Earl of Elgin, that he has communicated with the chairman of the London Sessions regarding the cases of Arthur Lloyd and Charles Stevenson, which were brought to Lord Strathcona's notice. Mr. Wallace states that he acted in the belief that the Canadian Government would not be averse to receiving men who, like the two prisoners above mentioned, had committed an offence, but were shown by the evidence before the Court to have every prospect of doing well if given the opportunity in fresh surroundings. On learning, however, that the Canadian Government objected to the emigration of such persons no further steps were taken to enable the men to proceed to Canada, and the Emigration Commissioner was informed some weeks ago that the

das Angebot ihrer Verwandten bekommen, sie wollten die Delinquentin nach Kanada schicken, und hatte daraufhin das Urteil ausgesetzt, damit diese Auswanderung ins Werk gesetzt werde. Unterdessen ist aber von der kanadischen Regierung der unten abgedruckte Protest gegen die Einführung englischer Delinquenten in ihr Gebiet erhoben worden; der Richter gibt jetzt die Erklärung ab, daß er keineswegs die Deportation angeordnet, vielmehr nur die von der Familie vorgeschlagene Versetzung der Täterin in eine andere Umgebung, ein „neues Leben" habe erleichtern wollen. Er entläßt nun das Mädchen mit der Verpflichtung, zur Urteilsverkündung zu erscheinen, wenn sie dazu gerufen wird — das heißt, er vertagt das Urteil auf unbestimmte Zeit, praktisch bis zu einem neuen Delikt (*to be bound over to come up for judgment if called upon*).

Am 26. November 1907 stand vor dem Polizeigericht Bow-Street der Sohn eines angesehenen Kaufmanns aus Liverpool als Juwelendieb. Sir Charles Mathews erklärte als Verteidiger, daß der Vater gute kaufmännische Verbindungen nach Argentinien habe und seinen Sohn hinschicken könne, wenn das Gericht ihm das Benifizium der *first offence* gewähre. Der Angeklagte wurde in die Untersuchungshaft zurückgeschickt, damit unterdessen seine Verschickung vorbereitet werden könne; wenn alles dazu bereit und der Richter sicher ist, daß England den Delinquenten los wird, wird er ohne Strafe davonkommen.

Am 28. November 1907 erschien ein österreichischer Student, Max E., der unter dem falschen Namen eines Sir W. Erward in London gelebt hatte, vor dem *South-Western Police Court* unter der Anklage des Fahrraddiebstahls. Sein Vater erschien mit ihm vor Gericht, und nach einer — deutsch geführten — Aussprache zwischen dem Magistrat und dem Vater, bei der dieser

---

matter was at an end. The Secretary of State has no knowledge of any similar cases having occurred else-where, but, if any such cases should come to the High Commissioner's notice, he will be ready at once to take any steps necessary to stop the practice.

"I am, & c., "C. E Troup.

"The Under-Secretary of State, Colonial Office, S.W."

die Verführung seines Sohnes durch spielende Freunde zur Entschuldigung anführen konnte, entließ der Richter den Angeklagten auf Bürgschaft, „*with a view of facilitating the prisoners return home with his father*“.

8. Fürsorge des Gerichts für notleidende Delinquenten.

Am 13. November 1906, im Polizeigericht, vor Alderman Sir A. Newton: Ein Deutscher, mittellos nach England eingewandert, arbeitslos, ist verhaftet worden, als er in einem Packraum in London nächtigte. „*Me no steal me sleep*“ ist das einzige, was er sagen kann. Er versteht fast kein Englisch. Ein Vertreter des deutschen Konsulats ist anwesend. Ihn fragt der Richter, ob das Konsulat den Mann zurücksenden wolle. Nach vielfach ausweichender Antwort erklärt er, es bestehe kein Fonds beim Konsulat, um den Mann nach Deutschland zurückzuschicken. Er sei auf eigene Faust ausgewandert. Der Magistrat hält vor, daß jeder Engländer vom englischen Konsulat heimgeschafft wird. *But it appears that Germany has no fund for such cases? — None at all.* Sogar das russische Konsulat habe kürzlich einen mittellosen Russen übernommen. Der deutsche Vertreter bleibt bei seiner Ablehnung. Der Richter hält ihm vor: „*But surely, if you convey to the authorities a very strong expression of opinion from an English magistrate that we have here a German subject absolutely incapable of earning his living in this country there would be found some means of restoring him to his friends? If not you simply throw him on the streets of London without money, not able to speakc the language; and, really, what is to become of him? I shall remand the prisoner in order that you may communicate with your authorities, and see, after what has taken place to-day, if something cannot be done for him.*“ — Die Worte des Richters haben in diesem Fall bis nach Deutschland hinüber gewirkt.

In Acton war am 2. Dezember 1907 ein Arbeiter des Bettelns und Widerstands auf der Straße angeklagt; er hatte bei seiner Verhaftung schon angegeben, er könne keine Arbeit bekommen und seine Frau und sechs Kinder verhungerten ihm zu Hause.

Der Polizist war gleich der Sache nachgegangen und hatte gefunden, daß die Angaben wahr seien, worauf er die Frau mit dem Nötigsten aus seiner Tasche versehen hat. Bei der Verhandlung fragt der Richter nur, ob die Wohnung auch, bei aller Armut, sauber gehalten war, und als der Polizist das bejaht, erfolgt der Freispruch, ein Gerichtslob für den Polizisten, und Übernahme der Fürsorge durch den Gerichtsmissionar, den das Gericht mit Geld dazu versieht.

9. Richterliche Warnung, im Polizeigericht.

Zu Mr. Plowden kam in das Polizeigericht Marylebone am 4. September ein dicker, breitschultriger Mann und wollte die Erlaubnis zur Einleitung einer Klage haben, weil eine Nachbarin ihn wegen angeblicher verleumderischer Rede mit einem Stock über den Buckel gehauen habe, so fest, daß der Stock davon entzweigegangen ist. Der Richter sagt ihm: Da war ihr Stock also nicht so stark wie Dein Rücken; der Stock ist kaput, aber der Buckel ist, soviel ich sehe, noch ganz! Du brauchst doch keine Ladung und Klage, weil Dir starkem Manne eine Frau einen Stock auf dem Rücken zerbrochen hat! Ich will ihr eine Warnung schicken, daß sie künftig ihre Stöcke vor Dir in acht nimmt.

Am 29. August erschien beim Polizeirichter Denman ein Mädchen mit einem „blauen Auge“ und beklagte sich über ihren Schatz, der sie immerfort haut und sie gestern wieder so hergerichtet hat, wie es der Richter selbst sehen kann. Zuerst ist der Magistrat taub: Warum bleibst Du bei ihm? Statt wie ein ordentliches Mädchen bei den Eltern zu hausen, ziehst Du mit einem heftigen, bösen Burschen umher, der Dich mißhandelt; das sieht doch so aus, als gefielen Dir seine Hiebe — hilf Dir selber aus dem, was Du Dir selber angerichtet hast. Schließlich werden aber die Bitten doch erhört; der Richter schickt dem jungen Manne einen Polizeidiener ins Haus und läßt ihn verwarnen, daß er sein Mädchen besser behandelt.

10. Zensur in den Urteilsgründen, Zivil- und Strafprozeß.

Im Grafschaftsgericht von Cambridge erließ der Richter Wheeler am 25. September 1907 ein Urteil im Prozeß zwischen zwei College-Genossen der Universität; der Beklagte, ein junger Student, war der Sohn armer Eltern und nur durch Stipendien und Preise zum Studieren an der Hochschule gekommen, hatte sich aber dort Pferde gehalten und sie im Stall eines „*fellow*" seines College (also seines Vorgesetzten — oder Stubenältesten — im Universitätsleben) eingestellt. Nun klagt der Stallbesitzer auf Stallmiete und Futterkosten; der Richter gibt das Urteil für ihn, weil er sich nicht hat überzeugen können, daß der Beklagte vom Kläger zu seinem üppigen Leben erst verführt worden sei, wie die Verteidigung behauptet hatte. Aber das Urteil ist doch eine scharfe Verurteilung auch des Klägers und des College, in dem die Dinge sich abgespielt haben. Der Fall sei einer der schändlichsten und empörendsten, den er, der Richter, erlebt habe, seitdem er in diesem Distrikt tätig ist; das Verhältnis des älteren Studiengenossen zum jüngeren verdiene den schärfsten Tadel, zumal der ältere einen Grad an der Universität besitzt.

Im Polizeigericht Lambeth war ein Student von 16 Jahren — wahrscheinlich wird es ein Hörer der Londoner Veterinärschule gewesen sein — am 5. September 1907 vor den Richter Hopkins zitiert, einer höchst lächerlichen Räubergeschichte halber; er hatte einer jungen Dame in seiner Nachbarschaft mit einigen Genossen Drohbriefe ins Haus geschickt, die „Der rote Blutbund" unterzeichnet waren und die Empfängerin mit Züchtigung und Tod „*for certain indignities practised against the members*" bedrohten. Die Anzeige der Eltern bei der Polizei führte zur Entdeckung der Briefschreiber; der Vater der Bedrohten erklärte, da es sich um einen Jungenstreich handle und der Hauptschuldige um Verzeihung gebeten habe, liege ihm gar nichts an der Verfolgung. Der Richter hört ein paar Leumundszeugen, die sich günstig äußern, und ruft dann den Studenten und seinen Gehilfen, einen Anwaltsschreiber, auf: „Es kann Euch nichts schaden, wenn ich Euch einmal auf gut Deutsch die Wahrheit über Euch sage. Da sind zwei Jungens, gewiß die verwöhnten Söhne nachsichtiger Mütter, und ihr törichtes Benehmen bringt sie als Verbrecher auf die Anklagebank! Das Schlimmste daran ist aber, daß ich Euch nicht einmal verurteilen kann. Ich könnte Euch vor die Geschworenen schicken, weil Ihr Briefe mit Morddrohungen geschrieben habt, und dieser Weg hätte ein Gutes, nämlich daß er Euch in große Ausgaben und Unannehmlichkeiten brächte; aber er wäre auch eine Verschwendung von öffentlichem Geld und von Richterkraft. Was Euch nottäte, wäre eine Tracht Hiebe, um Euch *mores* zu lehren. Aber man darf ja heutzutage Jungens nicht hauen, weil es ihr feines Gefühlsleben abstumpfen könnte. Die einzigen, die solchen jungen Hunden wie Ihr seid, noch einen Stoß und Puff versetzen dürfen, sind ihre Alters- und Standesgenossen. Zu denen könnt Ihr nun heimgehen — hoffentlich tun sie nach Kräften das Ihrige."

(Ebensostark wie der Tadel wirkt natürlich ein Lob in den Urteilsgründen. Die Zeitungen führen in ihren Prozeßberichten immer die Namen und meistens auch die Adresse der Parteien an, und wenn der Richter auch nur einen versteckten Appell an die Öffentlichkeit zur Unterstützung einer Partei in die Gründe seines Spruchs einflicht, ist darauf zu rechnen, daß die Hilfe nicht ausbleibt, sei es in der Form von Geldspenden oder von Aufnahme unversorgter Kinder, oder in der Annahme eines Arbeitslosen zu verdienstbringender Arbeit.)

11. Vielfache Formen des Strafurteils.

Auch jetzt schon, ehe die *Probation of Offenders Act* dem Richter das weiteste Abolitionsrecht gibt (vgl. Anhang S. 220, 221), ist seine Wahl unter den verschiedensten Formen des Urteils über den Schuldigen in jedem Falle fast unbeschränkt. Er kann als Polizeirichter die Verweisung vor die Geschworenen trotz eingestandener Schuld ablehnen und die Delinquenten mit einer Warnung entlassen, wie er in dem zuletzt erwähnten Falle des *Crimson Circle* getan hat — weil der Staat seine Rechtsschutzeinrichtungen verschwenderisch abnützt, wenn er sie in solchen tragikomischen Umständen in Bewegung treten läßt. Er kann den Schuldigen verpflichten, auf bestimmte Zeit Frieden zu halten und dafür Kaution oder Bürgen zu stellen (*bind him over to keep the peace*); er kann auch das Urteil aussetzen und bis zu einem neuen Delikt über dem Schuldigen schweben lassen; oder er kann, wie die letzten Prozeßberichte gezeigt haben, den Delinquenten mit sanftem

Druck ins Ausland abschieben; geht er, so wird ihm die Strafe praktisch geschenkt, bleibt er, so muß er sie abbüßen[99]). Der ordentliche Richter kann eine *nominal sentence* erlassen (das ist ungefähr unsere Freiheitsstrafe, als verbüßt angesehen durch die Untersuchungshaft), wie er in dem bekannten Bigamieprozeß Wagstaff-Jalland getan hat: „Ich verhänge über Sie ein Nominalurteil von drei Tagen Gefängnis, datiert vom ersten Tage der Session und der Verhandlung (das heißt von vor drei Tagen); Sie sind also frei und können das Gericht verlassen.“ Schließlich ist auch der Strafrahmen selbst sehr weit; vor allen Dingen kann der Richter in geeigneten Fällen jugendlichen Delinquenten statt der vernichtenden Gefängnisstrafe die Rute geben lassen (Polizeigericht Marlborough Street, 16. August 1907, für das Aufbrechen eines Schokoladenautomaten; Polizeigericht Highgate am gleichen Tage, für Einbrechen und Verwüsten der Wohnungseinrichtung — ohne eigentliche Sachbeschädigung und ohne Diebstahl —; Polizeigericht Croydon, am 29. August 1907, für Gefährdung eines Eisenbahnzuges durch auf die Schienen gebundene Weizengarben). Im North London-Polizeigericht erschien vor Mr. Fordham im Frühjahr 1907 ein Fleischergeselle unter der Anklage, seinem Dienstherrn einmal dreizehn und einmal sechzehn Schillinge gestohlen zu haben. Als man das (gezeichnete) Geld bei ihm fand, entschuldigte er sich jammernd mit der Not seiner Frau und Kinder, denen er Brot habe schaffen wollen; als man ihn dann durchsuchte, fand man siebzig Pfund in Gold und Silber in seinen Taschen und dazu ein Sparkassenbuch mit zweihundert Pfund. Sein Verteidiger bot in seinem Namen dem Richter an, er wolle dieses ganze Vermögen, das er von seinem Vater geschenkt bekommen und durch glückliche Wetten vermehrt habe, dem Ankläger, seinem

---

[99]) Ebenso im Millie Marsh Case, einem Prozeß, der großes Aufsehen erregte, weil ein Unschuldiger verurteilt worden war; die Hauptzeugin gegen ihn war von ihrem Zuhälter zum Meineid angestiftet und hat sich selbst gestellt. Der Richter erklärt ihr, daß sie bedingt entlassen wird, wenn sie sich verpflichtet, in ein Besserungsheim zu gehen, dessen Vorsteherin zur Stelle ist; will sie das nicht, so muß sie ins Gefängnis.

Dienstherrn, lassen, wenn er nur sonst nicht gestraft würde. Aber der Richter verzeiht ihm die Lüge von der Not seiner Kinder nicht; er bekommt sechs Monate Gefängnis in der zweiten Klasse.

Freilich fehlen auch die Beispiele dafür nicht, daß der Richter über die gesetzlichen Schranken des Strafmaßes klagt. Einem rohen Manne, der seine Frau schwer mißhandelt, hätte Mr. Plowden im Polizeigericht Marylebone am 29. Juni 1907 gern das Doppelte der zulässigen Höchststrafe von sechs Monaten Zuchthaus gegeben.

12. Das ausschließliche Strafrecht des Gerichts.

Der Richter wacht eifersüchtig darüber, daß er allein den Schuldigen straft. Am 7. Oktober erschienen im Polizeigericht Thames-Street ein paar Gassenbuben, die ein Polizist beim Glücksspiel erwischt hatte. In der Verhandlung kommt heraus, daß sie vom Schutzmann, trotzdem sie ihre Namen und Wohnungen angegeben hatten, ins Gericht geführt worden sind. Der Richter erklärt, das sei Strafe genug, und er lasse sie deshalb frei; der Polizist wird verwarnt.

Im Guildhall-Gericht kam am 9. August 1907 vor den Alderman Sir George Smallman ein Eisenbahnbetrug; der Angeklagte gestand. Der Richter wandte sich an den verfolgenden Solicitor der Eisenbahngesellschaft und erklärte ihm, er habe gehört, daß die Gesellschaft, nachdem die Defraudanten vom Gericht die gerechte Strafe bekommen haben, ihre Namen mit einem Bericht über die Verurteilung in den Bahnhofshallen öffentlich anschlagen lassen. Ehe er das Strafmaß festsetze, wolle er wissen, ob die Gesellschaft das auch künftig tun wolle. Wenn sie die Verurteilten noch einmal zu strafen gedenke, so werde er als Gegenzug die Urteile so milde fällen, daß sich das ausgleicht. Der Solicitor möge ihm, nach einer Beratung mit seinen Direktoren, darüber berichten; unterdessen bleibt das Urteil ausgesetzt. In der nächsten Verhandlung erschien ein besonderer Vertreter der Eisenbahndirektion und gab folgende Erklärung ab:

"As long ago as November, 1905, upon a report of one of the company's officers, the question of placarding at the various stations the

names and addresses of persons convicted of fraudulent travelling was most carefully considered by the directors. After they had heard all their officers, paying special attention to those more particularly connected with these matters, they came practically to the unanimous opinion that things should go on as they had done up to that date. The directors considered that the placarding of the names and addresses of people who had been convicted of railway fraud was a deterrent to them not to offend again, and probably also to other persons who might have been inclined to commit such offences but for the fear of having their names so published. It was felt that this must act as a warning to any person holding a responsible position, and who, were there no danger of his name and address being published, might not hesitate to commit one of these petty frauds. So that the company were acting really in the interests of the public as well as of their own shareholders. That they had a legal right to do this was beyond all doubt, because the question was discussed in the year 1888, when the judges had a case before them, and held that the company were within the law in doing this sort of thing. Other railway companies acted in just the same way. It was felt by those instructing him that when the public read the Alderman's remarks there might be some idea that the railway company was malicious or vindictive in this matter. He was quite sure that was not in Sir George's mind when he spoke, because he wrote to the company very kindly last month respecting a case he had before him, and mentioning certain circumstances which induced the company to abstain from publishing the name and address. The directors would be always glad to consider any special case to which that Court—where practically all their summonses were heard—called their attention, and if, upon inquiry, they found they were justified in departing from their ordinary course, they would act according to the law of the Medes and Persians. The Great Eastern had the largest suburban traffic, and were therefore more open to this class of fraud. The Press were, in one sense, exactly in the same position as the railway companies. They published the names and addresses of people who were fined, and all the evil which had been complained of by convicted persons applied equally to the Press. He (Mr. Grain) was desired to say that, the directors having carefully considered this matter from every point of view, with all due respect to the Court, they still adhered to their opinion, and the minute passed in 1905. They were afraid they could not alter their regulations, except upon representations from the magistrate calling attention to any special circumstances."

Der Richter (Sir George Smallman) erwidert, er erinnere sich des von der Gesellschaft angeführten Falles wohl:

"After I had fined a young fellow he communicated to me certain facts which I will only mention to show how far-reaching the results of this system of publication are. In this particular case the young man mentioned to me that he had two young sisters dependent upon him. Now, of course, if he, through the publication of his name and address at the railway stations, was dismissed from his employment, not only he would suffer, but these two young girls dependent upon him would have to suffer as well. Under these circumstances I thought it right to communicate with the railway company—not recommending in any way—but simply enclosing a copy of the letter and suggesting further consideration of the question as to whether particulars of the conviction should be published, because, I went on to say, the punishment I had inflicted in the case seemed to me sufficient for the offence. I have to thank the company for taking the course they did with regard to that particular case, but that brought to one's notice what to my mind is a much larger question. That is this: The company come here and appeal to the law to punish someone. I agree you are quite within the law in publishing these names as you do, but one cannot help feeling that that punishment is a great deal more severe than any fine a magistrate is in a position to inflict, and I thought that the company having appealed to the law and obtained a decision, should seriously consider whether they should further punish the person convicted. It is not right inflicting a large fine on a man who is going to be punished to a greater extent by someone else. One feels that the law is sufficiently strong to deal with these cases.

Disposing of the two summonses before him, Sir George said he should have liked to deal with the defendants under the First Offenders Act, but he had his doubts whether the Act was intended to apply to such cases. The question of the amount of fine was entirely in his discretion, and, bearing in mind the fact that the railway company were going to publish the names of these young men—he did not know about the legal right to publish the addresses, as only the names were called in court—he thought justice would be satisfied by imposing a fine of 1s and costs in each case."

Presse und Publikum stimmen dem zu. Am 16. August folgt im gleichen Gericht ein anderer Richter (Alderman Alliston) dem gegebenen Beispiel; denn es soll nicht ein Mann wegen derselben Sache von zwei Richtern verurteilt und zweimal gestraft werden. Am 22. August wich dagegen Alderman Sir Horatio Davies im andern City-Gericht von dem Präjudiz ab; allerdings hatte der Defraudant hier auch noch einen Bestechungsversuch gemacht.

13. Zwangsvollstreckung in Zivilsachen.

Das Schuldhaftsystem, mit dem trotz aller Kritik und trotz dem unheimlichen Gefühl des Isoliertseins in der Welt England noch nicht so bald brechen wird, hängt mit der diskretionären Gewalt des Richters aufs engste zusammen. So eng, daß bei den Laien in England weithin die Vorstellung herrscht, der Schuldner, der die Judikatssumme nicht zahlt, komme wegen Ungehorsam gegen den richterlichen Befehl, wegen *contempt of Court*, ins Gefängnis. Auf jeden Fall sind Anhänger und Gegner der Schuldhaft darüber einig, daß sie nur deshalb noch besteht, weil die Grafschaftsrichter das Gesetz in größter Mäßigung und Billigkeit anwenden. Im Daily Telegraph haben die beiden feindlichen Lager im August und September einen erbitterten und besonders durch die massenhaften Laienzuschriften höchst lehrreichen Federkrieg geführt; vom 22. August bis zum 15. September brachte die Zeitung fast täglich spaltenlange Meinungsäußerungen, aus denen hier nur einige Sätze angeführt werden können. Ein Anhänger des geltenden Rechts sagt (*Lex*, 22. August): „Der ehrliche und ins Unglück geratene Schuldner braucht nicht ins Gefängnis zu gehen; er kann zur Verhandlung über die *judgment summons* kommen und seine Lage erklären, und kein Richter wird einen solchen Mann ins Gefängnis schicken.“ Ein anderer (*City Solicitor*, 27. August): „Manche Leute schreiben, als bekäme man die *committal order* auf ein bloßes Gesuch ohne Schwierigkeiten; aber aus harter, praktischer Erfahrung kann ich sagen, daß es nichts Schwierigeres gibt, als den Richter zur Verhängung der Schuldhaft zu bringen, da die Richter, nach meiner Ansicht, ungebührlich sorgsam das Interesse des Schuldners hüten.“ Man zitiert eine Äußerung des Richters Willis vom Grafschaftsgericht Southwark: "*Creditors are entitled to their money, but it is far better that they should not issue executions, because that only means that debtors' homes are broken up. I therefore make orders for debts to be paid by easy instalments; but as an incentive to the debtors to make an effort and pay, I order them a short term of imprisonment on their failure to keep the order up.*" und dagegen die Meinung von Sir George Jessel: "*In no case ought a man to suffer penal imprisonment because he failed to pay a certain sum of money on a private contract, with which the public has nothing to do.*"

Die Gegner weisen auf die steigende Zahl der Schuldhaftfälle hin: in England seien es im Jahre 1905 20 290 gewesen gegen 71 in Irland. Schottland kennt die Schuldhaft nicht. Sie denunzieren die Härte der Wucherer, die vom Schuldhaftrecht den ärgsten Gebrauch machen. Aber man hält dem wieder entgegen, daß gerade die Aussagen der Geldleiher im Urteilsprozeß peinlich genau abgewogen seien; denn ein Schuldner könne ja immer, auch nach dem Erlaß des Haftbefehls, dem Richter noch die Unrichtigkeit der Gläubigerangaben dartun, und ein Gläubiger, der einmal das Gericht angeführt habe, werde gewiß nie mehr einen Haftbefehl erreichen können (31. August). Und das letzte Wort behält wieder ein Anhänger der Schuldhaft mit einer Erzählung aus der Praxis eines der bekanntesten und beliebtesten englischen Richter, des Commissioner Kerr:

> "*I well remember a case before him, the particulars of which I tell against myself, as it supports some of the views of the "Abolitionists". I was proceeding against a debtor who I felt sure was well able to pay the debt of some £15, but whose means were most difficult to prove. After cross-examining the debtor without eliciting a single point in my favour, as he absolutely denied any means or property, I finally asked if he had no means how he managed to live and appear so flourishing. He promptly replied he was living on his friends. "All right", said the Commissioner, "your friends can pay your debts", and straight away committed him for forty days. This is the one and only case in which I ever obtained a committal without proof of means.*"

In der gleichen Richtung liegen die Fälle, die hier den Schluß der Erfahrungsreihe machen sollen.

Im Grafschaftsgericht Southwark, Dezember 1906, vor Judge Willis: Ein Arzt erscheint auf eine Judikatsklage des Drogisten über fünf Pfund; der Gläubiger stützt sein Verlangen nach dem Haftbefehl darauf, daß der Schuldner einen Diener habe. Den muß er haben und ein einladendes Sprechzimmer dazu, damit Patienten kommen. Er hat aber zugegeben, daß er raucht, daran kann er noch etwas sparen. Also vier Schillinge im Monat, und wenn er die nicht zahlt, einundzwanzig Tage Schuldgefängnis.

Im Grafschaftsgericht Brompton, 20. Oktober 1906, vor Sir William Selfe: Ein Rahmenfabrikant verfolgt den Maler Macbeth, R. A., als seinen Judikatsschuldner. Der Richter schlägt vor, der Beklagte solle seinem Gläubiger Bilder im Wert der Schuldsumme geben. Als der Solicitor des Künstlers meint, das ginge gegen die Würde eines Mitglieds der Akademie, erwidert der Richter: aber es geht gewiß auch gegen seine Würde, wenn er die Urteilsschulden nicht bezahlt, noch dazu seinem armen Einrahmer. Die Sache wird um einen Monat vertagt, um dem Schuldner eine Gnadenfrist zu geben, in der er die Anregung des Richters verwirklichen kann.

Vor dem Registrar Curtis, Marylebone, am 2. Dezember 1907: Eine Schneiderin klagt den Preis einer Bluse ein, deren Brauchbarkeit von der Bestellerin aus verschiedenen Gründen bestritten wird. Die Aussage einer Zuschneiderin läßt erkennen, daß die Beklagte wegen ihrer Kritteleien weithin bekannt und gefürchtet ist; im übrigen ist der schärfste Gegensatz zwischen den Aussagen der Parteien das Endergebnis der Verhandlung. Der Richter betrachtet das Corpus delicti und meint, er könne nicht finden, daß es unmodern geschnitten sei; also müsse die Beklagte, nachdem die Schneiderin nach ihrem Wunsch noch für besseren Sitz gesorgt habe, zahlen. Da aber offenbar die Beziehungen zwischen den Parteien sehr gespannt seien, wolle er vom Anspruch der Klägerin fünf Schilling abziehen, dafür möge die Beklagte sich von einer andern Schneiderin die Bluse ändern lassen.

Im Grafschaftsgericht Clerkenwell, vor Richter Edge, am 9. Juli 1907: Der Richter fragt, woher die Schuld stammt? Aus einem Verlöbnisbruch des Schuldners. Er ist Friseur und Tabakhändler; der Vertreter des Klägers war am letzten Samstag im Laden bei ihm und hat gesehen, daß das Geschäft floriert. Das ist kein Maßstab, sagt der Richter, Samstags gehen alle Leute zum Friseur, um sich für den Sonntag schön zu machen. Aber als der Schuldner sehr renitent ablehnt, sich auch nur zur geringsten Zahlung bereit zu erklären, legt ihm der Richter zehn Schilling im Monat auf:

wenn er in so ärmlichen Verhältnissen hat heiraten wollen, mag er jetzt auch zahlen (die Urteilssumme ist über hundert Pfund).

Richter Emden wollte im Grafschaftsgericht Lambeth am 19. September 1907 überhaupt keinen Haftbefehl erlassen, als der Schuldner ihm dartat, daß er in der Woche 30 Schilling verdient und davon eine Frau und vier Kinder ernährt. Der Gläubiger sagt, der Schuldner habe freiwillig die Zahlung in Raten von zehn Schilling im Monat versprochen; leiste er das nicht, so solle ihm mit der Schuldhaft gedroht werden. Nach einiger Weigerung des Richters — da doch die Haft nur der Frau und den Kindern schade — kommt eine Verfügung auf Zahlung von fünf Schilling im Monat zustande (Urteilssumme 146 Pfund); keine Kosten für den Kläger.

In *Kings Bench Division*, vor Justice Bigham, am 15. Mai 1907: Eine Putzmacherin klagt gegen den Marquis of Huntly, der sich für gänzlich vermögenslos ausgibt; die Kosten seines Haushalts — ungefähr hunderttausend Mark im Jahr — zahlt seine Frau. Diese hat auch den Gläubigern zwanzigtausend Mark im Jahr ausgeworfen, aber sie streiten sich um diese Beute, die nicht für alle Forderungen ausreicht, und eine Unzufriedene klagt deshalb jetzt allein. Aber der Schuldner weiß durch die Behauptung, daß er einen Doppelgänger besitze, der ein üppiges Leben führt und mit vielerlei Damen nächtlicherweile umherzieht —also jedenfalls nicht ganz von seiner Frau abhängig ist —, die Beweislage in bezug auf seine Mittellosigkeit unsicher zu machen, und da sein Anwalt außerdem erklärt, er habe die Urteilssumme für viel größer gehalten und könne sie schon in ein paar Wochen aufbringen, so gibt der Richter schließlich den Haftbefehl, aber mit der Weisung, daß er vier Wochen auf der Gerichtsschreiberei liegen bleibe *(let it lie in the office for a month)*.

Freilich würde, wollten wir aus diesen Einrichtungen und Gewohnheiten des englischen Prozesses eine Nutzanwendung zur Besserung unseres heimischen Rechts ziehen, dem Versuch dazu gleich ein vielgebrauchtes englisches Wort entgegengesetzt werden: *Men, not measures!* Das mag denn der Gesetzgeber sich überlegen, ob er mit neuen Maßregeln auch neue Männer zu ihrer Durchführung erziehen und bilden kann, oder ob er einem neuen Juristen-schlag überlassen will, neues Recht erst zu schaffen. Gewiß verderben ängstliche, falsche, kleinliche Diener den besten Willen des Herrn — aber ist der Vergleich des Gesetzgebers mit dem Herrn und der Richter mit seinen Dienern überhaupt zulässig und treffend? Gewiß sind freie, großzügige Sätze eines guten Rechts nur in der Hand eines Richters, der zugleich frei und stark ist, ein lebendiger Segen für das Volk; aber zeigt uns nicht die Erfahrung auch in jeder Stunde, wie sehr in Wirklichkeit der „Herr der Schöpfung" ein Sklave der Regel, der Gewohnheit, der Umgebung ist? Wie er gerade als kunstfertiger Techniker, als Erfinder mechanischer Werkzeuge, als gewandter Gesetzeskenner sich immer enger an die von ihm geschaffenen Dinge kettet, bis zuletzt nicht der Mensch die Dinge nach seinem Geist formt, sondern die Dinge den Menschen? Auf diese Fragen bleibt auch die sorgfältigste und vorurteilslose Untersuchung fremder Rechtszustände die Antwort schuldig. Sie kann uns zeigen, daß dort Freiheit des Richters vor dem Gesetz, starke und scharf geübte Richtergewalt und festes Vertrauen des Volkes auf die Richter Hand in Hand stehen; von anderen Ländern wissen wir, daß der Richter, eng vom Gesetz gebunden und ohne Herrschaft über den Streit der Parteien, dennoch mit Mißtrauen betrachtet wird. Wie dieses zu ändern und jenes zu erreichen ist, das kann keine Erkenntnis und kein Buch sagen, dazu gehört genau um so viel mehr als Erkenntnis, wie zu einem guten Richter mehr gehört als juristische Kenntnisse.

Die eine Konzession machen wir aber jener Persönlichkeitentheorie zum Schluß gern, daß wir nach allen Prozeßbeispielen und Tatbeständen noch das Bild eines englischen Richters zu zeichnen suchen, eines Mannes, den das vorige Jahrhundert zu seinen größten und besten Juristen zählen kann.

Am 6. Oktober 1907 ist, 90 Jahre alt, Lord Brampton gestorben. Er ist der Sohn eines nicht eben vermögenden Solicitors vom Lande, John Hawkins in Hitchin, gewesen; mit 22 Jahren hat er, nach einigem Schwanken zwischen dem Schauspielerberuf und der *bar*, im Middle Temple die juristische Laufbahn begonnen, von seinem Vater mit 100 Pfund Taschengeld im Jahr ausgerüstet und mit einer fast unbändigen Lust am Leben in allen seinen Formen, die ihn auch später noch als sachverständigen und passionierten Liebhaber an den nationalen Sportkämpfen, Pferderennen und *prize-fights* teilnehmen ließ. Er hat, nach einer Karenzzeit im Chambers-Vorverfahren, sein Glück als Anwalt in den Enteignungsprozessen für öffentliche Anlagen und Bauten gemacht, schon damals ein gefürchteter Gegner für jeden „*bogus claim*"; dann fielen ihm ungewöhnliche Strafprozesse zur Verteidigung zu, vor allem die Staatsaktion gegen den Komplizen Orsinis, Dr. Bernard. 1869 ward er königlicher Rat, und bald darauf feierte er seinen höchsten Triumph als Kronanwalt im *Tichborne Case.* Über 20 Jahre, von 1876 bis 1898, hat er die Richterwürde am *High Court* innegehabt, zuerst im *Exchequer*, dann in der *Queens Bench* und dabei natürlich auch als Circuit-Richter — einer von denen, die im ganzen Land auf ihren Reisen als hohe Gäste mit Freuden eingeholt und gefeiert waren. Als der Ruf zum Richteramt an ihn kam, war er schon ein reicher Mann, der die Rieseneinkünfte seiner Praxis an den verhältnismäßig kleinen Richtergehalt ohne Bedenken tauschen konnte. Als er sich, über 80 Jahre alt, zur Ruhe setzte, erhielt er die Peerswürde als Baron Brampton; ein naher Freund des Kardinals Manning, war er an seinem Lebensende noch zum Katholizismus übergetreten; mit dem besonderen Segen des Papstes, von seinem König betrauert, ist er gestorben und in einer von ihm gestifteten Kapelle der Westminster-Kathedrale beigesetzt worden, im fürstlichen Geleit der hohen Richter, die eben zur Eröffnung des neuen Gerichtsjahres versammelt waren. Das Land hallte wider von Lob und von guter Erinnerung an ihn; in den *Shrewsbury Quarter Sessions*, die eben tagten, pries der *Recorder* ihn als den größten Kriminalrichter unserer Tage: *had all criminal cases come before him we would have heard nothing about a Court of Criminal Appeal!* Ein Parlamentarier, der mit den Juristen des Landes seit Jahrzehnten in der Fehde liegt, weil er seine Prozesse selbst ohne Anwalt durchzufechten liebt, Horatio Bottomley, hat Hawkins als den gerechtesten Richter gerühmt, mit dem er zu tun bekommen. Die Zeitungen stimmten in das Lob des Toten ein:

„Niemand kann seine besondere Urteilskraft in allen Rechtsangelegenheiten bestreiten; er war ein großer Anwalt, und sofern das möglich ist, war er noch größer als Richter. Aber sein Ruhm ruht auf anderen Fähigkeiten als auf denen, die ihn zu einem Meister juristischer Technik machten. Sir Henry Hawkins war, über allem anderen, ein Weltmann im besten Sinn dieses ein wenig zweifelhaften Ausdrucks; ihm war jenes seltene natürliche Unterscheidungsvermögen zu eigen, das ihn, ausgebildet und geläutert durch lange und mannigfache Erfahrung, daran hinderte, jemals die Gebote der Billigkeit den engeren Erfordernissen des strengen Rechts zu opfern. Er war ein Weltmann, unter anderem auch deshalb, weil er jede Gelegenheit ergriff, seine Kenntnis der Menschheit in ihren verschiedensten Gestalten zu erweitern. Er war ein Sportsmann, den man bei Tattersall und auf Newmarket Heath gut kannte; durchaus kein engherziger, pedantischer, doktrinärer Richter, sondern einer, der sein juristisches Urteil durch den offenen Menschenverstand und das Gefühl natürlicher Gerechtigkeit temperierte... Er hatte eine Kenntnis der Menschennatur wie wenige außer ihm und konnte deshalb mit meisterlichem Geschick den Unterschied zwischen verwirrter Unschuld und verbissenem Schuldbewußtsein aufdecken.

Niemand war milder als er gegen die unglücklichen Wesen, die, im letzten Grunde durch anderer Schuld, im Gedränge des Lebens gestrauchelt und in Verbrechen verwickelt worden waren. Wenn eine Frau sich und ihr Kind zu ertränken versuchte, weil ihr Schande vor den Augen stand, dann war Richter Hawkins der Erste, der ihr die Hand gab und ihr die Möglichkeiten der Vergebung und Besserung aufdeckte. Dafür haßte er aber von ganzer Seele die Roheit, die verbrecherische Rücksichtslosigkeit und die Heuchelei in jeder Form, und ihnen war er der unerbittlichste Richter.

Viele Jahre hindurch und weit im Land herum kannte man ihn als den „*hanging judge*". Das war ein sonderbarer Übername für den Mann, der ein liebevoller Freund der

Tiere war, der für die Schwachen und Bedrückten immer Mitleid und Hilfe bereit hatte und der als Mensch einer der gütigsten war. Aber der Name bezeichnete doch eine wirkliche und wertvolle Note in seinem Temperament...., er gab an, daß Hawkins der geschworene Feind von Humbug und falscher Sentimentalität in jeder ihrer proteusartigen Verwandlungen war. Darum konnte man ihn auch als Anhänger der Prügelstrafe anführen hören...

Er war ein vollkommen furchtloser Mann....; er war niemals in seiner Amtswürde befangen, kein Bureaukrat....; was er tat, das tat er ganz. In einem Provinzblatt stand einmal eine Schilderung seines Wesens, die, oft wiederholt, auch immer der Wiederholung wert ist: "*An upright judge?*", fragte die Zeitung; "*... he is more than that. He is a seer of men and things, a distinguished member of the Jockey Club, a good sportsman, and a man of the world. Whatever his hand has found to do he has done it with his might. Hats off to Sir Henry Hawkins! There are few men like him in this waning age.*"

Aber am besten schildert er sich selbst in den Lebenserinnerungen, die er einem befreundeten Anwalt in die Feder gegeben hat [100]: in seinem Wesen so ganz und gar das Gegenteil alles Konventionellen und Prätentiösen, in seinem Verkehr mit den Menschen so vorurteilsfrei und immer darauf bedacht, nichts Menschliches sich fremd sein zu lassen, in seinen Urteilen ein Wahrer des richtigen Rechts, wie es ihm aus den Menschen und Dingen im Gerichtssaal entgegenscheint. Also mache er uns den Schluß:

„...Das dritte Jahr meiner Anwaltspraxis kam, und da fand ich zu meiner großen Freude, daß ich mehr einnahm als die 100 Pfund, die mir mein Vater verwilligt hatte. Schrieb ihm also und

---

[100]) Vgl. oben S. 135 Anm. 85. Ähnliche Juristenbiographien aus den letzten Jahren: Sir Leslie Stephen, *The Life of Sir James Fitzjames Stephen, Bart., K.C.S.J., a Judge of the High Court of Justice* (Smith Elder & Co., 1907); Pitt Lewis, *Commissioner Kerr, an Individuality* (1903); F. M. Thomas, *Fifty years of Fleet Street, the Life and Recollections of Sir J. R. Robinson* (1904).

informierte ihn, mit aller schuldigen Dankbarkeit, daß ich seiner Hilfe nicht länger bedürfe. Von dem Tag an habe ich keinen Pfennig mehr in meinem ganzen Leben gehabt, den ich mir nicht selber verdient hätte.

Ich bin sicher, daß ich darauf stolzer war als auf meine Peerswürde. Denn damals habe ich zuerst den frohen Stolz der Unabhängigkeit empfunden. Keine Frucht der Arbeit ist so süß als diese (S. 17).

. . . . . .

(Von einem kuriosen alten Trödler, Geldleiher und Hundefänger sprechend.) Ich glaube wohl, er war ein rechter Lump, aber da er lange zur großen Mehrheit gegangen ist, mag das auf sich beruhen. Ein Ding war an Sam, das bewunderte ich: in ihm war auch nicht die kleinste Spur von Heuchelei und Frömmelei. Er hatte gar keine Religion, handelte aber nach dem Satz, daß ein Abkommen ein Abkommen ist und zwischen Mann und Mann ausgeführt werden muß. Das war seine Idee, und da ich ihn immer treu in ihr gefunden habe, habe ich ihn auch danach respektiert und nenne seinen Namen als den eines wirklich ehrlichen Mannes unter den wenigen, die mir davon im Leben begegnet sind (S. 28).

. . . . . .

Ich meine, es ist eine Schande und ein Spott, kleine Kinder zu vereidigen, von denen man nicht erwarten kann, daß sie auch nur die Worte des Eides verstehen, geschweige seinen Sinn. Wie sollen sie die Phrasen der Eidesformel begreifen? Manchem Erwachsenen geht's damit nicht besser. Sicherlich wäre eine einfache Wendung wie: Ihr schwört bei Gott, die Wahrheit zu sagen, viel besser, und am besten, man strafte das falsche Zeugnis ohne Eid (S. 229).

. . . . . .

Das Fehlen eines Motivs ist immer ein Hauptargument für die menschlichen Leute, denen der Mörder so leid tut und sein Opfer gar nicht.... Einen angemessenen Grund zum Morden hat es freilich nie gegeben. Aber es ist auch nie eine Missetat begangen oder eine Handlung ausgeführt worden ohne irgendeinen Grund. Ich war nie hartherzig gegen einen Angeklagten. Der kleinste

Grund zur Milderung hat mich immer zur Aufnahme bereit gefunden. Aber Grausamkeit bei Mann oder Weib hat in mir einen unbeugsamen Richter gehabt.... Ein Mann war überführt, ein Mädchen mit nicht weniger als 38 Messerstichen getötet zu haben. Wieder bestürmten die Menschenfreunde den Staatssekretär: „Kein Mensch, der bei Sinnen ist, könnte so grausam sein; und dann sein wirres, verrücktes Benehmen auf der Anklagebank... und zuletzt der Arzt, der nach der Verhandlung sein Gutachten gegeben hat!" Ich wurde befragt und schrieb ehrlich meine Meinung, daß ich den Mann in der Verhandlung genau beobachtet und überzeugt bin, er simuliert Wahnsinn. Und er simuliert ihn so ungeschickt, daß gerade dadurch kein Zweifel an seiner Gesundheit blieb.... Ich habe dann auch berichten müssen, daß der Arzt, der ihm die Geisteskrankheit bescheinigte, das getan hat, ohne ihn gesehen zu haben. — Er ist gehängt worden (S. 251).

. . . .

In einer Provinzstadt kam ein armes Weib vor mich unter der Klage des Kindesmordes. Die Tatsachen waren so einfach, daß sie mit ein paar Worten erzählt sind. Ihr Kleines war eine Woche alt und die unglückliche Mutter, die der Last der Schande nicht mehr gewachsen war, lief nachts in einen Fluß, das Kind in ihren Armen. Sie war tief genug gekommen, daß das Kleine ertrank, während sie selber von einem Kahnfahrer herausgezogen wurde. ...In der Verhandlung war nur eine Verteidigung gegen die Anklage des überlegten Mordes möglich, und die durfte ich nach meinem Gewissen nicht zulassen. Die Frau hatte einen jungen Anwalt, dem ich vorschreiben konnte, wie er die Sache führen sollte. Ich habe mit anderen Worten die Angeklagte selbst verteidigt. Ich wollte das Urteil vermeiden, das einer Freisprechung wegen Unzurechnungsfähigkeit hätte folgen müssen und das für sie vielleicht lebenslängliche Einsperrung bedeutet hätte. Ich nahm es auf mich, vom regelrechten Weg abzugehen, und fragte die Geschworenen; ob, ohne geisteskrank im gewöhnlichen Sinn zu sein, die Frau nicht zur Zeit der Tat vielleicht so aufgeregt gewesen sein möge, daß sie nicht wußte, was sie tat. Ich kam um die technische Formel: gesund oder geisteskrank? auf die Art herum und erreichte ein Verdikt auf Schuldig, aber daß die Frau nicht verantwortlich für ihr Handeln gewesen sei, und eine dringende Empfehlung zur Begnadigung. Dieser Spruch war, wenn er auch den strengsten juristischen Wortfuchsereien nicht genügte, doch nach der Gerechtigkeit ein Wahrspruch. Ich war eben daran, das Urteil nach dem Gesetz zu verkünden — denn das ging nicht anders, so ungern ich daran glaubte — als der bejahrte *High Sheriff*, ganz Wichtigkeit und Würde, mich anrief: „Mylord, wollen Sie denn nicht die schwarze Kappe aufsetzen?" „Nein, sagte ich, das will ich nicht. Ich will nicht, daß das arme Ding gehängt wird, und will sie auch nicht auf den Tod erschrecken." Und sie beim Namen aufrufend, sagte ich: „Gebt nicht acht auf das, was ich lese. Geschehen wird Euch nichts. Ich bin überzeugt, daß Ihr in Eurer großen Not nicht gewußt habt, was Ihr tut." Und dann bin ich über die Worte des Todesurteils weggeschlurrt, wohl Achtung gebend, daß die Arme sie nicht verstehen könne — sehr zum Leidwesen des Sheriffs und zur Minderung seines hohen Amts und seiner Würde (S. 273 ff.).

. . . . . .

Ich erinnere mich an einen seltsamen Fall von Bigamie, doppelter Bigamie, der in Derby vor mich kam. Die Geschichte war die, daß ein unglückseliges Pärchen zwanzig Jahre vor jener Verhandlung geheiratet hatte, um eine Woche darauf herauszufinden, daß keinem am anderen was lag. Es wäre schöner gewesen, wenn sie das acht Tage früher bedacht hätten; aber nun war es geschehen, und sie taten noch das Gescheiteste, was sie tun konnten, trennten sich und sahen sich nicht wieder, bis sie vor mir im Dock zusammenkamen, sehr gegen ihre Absicht. Und die Geschichte ihres Lebens war: der Mann hat ein paar Jahre einzeln gelebt, dann sich eine Gefährtin genommen und sie, wie er hörte, seine Frau hätte sich wieder verheiratet, auch geehelicht.

Jetzt, wenn ein Richter unmoralisches Leben zu strafen hätte, war das eine schöne Gelegenheit. Aber das überläßt das Recht einer geistlichen oder noch einer anderen Gerichtsbarkeit. Der Richter hat mit dem Bruch des Rechts zu tun und zu strafen nach dem Maß des Vergehens gegen die Gesellschaft — nicht einmal nach der Verletzung des einzelnen.

Da die Angeklagten sich schuldig bekannten, fragte ich bei der Polizei und anderen Leuten nach ihnen und erfuhr, daß alle vier ehrlich und in harter Arbeit ihr Leben zugebracht hatten. Man konnte keinen Tadel an ihrem Wandel finden. Ihre Bekannten achteten sie. Dann fragte ich danach, wie es herausgekommen sei, daß diese Leute, die friedlich und glücklich lebten, schon vorher verheiratet waren. "*Oh, Mylord*", sagte ein Polizist "*there was a hinquest on a babby, which was the female prisoner's babby and what had died. Then it come out afore Mr. Coroner, Mylord, and he ordered the woman into custody, and then the man was took.*" Ich dachte mir, sie hätten Strafe genug gehabt für ihr Vergehen, und gab ihnen kein Gefängnis, sondern ließ sie auf Parole frei.

Nun kam aber m e i n Urteil: Der Geistliche im Bezirk, in dem das schreckliche Verbrechen entdeckt worden war, fühlte offenbar, daß er jahrelang in der schrecklichsten Gefahr gelebt hatte; diese Menschen waren in seine Kirche gegangen, und er durfte ruhig annehmen, daß sie um Verzeihung gebetet hatten unter dem gleichen Dach, unter dem er seine Andacht hielt! Er sagte, ich hätte etwas Feines gemacht, die Sünde und Immoralität zu ermutigen, und was sollte aus der Menschheit werden, wenn die Richter nicht mehr strafen wollten? Ich habe später erfahren, daß er von der Kanzel herunter mich mit den strengsten Worten denunziert hatte (obwohl ich zu seiner Gerechtigkeit sagen muß, daß er wenigstens gegen die armen Leute, die ich freigesprochen hatte, nicht die gleichen Schmähungen ausstieß). Das ärgste Verbrechen von mir schien es ihm zu sein, daß ich den Anklägern keinen Kostenersatz bewilligt hatte; das sei eine direkte Aufreizung zur Bigamie.

Ich war eben der Meinung, daß die, die eine Verfolgung von solcher Art lieben — wer sie auch waren — auch für diesen Luxus zahlen dürften, und so habe ich s i e in die Kosten verurteilt (S. 282 ff.).

. . . . . .

Ich führte den Vorsitz in der Old-Bailey-Session und der Prozeß eines Strafgefangenen kam vor mich, der gerade zwei Jahre

Gefängnis mit Zwangsarbeit für irgend ein Vergehen gegen die Reichspost absaß. Jetzt hieß die Anklage: Mordversuch gegen einen Gefängniswärter, der im Dienst in der Zelle des Täters war, als der ihn überfiel. Die Tatsachen, auf die der Kronanwalt sich verließ, waren einfach genug: Der Wärter war in die Zelle gegangen, um das Eßgeschirr zu bringen; da hatte der Gefangene das Messer genommen und war unter wilden Verwünschungen auf ihn losgegangen. Der Wärter war, in der Angst um sein Leben, zur Tür gerannt und auf den Gang entwischt, die Tür hinter sich zuwerfend; der Gefangene aber hatte einen Stoß hinter ihm her geführt, dessen Zeichen in der Tür zeigte, wie heftig er war und wie er gewirkt hätte, wenn er dem Wärter in den Leib gegangen wäre. — So sah der Fall sehr ernst aus. Mr. Montagu Williams, der Anwalt für die Krone, hielt es aber — wie es ja auch wirklich war — für seine Pflicht, nicht nur die Tatsachen anzuführen, die seine Anklage stützten, sondern auch die Gründe, die zugunsten des Angeklagten sprechen könnten, ans Licht zu bringen; und so hörten wir von dem Zeugen eine rührende Geschichte vom Ursprung dieses Verbrechens, die ging so:

Eine arme kleine Maus hatte es irgendwie fertig gebracht, in die Zelle des Gefangenen zu kommen; und eines Tags, wie er seine Gefängniskost verzehrte, sah er sie, wie sie furchtsam am Boden hinrannte. Zuletzt wagte sie sich an ein paar Krumen, die er ihr hingelegt hatte, und trug sie eilig in ihr Versteck. Am nächsten Tag kam sie wieder und fand mehr Krumen und so fort von Tag zu Tag; der Mann versuchte das drückende Einerlei und die elende Einsamkeit sich zu erleichtern, indem er das Tier lockte, ihm zu vertrauen und sein Gesell und Freund zu sein. Am Ende war die Maus so zahm, daß sie sich ein kleines Nest machte; im Ärmel des Gefangenenkleids wohnte sie, spielte und aß mit ihm bei Tag und schlief des Nachts bei ihm.

Das war natürlich gegen die Gefängnisregeln; aber die Maus hatte ja keine Ursache, sie zu beobachten.

An einem Unglückstag kam der Wärter in die Zelle, als die kleine Maus gerade aus ihrem Versteck hervorguckte, und gleich griff der Beamte, gewiß im Eifer seiner Pflicht, nach ihr und fing sie. Gott gnade der Welt, wenn jeder seine strenge Pflicht in ihr täte! Der Wärter tötete die arme kleine Maus vor den Augen des Mannes, dessen Freund und Genosse sie gewesen war. Das brachte ihn so in Wut, daß er mit dem Messer in seiner Hand — dem Messer, das bei der Mahlzeit der Maus wie bei seiner eigenen die Speisen hätte schneiden sollen — sich auf den Wärter warf, der noch glücklich entkam, und die Klinge in die Tür bohrte.

So kam der Gefangene dazu, des Mordversuchs angeklagt zu sein. Die Verteidigung ging darauf aus, daß der Versuch nicht dargetan werden könne, weil der Gedanke an Mord selbst unter den Umständen ausgeschlossen sei, und auf die Autorität einer Entscheidung hin — die übrigens seitdem umgestoßen worden ist — konnte ich ihn freisprechen; und ich bekenne, daß ich darüber nicht traurig war, denn es wäre ein böses Ding gewesen, hätte der Mann Strafe leiden müssen für eine Tat, die er in so großer und natürlicher Erregung begangen hat. Der arme Kerl hat ohne Strafe genug gelitten. Ich kann mir nichts Schärferes denken als die Qual seiner Rückkehr in die Zelle, in der er über die kleine Freundin trauert, die nicht mehr zu ihm kommt (S. 307—309).

. . . . .

Ich möchte noch eins hinzufügen. Man sollte nicht annehmen, daß ein Verurteilter ein ganz schlechter Mensch ist, weil er Schimpfworte gegen den Richter ausstößt. Er mag darum doch nicht ganz schlecht und über jede Hoffnung auf Besserung hinaus sein (S. 346).

Criminal Appeal Act, 1907.[1]

[7 Edw 7. Ch. 23.]

CHAPTER 23.

An Act to establish a Court of Criminal Appeal and to amend the Law relating to Appeals in Criminal Cases. (28th August 1907.)

Be it enacted by the King's most Excellent Majesty, by and with the advice and consent of the Lords Spiritual and Temporal, and Commons, in this present Parliament assembled, and by the authority of the same, as follows: —

Court of Criminal Appeal.

Das Appellgericht in Kriminalsachen wird eingesetzt, besteht aus dem Lordoberrichter und 8 von ihm ernannten Richtern der King's Bench Division.

1. — (1) There shall be a Court of Criminal Appeal, and the Lord Chief Justice of England and eight judges of the King's Bench Division of the High Court, appointed for the purpose by the Lord Chief Justice with the consent of the Lord Chancellor for such period as he thinks desirable in each case, shall be judges of that court.

Das Appellgericht wird nach Verordnung

(2) For the purpose of hearing and determining appeals under this Act, and for the purpose of any

---

[1]) Nach der Ausgabe der Regierungsdruckerei. Das Original hat ein Verzeichnis der Titel von Abschnitten und Sektionen, das hier weggelassen ist, und kurze Rubrizierungen am Rand; diese sind hier durch ausführlichere Angaben über den Inhalt der einzelnen Vorschriften ersetzt.

des Lordoberrichters einberufen und urteilt in der Besetzung mit wenigstens drei Richtern in ungerader Richterzahl.

other proceedings under this Act, the Court of Criminal Appeal shall be summoned in accordance with directions given by the Lord Chief Justice of England with the consent of the Lord Chancellor, and the court shall be duly constituted if it consists of not less than three judges and of an uneven number of judges.

Bildung von Senaten.

If the Lord Chief Justice so directs, the court may sit in two or more divisions.

Gerichtsort.

The court shall sit in London except in cases where the Lord Chief Justice gives special directions that it shall sit at some other place.

Vorsitz.

(3) The Lord Chief Justice, if present, and in his absence the senior member of the Court, shall be president of the court.

Die Entscheidungen werden mit einfacher Mehrheit der den Fall hörenden Richter getroffen.

(4) The determination of any question before the Court of Criminal Appeal shall be according to the opinion of the majority of the members of the court hearing the case.

Regelmäßig verkündet der Vorsitzende die Entscheidung; getrennte Entscheidungen der einzelnen Richter sind nur ausnahmsweise bei einer Rechtsfrage zulässig.

(5) Unless the court direct to the contrary in cases where, in the opinion of the court, the question is a question of law on which it would be convenient that separate judgments should be pronounced by the members of the court, the judgment of the court shall be pronounced by the president of the court or such other member of the court hearing the case as the president of the court directs, and no judgment with respect to the determination of any question shall be separately pronounced by any other member of the court.

In Fällen von besonderem öffentlichem Interesse können Ankläger und Angeklagter mit Attest des Attorney General vom Appellgericht an das House of Lords appellieren.

(6) If in any case the director of public prosecutions or the prosecutor or defendant obtains the certificate of the Attorney General that the decision of the Court of Criminal Appeal involves a point of law of exceptional public importance, and that it is desirable in the public interest that a further appeal should be brought, he may appeal from that decision

to the House of Lords, but subject thereto the determination by the Court of Criminal Appeal of any appeal or other matter which it has power to determine shall be final, and no appeal shall lie from that court to any other court.

(7) The Court of Criminal Appeal shall be a superior court of record, and shall, for the purposes of and subject to the provisions of this Act, have full power to determine, in accordance with this Act, any questions necessary to be determined for the purpose of doing justice in the case before the court.

Hierarchischer Rang des Appellgerichts. Jurisdiktion.

(8) Rules of court shall provide for securing sittings of the Court of Criminal Appeal, if necessary, during vacation.

Feriensitzungen.

(9) Any direction which may be given by the Lord Chief Justice under this section may, in the event of any vacancy in that office, or in the event of the incapacity of the Lord Chief Justice to act from any reason, be given by the senior judge of the Court of Criminal Appeal.

Vertretung des Lordoberrichters.

2. There shall be a Registrar of the Court of Criminal Appeal (in this Act referred to as the Registrar) who shall be appointed by the Lord Chief Justice from among the Masters of the Supreme Court acting in the King's Bench Division, and shall be entitled to such additional salary (if any), and be provided with such additional staff (if any), in respect of the office of Registrar as the Lord Chancellor, with the concurrence of the Treasury, may determine.

Einsetzung eines Registrar beim Appellgericht (vgl. artt. 8, 15, 18[2]).

The senior Master of the Supreme Court shall be the first Registrar.

Right of Appeal and Determination of Appeals.

3. A person convicted on indictment may appeal under this Act to the Court of Criminal Appeal —

Jeder auf indictment Verurteilte kann appellieren

a) gegen seine Verurteilung auf jeden Appellgrund, der reine Rechtsfrage ist;
b) mit Erlaubnis des Appellgerichts oder auf Attest des Unterrichters gegen seine Verurteilung auf irgendeinen Appellgrund (auch reine Tatfrage);
c) mit Erlaubnis des Appellgerichts gegen das Strafurteil, das auf seine Verurteilung hin ergangen ist, es sei denn, daß dieses Urteil im Gesetz fest bestimmt war.

(*a*) against his conviction on any ground of appeal which involves a question of law alone; and

(*b*) with the leave of the Court of Criminal Appeal or upon the certificate of the Judge who tried him that it is a fit case for appeal against his conviction on any ground of appeal which involves a question of fact alone, or a question of mixed law and fact, or any other ground which appears to the court to be a sufficient ground of appeal; and

(*c*) with the leave of the Court of Criminal Appeal against the sentence passed on his conviction, unless the sentence is one fixed by law.

Der Appell gegen die Verurteilung ist zuzulassen, wenn das Verdikt unverständig ist oder vom Beweis nicht getragen wird, oder wenn das Gerichtsurteil eine Rechtsfrage falsch entscheidet oder sonst ein schwerer Justizirrtum vorliegt; in allen anderen Fällen ist der Appell abzuweisen.

Er **kann** auch stets abgewiesen werden, wenn kein schwerer Justizirrtum vorliegt.

4. — (1) The Court of Criminal Appeal on any such appeal against conviction shall allow the appeal if they think that the verdict of the jury should be set aside on the ground that it is unreasonable or cannot be supported having regard to the evidence, or that the judgment of the court before whom the appellant was convicted should be set aside on the ground of a wrong decision of any question of law or that on any ground there was a miscarriage of justice, and in any other case shall dismiss the appeal:

Provided that the court may, notwithstanding that they are of opinion that the point raised in the appeal might be decided in favour of the appellant, dismiss the appeal if they consider that no substantial miscarriage of justice has actually occurred.

Wird der Appell zugelassen, so wird ein freisprechendes Urteil in das Urteilsregister eingetragen.

(2) Subject to the special provisions of this Act, the Court of Criminal Appeal shall, if they allow an appeal against conviction, quash the conviction and direct a judgment and verdict of acquittal to be entered.

Beim Appell gegen das Urteil soll der

(3) On an appeal against sentence the Court of Criminal Appeal shall, if they think that a different

sentence should have been passed, quash the sentence passed at the trial, and pass such other sentence warranted in law by the verdict (whether more or less severe) in substitution therefor as they think ought to have been passed, and in any other case shall dismiss the appeal.

Appellhof, wenn er meint, daß ein anderes Urteil hätte gefällt werden sollen, das Urteil kassieren und statt dessen das rechte Urteil sprechen.

5. — (1) If it appears to the Court of Criminal Appeal that an appellant, though not properly convicted on some count or part of the indictment, has been properly convicted on some other count or part of the indictment, the court may either affirm the sentence passed on the appellant at the trial, or pass such sentence in substitution therefor as they think proper, and as may be warranted in law by the verdict on the count or part of the indictment on which the court consider that the appellant has been properly convicted.

Der Appellhof kann, wenn der auf einen Teil des indictment zu Unrecht Verurteilte auf einen anderen Teil des indictment schuldig erscheint, das Urteil bestätigen oder abändern.

(2) Where an appellant has been convicted of an offence and the jury could on the indictment have found him guilty of some other offence, and on the finding of the jury it appears to the Court of Criminal Appeal that the jury must have been satisfied of facts which proved him guilty of that other offence, the court may, instead of allowing or dismissing the appeal, substitute for the verdict found by the jury a verdict of guilty of that other offence, and pass such sentence in substitution for the sentence passed at the trial as may be warranted in law for that other offence, not being a sentence of greater severity.

Hätte der Appellant auf das indictment eines andern Delikts schuldig gesprochen werden können, als dessen, für das er verurteilt worden ist, so kann das Appellgericht ein Urteil wegen jenes Delikts an die Stelle des angegriffenen Urteils setzen.

(3) Where on the conviction of the appellant the jury have found a special verdict, and the Court of Criminal Appeal consider that a wrong conclusion has been arrived at by the court before which the appellant has been convicted on the effect of that verdict, the Court of Criminal Appeal may, instead of allowing the appeal, order such conclusion to be

Bezieht sich auf falsche Schlüsse des unteren Gerichts aus einem Special Verdict der Jury.

recorded as appears to the court to be in law required by the verdict, and pass such sentence in substitution for the sentence passed at the trial as may be warranted in law.

Findet der Appellhof, daß der Verurteilte zur Deliktszeit geisteskrank war, so kann er das Urteil aufheben und den Täter in eine Irrenanstalt verweisen.

(4) If on any appeal it appears to the Court of Criminal Appeal that, although the appellant was guilty of the act or omission charged against him, he was insane at the time the act was done or omission made so as not to be responsible according to law for his actions, the court may quash the sentence passed at the trial and order the appellant to be kept in custody as a criminal lunatic under the Trial of Lunatics Act, 1883, in the same manner as if a special verdict had been found by the jury under that Act.

Die Eigentumsrestitution als Folge einer Verurteilung bleibt bis zum Ablauf der Berufungsfrist oder bis zur Entscheidung über die Berufung aufgeschoben.

6. The operation of any order for the restitution of any property to any person made on a conviction on indictment, and the operation in case of any such conviction, of the provisions of subsection (1) of section twenty-four of the Sale of Goods Act, 1893, as to the re-vesting of the property in stolen goods on conviction, shall (unless the Court before whom the conviction takes place direct to the contrary in any case in which, in their opinion, the title to the property is not in dispute) be suspended —

(*a*) in any case until the expiration of ten days after the date of the conviction; and

(*b*) in cases where notice of appeal or leave to appeal is given within ten days after the date of conviction, until the determination of the appeal;

and in cases where the operation of any such order, or the operation of the said provisions, is suspended until the determination of the appeal, the order or provisions, as the case may be, shall not take effect as to the property in question if the conviction is quashed on appeal. Provision may be made by rules of court for securing the safe custody of any property, pending the suspension of the operation of any such order or of the said provisions.

(2) The Court of Criminal Appeal may by order annul or vary any order made on a trial for the restitution of any property to any person, although the conviction is not quashed; and the order, if annulled, shall not take effect, and, if varied, shall take effect as so varied.

Das Appellgericht kann die Restitutionsverfügung der unteren Instanz aufheben und ändern, auch wenn das erste Urteil nicht aufgehoben wird.

Procedure.

7. — (1) Where a person convicted desires to appeal under this Act to the Court of Criminal Appeal, or to obtain the leave of that Court to appeal, he shall give notice of appeal or notice of his application for leave to appeal in such manner as may be directed by rules of court within ten days of the date of conviction: Such rules shall enable any convicted person to present his case and his argument in writing instead of by oral argument if he so desires. Any case or argument so presented shall be considered by the court.

Die Form der Berufung (schriftlich oder mündlich) wird durch Gerichtsregel bestimmt. Die Frist beträgt 10 Tage.

Except in the case of a conviction involving sentence of death, the time within which notice of appeal or notice of an application for leave to appeal may be given, may be extended at any time by the Court of Criminal Appeal.

(2) In the case of a conviction involving sentence of death or corporal punishment —

Besonderheiten beim Todesurteil.

(*a*) the sentence shall not in any case be executed until after the expiration of the time within which notice of appeal or of an application for leave to appeal may be given under this section; and

(*b*) if notice is so given, the appeal or application shall be heard and determined with as much expedition as practicable, and the sentence shall not be executed until after the determination of the appeal, or, in cases where an application for leave to appeal is finally refused, of the application.

Der Unterrichter soll dem Registrar des Appellgerichts seine Aufzeichnungen über das Verfahren einreichen und ihm einen Bericht erstatten, wenn appelliert oder um Erlaubnis zum Appellieren gebeten wird.

8. The judge or chairman of any court before whom a person is convicted shall, in the case of an appeal under this Act against the conviction or against the sentence, or in the case of an application for leave to appeal under this Act, furnish to the Registrar, in accordance with rules of court, his notes of the trial; and shall also furnish to the Registrar in accordance with rules of court a report giving his opinion upon the case or upon any point arising in the case.

Das Appellgericht kann jede Urkunde und jedes Augenscheinsobjekt, dessen es bedarf, vorlegen lassen. Es kann jeden Zeugen hören oder durch ersuchten Richter hören lassen, der in dem Verfahren zeugnispflichtig war oder sich freiwillig zum Zeugnis erbietet, auch wenn der Zeuge in der ersten Instanz nicht gehört wurde.

9. For the purposes of this Act, the Court of Criminal Appeal may, if they think it necessary or expedient in the interest of justice, —

(*a*) order the production of any document, exhibit, or other thing connected with the proceedings, the production of which appears to them necessary for the determination of the case; and

(*b*) if they think fit order any witnesses who would have been compellable witnesses at the trial to attend and be examined before the court, whether they were or were not called at the trial, or order the examination of any such witnesses to be conducted in manner provided by rules of court before any judge of the court or before any officer of the court or justice of the peace or other person appointed by the court for the purpose, and allow the admission of any depositions so taken as evidence before the court; and

(*c*) if they think fit receive the evidence, if tendered, of any witness (including the appellant) who is a competent but not compellable witness, and, if the appellant makes an application for the purpose, of the husband or wife of the appellant, in cases where the evidence of the husband or wife could not have been given at the trial except on such an application; and

(*d*) where any question arising on the appeal involves prolonged examination of documents or accounts, or any scientific or local investigation, which cannot in the opinion of the court conveniently be conducted before the court, order the reference of the question in manner provided by rules of court for inquiry and report to a special commissioner appointed by the court, and act upon the report of any such commissioner so far as they think fit to adopt it; and

Kommissarische Beweiserhebung.

(*e*) appoint any person with special expert knowledge to act as assessor to the court in any case where it appears to the court that such special knowledge is required for the proper determination of the case;

Zuziehung sachverständiger Beisitzer.

and exercise in relation to the proceedings of the court any other powers which may for the time being be exercised by the court of appeal on appeals in civil matters, and issue any warrants necessary for enforcing the orders or sentences of the court: Provided that in no case shall any sentence be increased by reason of or in consideration of any evidence that was not given at the trial.

Jedoch darf das Urteil auf Grund neuer Beweise nicht verschärft werden.

10. The Court of Criminal Appeal may at any time assign to an appellant a solicitor and counsel or counsel only in any appeal or proceedings preliminary or incidental to an appeal in which, in the opinion

Zuteilung von Solicitor und Anwalt an den Appellanten.

of the court, it appears desirable in the interests of justice that the appellant should have legal aid, and that he has not sufficient means to enable him to obtain that aid.

Der Appellant hat, auch wenn er in Haft ist, das Recht persönlichen Erscheinens außer beim Appell auf reine Rechtsfrage hin. Das Gericht kann ihm die Anwesenheit auch in diesem Fall und bei den Vorverhandlungen gestatten.

11.— (1) An appellant, notwithstanding that he is in custody, shall be entitled to be present, if he desires it, on the hearing of his appeal, except where the appeal is on some ground involving a question of law alone, but, in that case and on an application for leave to appeal and on any proceedings preliminary or incidental to an appeal, shall not be entitled to be present, except where rules of court provide that he shall have the right to be present, or where the court gives him leave to be present.

Bei der Urteilsverkündung ist die Gegenwart des Appellanten nicht notwendig.

(2) The power of the court to pass any sentence under this Act may be exercised notwithstanding that the appellant is for any reason not present.

Der Direktor der öffentlichen Verfolgungen vertritt die Krone in der Verteidigung des angegriffenen Urteils. (Recht der Akteneinsicht.)

12. It shall be the duty of the Director of Public Prosecutions to appear for the Crown on every appeal to the Court of Criminal Appeal under this Act, except so far as the solicitor of a Government department, or a private prosecutor in the case of a private prosecution, undertakes the defence the the appeal, and the Prosecution of Offences Act, 1879, shall apply as though the duty of the Director of Public Prosecutions under this section were a duty under section two of that Act, and provision shall be made by rules of court for the transmission to the Director of Public Prosecutions of all such documents, exhibits, and other things connected with the proceedings as he may require for the purpose of his duties under this section.

Keiner Partei werden Kosten vergütet.

13.— (1) On the hearing and determination of an appeal or any proceedings preliminary or incidental thereto under this Act no costs shall be allowed on either side.

(2) The expenses of any solicitor or counsel assigned to an appellant under this Act, and the expenses of any witnesses attending on the order of the court or examined in any proceedings incidental to the appeal, and of the appearance of an appellant on the hearing of his appeal or on any proceedings preliminary or incidental to the appeal, and all expenses of and incidental to any examination of witnesses conducted by any person appointed by the court for the purpose, or any reference of a question to a special commissioner appointed by the court, or of any person appointed as assessor to the court, shall be defrayed, up to an amount allowed by the court, but subject to any regulations as to rates and scales of payment made by the Secretary of State, in the same manner as the expenses of a prosecution in cases of felony.

Weitere Kostenvorschrift.

14.— (1) An appellant who is not admitted to bail shall, pending the determination of his appeal, be treated in such manner as may be directed by prison rules within the meaning of the Prison Act, 1898.

Haftentlassung auf Bürgschaft während der Berufung.

(2) The Court of Criminal Appeal may, if it seems fit, on the application of an appellant, admit the appellant to bail pending the determination of his appeal.

(3) The time during which an appellant, pending the determination of his appeal, is admitted to bail, and subject to any directions which the Court of Criminal Appeal may give to the contrary on any appeal, the time during which the appellant, if in custody, is specially treated as an appellant under this section, shall not count as part of any term of imprisonment or penal servitude under his sentence, and, in the case of an appeal under this Act, any imprisonment or penal servitude under the sentence of the appellant, whether it is the sentence passed by the court of trial or the sentence passed by the Court of

Anrechnung der Haftzeit des Appellanten.

Criminal Appeal, shall, subject to any directions which may be given by the Court as aforesaid, be deemed to be resumed or to begin to run, as the case requires, if the appellant is in custody, as from the day on which the appeal is determined, and, if he is not in custody, as from the day on which he is received into prison under the sentence.

(4) Where a case is stated under the Crown Cases Act, 1848, this section shall apply to the person in relation to whose conviction the case is stated as it applies to an appellant.

Behandlung des Appellanten im Gefängnis.

(5) Provision shall be made by prison rules within the meaning of the Prison Act, 1898, for the manner in which an appellant, when in custody, is to be brought to any place at which he is entitled to be present for the purposes of this Act, or to any place to which the Court of Criminal Appeal or any judge thereof may order him to be taken for the purpose of any proceedings of that court, and fo the manner in which he is to be kept in custody while absent from prison for the purpose; and an appellant whilst in custody in accordance with those rules shall be deemed to be in legal custody.

Der Registrar bereitet die Berufung schriftlich vor.

15.— (1) The registrar shall take all necessary steps for obtaining a hearing under this Act of any appeals or applications, notice of which is given to him under this Act, and shall obtain and lay before the court in proper form all documents, exhibits, and other things relating to the proceedings in the court before which the appellant or applicant was tried which appear necessary for the proper determination of the appeal or application.

Frivole Appelle können auf Antrag des Registrar vom Appellgericht summarisch zurückgewiesen werden.

(2) If it appears to the registrar that any notice of an appeal against a conviction purporting to be on a ground of appeal which involves a question of law alone does not show any substantial ground of appeal,

the registrar may refer the appeal to the court for summary determination, and, where the case is so referred, the court may, if they consider that the appeal is frivolous or vexatious, and can be determined without adjourning the same for a full hearing, dismiss the appeal summarily, without calling on any persons to attend the hearing or to appear for the Crown thereon.

Aufbewahrung der Beweisstücke beim Gericht.

(3) Any documents, exhibits, or other things connected with the proceedings on the trial of any person on indictment, who, if convicted, is entitled or may be authorised to appeal under this Act, shall be kept in the custody of the court of trial in accordance with rules of court made for the purpose, for such time as may be provided by the rules, and subject to such power as may be given by the rules for the conditional release of any such documents, exhibits, or things from that custody.

Der Registrar gibt Formulare und Anweisungen für die Einlegung desRechtsmittels aus.

(4) The registrar shall furnish the necessary forms and instructions in relation to notices of appeal or notices of application under this Act to any person who demands the same, and to officers of courts, governors of prisons, and such other officers or persons as he thinks fit, and the governor of a prison shall cause those forms and instructions to be placed at the disposal of prisoners desiring to appeal or to make any application under this Act, and shall cause any such notice given by a prisoner in his custody to be forwarded on behalf of the prisoner to the registrar.

(5) The registrar shall report to the court or some judge thereof any case in which it appears to him that, although no application has been made for the purpose, a solicitor and counsel or counsel only ought to be assigned to an appellant under the powers given to the Court by this Act.

In allen Fällen, in denen die Berufung zulässig ist, sollen stenographische Aufzeichnungen über das Verfahren der ersten Instanz gemacht und dem Registrar eingereicht werden.

16.— (1) Shorthand notes shall be taken of the proceedings at the trial of any person on indictment who, if convicted, is entitled or may be authorised to appeal under this Act, and on any appeal or application for leave to appeal a transcript of the notes or any part thereof shall be made if the registrar so directs, and furnished to the registrar for the use of the Court of Criminal Appeal or any judge thereof: Provided that a transcript shall be furnished to any party interested upon the payment of such charges as the Treasury may fix.

(2) The Secretary of State may also, if he thinks fit in any case, direct a transcript of the shorthand notes to be made and furnished to him for his use.

(3) The cost of taking any such shorthand notes, and of any transcript where a transcript is directed to be made by the registrar or by the Secretary of State, shall be defrayed, in accordance with scales of payment fixed for the time being by the Treasury, out of moneys provided by Parliament, and rules of court may make such provision as is necessary for securing the accuracy of the notes to be taken and for the verification of the transcript.

Die Erlaubnis zum Appell, die Ausdehnung der Rechtsmittelfrist, die Zuweisung rechtlicher Unterstützung, die Erlaubnis zum persönlichen Erscheinen und die Haftentlassung gegen Bürgschaft kann jeder einzelne Richter des Appellgerichts geben und versagen.

17. The powers of the Court of Criminal Appeal under this Act to give leave to appeal, to extend the time within which notice of appeal or of an application for leave to appeal may be given, to assign legal aid to an appellant, to allow the appellant to be present at any proceedings in cases where he is not entitled to be present without leave, and to admit an appellant to bail, may be exercised by any judge of the Court of Criminal Appeal in the same manner as they may be exercised by the Court, and subject to the same provisions; but, if the judge refuses an application on the part of the appellant to exercise any such power in his favour the appellant shall be entitled to have

Von der Versagung der Erlaubnis zum Appell durch einen

the application determined by the Court of Criminal Appeal as duly constituted for the hearing and determining of appeals under this Act.

Richter kann der Appellant sich an den Gerichtshof wenden.

18. — (1) Rules of court for the purposes of this Act shall be made, subject to the approval of the Lord Chancellor, and so far as the rules affect the governor or any other officer of a prison, or any officer having the custody of an appellant, subject to the approval also of the Secretary of State, by the Lord Chief Justice and the judges of the Court of Criminal Appeal, or any three of such judges, with the advice and assistance of the Committee herein-after mentioned. Rules so made may make provision with respect to any matter for which provision is to be made under this Act by rules of court, and may regulate generally the practice and procedure under this Act, and the officers of any court before whom an appellant has been convicted, and the governor or other officers of any prison or other officer having the custody of an appellant and any other officers or persons, shall comply with any requirements of those rules so far as they affect those officers or persons, and compliance with those rules may be enforced by order of the Court of Criminal Appeal.

Das Appellgericht erläßt seine eigenen Gerichtsregeln mit Genehmigung des Lordkanzlers und unter Assistenz einer Kommission, in der ein Unterstaatssekretär aus dem Home Office, der Oberstaatsanwalt, der Registrar, drei richterliche Beamte, ein Solicitor und ein Anwalt sitzen.

(2) The Committee herein-before referred to shall consist of a chairman of quarter sessions appointed by a Secretary of State, the Permanent Under Secretary of State for the time being for the Home Department, the Director of Public Prosecutions for the time being, the Registrar of the Court of Criminal Appeal, and a clerk of assize, and a clerk of the peace appointed by the Lord Chief Justice, and a solicitor appointed by the President of the Law Society for the time being, and a barrister appointed by the General Council of the Bar. The term of office of any person who is a member of the Committee by virtue of appointment shall be such as may be specified in the appointment.

Die Gerichtsregeln werden dem Parlament vorgelegt, und wenn ein Parlamentshaus binnen 30 Tagen ihre Aufhebung beim König beantragt, so kann er in seinem Rat die Regel annullieren.

(3) Every rule under this Act shall be laid before each House of Parliament forthwith, and, if an address is presented to His Majesty by either House of Parliament within the next subsequent thirty days on which the House has sat next after any such rule is laid before it, praying that the rule may be annulled, His Majesty in Council may annul the rule, and it shall thenceforth be void, but without prejudice to the validity of anything previously done thereunder.

Supplemental.

Das Gnadenrecht des Staatssekretärs des Innern bleibt unberührt.

19. Nothing in this Act shall affect the prerogative of mercy, but the Secretary of State on the consideration of any petition for the exercise of His Majesty's mercy, having reference to the conviction of a person on indictment or to the sentence (other than sentence of death) passed on a person so convicted, may, if he thinks fit, at any time either —

Doch kann er Gnadengesuche dem Appellgericht zu regelrechter Berufungsverhandlung überweisen

(*a*) refer the whole case to the Court of Criminal Appeal, and the case shall then be heard and determined by the Court of Criminal Appeal as in the case of an appeal by a person convicted; or

und über einzelne Fragen eines Gnadengesuchs das Gutachten des Appellgerichts einholen.

(*b*) if he desires the assistance of the Court of Criminal Appeal on any point arising in the case with a view to the determination of the petition, refer that point to the Court of Criminal Appeal for their opinion thereon, and the Court shall consider the point so referred and furnish the Secretary of State with their opinion thereon accordingly.

Die bisherige Nichtigkeitsbeschwerde wird aufgehoben.

20. — (1) Writs of error, and the powers and practice now existing in the High Court in respect of motions for new trials or the granting thereof in criminal cases, are hereby abolished.

(2) This Act shall apply in the case of convictions on criminal informations and coroners' inquisitions and in cases where a person is dealt with by a court of quarter sessions as an incorrigible rogue under the Vagrancy Act, 1824, as it applies in the case of convictions on indictments, but shall not apply in the case of convictions on indictments or inquisitions charging any peer or peeress, or other person claiming the privilege of peerage, with any offence not now lawfully triable by a court of assize.

Sondervorschriften über den Geltungsbereich des Gesetzes. Exemtion der Peers.

(3) Notwithstanding anything in any other Act, an appeal shall lie from a conviction on indictment at common law in relation to the non-repair or obstruction of any highway, public bridge, or navigable river in whatever court the indictment is tried, in all respects as though the conviction were a verdict in a civil action tried at assizes, and shall not lie under this Act.

(4) All jurisdiction and authority under the Crown Cases Act, 1848, in relation to questions of law arising in criminal trials which is transferred to the judges of the High Court by section forty-seven of the Supreme Court of Judicature Act, 1873, shall be vested in the Court of Criminal Appeal under this Act, and in any case where a person convicted appeals under this Act against his conviction on any ground of appeal which involves a question of law alone, the Court of Criminal appeal may, if they think fit, decide that the procedure under the Crown Cases Act, 1848, as to the statement of a case should be followed, and require a case to be stated accordingly under that Act in the same manner as if a question of law had been reserved.

21. In this Act, unless the context otherwise requires, —

Legaldefinitionen der Ausdrücke „appellant" und „sentence“ (vgl. bes. artt. 5, 10, 11, 14 und 17, und artt. 3^{c}, 4^{3}, $5^{2\ u.\ 3}$, 7^{2} u. 11^{2}).

The expression "appellant" includes a person who has been convicted and desires to appeal under this Act; and

The expression "sentence" includes any order of the court made on conviction with reference to the person convicted or his wife or children, and any recommendation of the court as to the making of an expulsion order in the case of a person convicted, and the power of the Court of Criminal Appeal to pass a sentence includes a power to make any such order of the Court or recommendation, and a recommendation so made by the Court of Criminal Appeal shall have the same effect for the purposes of section three of the Aliens Act, 1905, as the certificate and recommendation of the convicting Court.

22. The Acts specified in the schedule to this Act are hereby repealed to the extent mentioned in the third column of that schedule.

Zitierweise.

23. — (1) This Act may be cited as the Criminal Appeal Act, 1907.

Herrschaft des Gesetzes nach Ort und Zeit.

(2) This Act shall not extend to Scotland or Ireland.

Übergangsvorschrift.

(3) This Act shall apply to all persons convicted after the eighteenth day of April nineteen hundred and eight, but shall not affect the rights, as respects appeal, of any persons convicted on or before that date.

SCHEDULE.

Verzeichnis der aufgehobenen älteren Gesetze.

Enactments Repealed.

Session and Chapter.	Short Title.	Extent of Repeal.
7 & 8 Will. 3. c. 3.	The Treason Act, 1695	In section nine, from "but neverthelesse" to the end of the section.
11 & 12 Vict. c. 78.	The Crown Cases Act, 1848.	Sections three and five.
38 & 39 Vict. c. 77.	The Supreme Court of Judicature Act, 1875.	In section nineteen, the words "including the "practice and proce-"dure with respect to "Crown cases reser-"ved."
44 & 45 Vict. c. 68.	The Supreme Court of Judicature Act, 1881.	Section fifteen.

Probation of Offenders Act, 1907.

[7 Edw. 7. Ch. 17.]

CHAPTER 17.

An Act to permit the Release on Probation of Offenders in certain cases, and for other matters incidental thereto. (21st August 1907.)

Be it enacted by the King's most Excellent Majesty, by and with the advice and consent of the Lords Spiritual and Temporal, and Commons, in this present Parliament assembled, and by the authority of the same, as follows: —

Befugnis eines Gerichts summarischer Jurisdiktion (vgl. sect. 3[3]), wenn eine Anklage erwiesen, die Verhängung einer Strafe aber wegen Geringfügigkeit des Delikts, mildernder Umstände, oder in Rücksicht auf Charakter, Vorleben, Alter, Gesundheit, Geisteszustand des Delinquenten untunlich ist, oder aus denselben Gründen die bedingte Entlassung tunlich erscheint:

1. — (1) Where any person is charged before a court of summary jurisdiction with an offence punishable by such court, and the court thinks that the charge is proved, but is of opinion that, having regard to the character, antecedents, age, health, or mental condition of the person charged, or to the trivial nature of the offence, or to the extenuating circumstances under which the offence was committed, it is inexpedient to inflict any punishment or any other than a nominal punishment, or that it is expedient to release the offender on probation, the court may, without proceeding to conviction, make an order either —

(i) dismissing the information or charge; or

(ii) discharging the offender conditionally on his entering into a recognizance, with or without sureties, to be of good behaviour and to appear for conviction and sentence when called on at any time during such period, not exceeding three years, as may be specified in the order.

1. Abweisung der Anklage;
2. bedingte Entlassung, auf Versprechen guten Verhaltens, mit oder ohne Bürgen, und mit Verpflichtung, während einer vom Gericht bestimmten, drei Jahre nicht übersteigenden Zeit sich zu stellen.

(2) Where any person has been convicted on indictment of any offence punishable with imprisonment, and the court is of opinion that, having regard to the character, antecedents, age, health, or mental condition of the person charged, or to the trivial nature of the offence, or to the extenuating circumstances under which the offence was committed, it is inexpedient to inflict any punishment or any other than a nominal punishment, or that it is expedient to release the offender on probation, the court may, in lieu of imposing a sentence of imprisonment, make an order discharging the offender conditionally on his entering into a recognizance, with or without sureties, to be of good behaviour and to appear for sentence when called on at any time during such period, not exceeding three years, as may be specified in the order.

Befugnis des Gerichts, wenn ein Delinquent wegen eines mit Gefängnis bedrohten Delikts verurteilt ist und die oben erwähnten Umstände vorliegen:

bedingte Entlassung wie oben.

(3) The court may, in addition to any such order, order the offender to pay such damages for injury or compensation for loss (not exceeding in the case of a court of summary jurisdiction ten pounds, or, if a higher limit is fixed by any enactment relating to the offence, that higher limit) and to pay such costs of the proceedings as the court thinks reasonable, and, if the offender is under the age of sixteen years, and it appears to the court that the parent or guardian of the offender has conduced to the commission of the offence, the court may under and in accordance with the Youthful Offenders Act, 1901, order payment of such damages and costs by such parent or guardian.

Neben der bedingten Entlassung oder Abweisung der Anklage kann der Delinquent zum Schadenersatz und zu Kosten verurteilt werden (ebenso seine Eltern oder Vormünder).

Die bedingte Entlassung oder Abweisung nach diesem Gesetz gilt, soweit die Rückerstattung gestohlenen Gutes in Frage kommt, als Verurteilung.

(4) Where an order under this section is made by a court of summary jurisdiction, the order shall, for the purpose of revesting or restoring stolen property, and of enabling the court to make orders as to the restitution or delivery of property to the owner and as to the payment of money upon or in connexion with such restitution or delivery, have the like effect as a conviction.

Das Versprechen guten Verhaltens kann nach Anordnung des Gerichts auf die Bedingung angenommen werden, daß der Entlassene unter Aufsicht eines im Entlassungsbefehl genannten Beamten gestellt wird.

2. — (1) A recognizance ordered to be entered into under this Act shall, if the court so order, contain a condition that the offender be under the supervision of such person as may be named in the order during the period specified in the order and such other conditions for securing such supervision as may be specified in the order, and an order requiring the insertion of such conditions as aforesaid in the recognizance is in this Act referred to as a probation order.

Weitere zulässige Sonderbedingungen des Entlassungsbefehls:

(2) A recognizance under this Act may contain such additional conditions as the court may, having regard to the particular circumstances of the case, order to be inserted therein with respect to all or any of the following matters: —

Umgang mit verdächtigen Personen, Verkehr an verdächtigen Orten.

(*a*) for prohibiting the offender from associating with thieves and other undesirable persons, or from frequenting undesirable places;

Enthaltsamkeit von berauschenden Getränken.

(*b*) as to abstention from intoxicating liquor, where the offence was drunkenness or an offence committed under the influence of drink;

Ehrliches, fleißiges Leben.

(*c*) generally for securing that the offender should lead an honest and industrious life.

Schriftliche Instruktion an den Entlassenen.

(2) The court by which a probation order is made shall furnish to the offender a notice in writing stating in simple terms the conditions he is required to observe.

Ernennung des Aufsichtsbeamten (beiderlei Geschlechts). Er steht unter den

3. — (1) There may be appointed as probation officer or officers for a petty sessional division such person or persons of either sex as the authority having power to appoint a clerk to the justices of that division may determine, and a probation officer when acting under a probation order shall be subject to the control of petty sessional courts for the division for which he is so appointed.

Petty sessional Court; eine Petty sessional division ist sein Distrikt. (Vgl. sect. 3 n. 7.)

(2) There shall be appointed, where circumstances permit, special probation officers, to be called children's probation officers, who shall, in the absence of any reasons to the contrary, be named in a probation order made in the case of an offender under the age of sixteen.

Besondere Beamte für Jugendliche (unter 16 Jahren).

(3) The person named in any probation order shall, —

Regelmäßig soll der im Entlassungsbefehl genannte Aufsichtsbeamte ein für den Distrikt ernannter Beamter sein.

(*a*) where the court making the order is a court of summary jurisdiction, be selected from amongst the probation officers for the petty sessional division in or for which the court acts; or

(*b*) where the court making the order is a court of assize or a court of quarter sessions, be selected from amongst the probation officers for the petty sessional division from which the person charged was committed for trial:

Provided that the person so named may, if the court considers it expedient on account of the place of residence of the offender, or for any other special reason, be a probation officer for some other petty sessional division, and may, if the court considers that the special circumstances of the case render it desirable, be a person who has not been appointed to be probation officer for any petty sessional division.

Doch kann auch ein Beamter eines anderen Distrikts oder eine Person, die nicht zum Aufsichtsbeamten ernannt ist, bestimmt werden.

(4) A probation officer appointed for a petty sessional division may be paid such salary as the authority having the control of the fund out of which the salary of the clerk to the justices of that petty sessional division is paid may determine, and if not so paid by salary may receive such remuneration for

Gehalt des Beamten.

acting under a probation order as the court making the order thinks fit, not exceeding such remuneration as may be allowed by the regulations of such authority as aforesaid, and may in either case be paid such out-of-pocket expenses as may be allowed under such regulations as aforesaid, and the salary or remuneration and expenses shall be paid by that authority out of the said funds.

Löhnung und Entschädigung einer Aufsichtsperson, die nicht Beamter ist. (Vgl. oben sect. 3 n. 3 Abs. 2.)

(5) A person named in a probation order not being a probation officer for a petty sessional division may be paid such remuneration and out-of-pocket expenses out of such fund as the court making the probation order may direct, not exceeding such as may be allowed under the regulations of the authority having control of the fund out of which the remuneration is directed to be paid.

Beendigung des Aufseheramts.

(6) The person named in a probation order may at any time be relieved of his duties, and in any such case or in case of the death of the person so named, another person may be substituted by the court before which the offender is bound by his recognizance to appear for conviction or sentence, or, if he be a probation officer for a petty sessional division, by a court to whose control that officer is subject.

Zuständigkeitsnorm für London. (Vgl. sect. 3 n. 1.)

(7) In the application of this Act to the City of London and the metropolitan police court district, the city and each division of that district shall be deemed to be a petty sessional division.

Pflichten des Aufsehers:

4. It shall be the duty of a probation officer, subject to the directions of the court —

a) regelmäßige Besuche des Entlassenen oder Einholung von Berichten über ihn;

(*a*) to visit or receive reports from the person under supervision at such reasonable intervals as may be specified in the probation order or, subject thereto, as the probation officer may think fit;

(*b*) to see that he observes the conditions of his recognizance;

(*c*) to report to the court as to his behaviour;

(*d*) to advise, assist, and befriend him, and, when necessary, to endeavour to find him suitable employment.

b) Aufsicht über die Erfüllung der Entlassungsbedingungen; c) Berichte an das Gericht; d) Gewährung von Rat und Hilfe, besonders zur Erlangung passender Stelle.

Änderung der Entlassungsbedingungen. Rückgabe des Versprechens und Aufhebung der Aufsicht bei guter Führung.

5. The court before which any person is bound by his recognizance under this Act to appear for conviction or sentence may, upon the application of the probation officer, and after notice to the offender, vary the conditions of the recognizance and may, on being satisfied that the conduct of that person has been such as to make it unnecessary that he should remain longer under supervision, discharge the recognizance.

Maßregeln des Gerichts, wenn der Entlassene gegen die Bedingungen verstößt: Haftbefehl und Ladung zum Erscheinen an ihn und seine Bürgen.

6. — (1) If the court before which an offender is bound by his recognisance under this Act to appear for conviction or sentence, or any court of summary jurisdiction, is satisfied by information on oath that the offender has failed to observe any of the conditions of his recognizance, it may issue a warrant for his apprehension, or may, if it thinks fit, instead of issuing a warrant in the first instance, issue a summons to the offender and his sureties (if any) requiring him or them to attend at such court and at such time as may be specified in the summons.

Zuständigkeit des Entlassungsgerichts oder eines Gerichts mit summarischer Jurisdiktion, letzteres jedoch nur vorläufig (3 und 4).

(2) The offender, when apprehended, shall, if not brought forthwith before the court before which he is bound by his recognizance to appear for conviction or sentence, be brought before a court of summary jurisdiction.

(3) The court before which an offender on apprehension is brought, or before which he appears in pursuance of such sommons as aforesaid, may, if it is not the court before which he is bound by his recogni-

zance to appear for conviction or sentence, remand him to custody or on bail until he can be brought before the last-mentioned court.

(4) An offender so remanded to custody may be committed during remand to any prison to which the court having power to convict or sentence him has power to commit prisoners. In the case of a child or young person under the age of sixteen, he shall, if remanded, be dealt with wherever practicable in accordance with the provisions of section four, subsection one, of the Youthful Offenders Act, 1901.

Das Entlassungsgericht kann den Delinquenten, der gegen die Bedingungen verstoßen hat, ohne weiteres wegen des ursprünglichen Delikts verurteilen bzw. in eine Zwangserziehungsanstalt verweisen.

(5) A court before which a person is bound by his recognizance to appear for conviction and sentence, on being satisfied that he has failed to observe any condition of his recognizance, may forthwith, without further proof of his guilt, convict and sentence him for the original offence or, if the case was one in which the court in the first instance might, under section fifteen of the Industrial Schools Act, 1866, have ordered the offender to be sent to a certified industrial school, and the offender is still apparently under the age of twelve years, make such an order.

Der Staatssekretär erläßt die Ausführungsbestimmungen.

7. The Secretary of State may make rules for carrying this Act into effect, and in particular for prescribing such matters incidental to the appointment, resignation, and removal of probation officers, and the performance of their duties, and the reports to be made by them, as may appear necessary.

Anwendung in Schottland; besondere Vorschriften dafür wegen der verschiedenen Gerichtsorganisation und Rechtssprache.

8. This Act shall apply to Scotland, subject to the following modifications: —

(1) There may be appointed as probation officers for a district being a royal, parliamentary, or police burgh, or a county outwith the police boundaries of any such burgh, such persons as the burgh magistrates may determine for the burgh and the sheriff for the county; and

a probation officer when acting under a probation order shall be subject to the control of the burgh police court or sheriff court, as the case may be:

(2) The immediately preceding subsection shall be substituted for subsection one of section three of this Act, and references in this Act to a petty sessional division shall be construed as references to a district:

(3) The expression "court of summary jurisdiction" where occurring in section three of this Act shall include the sheriff sitting with a jury:

(4) "Bond" shall be substituted for "recognizance," the "Secretary for Scotland" shall be substituted for "the Secretary of State," and "the High Court of Justiciary" shall be substituted for "a court of assize or a court of quarter sessions":

(5) The authority having power to regulate the remuneration of probation officers shall be the town council in a burgh and the county council in a county, and such remuneration shall be paid out of the burgh general or police assessment or the county general assessment, as the case may be.

9. In the application of this Act to Ireland "Lord Lieutenant" shall be substituted for "Secretary for State", and each division of the police district of Dublin metropolis shall be deemed to be a petty sessional division. Anwendung in Irland.

10.— (1) This Act may be cited as the Probation of Offenders Act, 1907. Zitierweise.

(2) The enactments mentioned in the schedule to this Act shall be repealed to the extent specified in the third column of that schedule. Schedule.

Tag des Inkrafttretens.

(3) This Act shall come into operation on the first day of January one thousand nine hundred and eight.

Verzeichnis der aufgehobenen Gesetze und Gesetzesvorschriften.

SCHEDULE.

Enactments Repealed.

Session and Chapter.	Short Title.	Extent of Repeal.
42 & 43 Vict. c. 49.	The Summary Jurisdiction Act, 1879.	Section sixteen.
50 & 51 Vict. c. 25.	The Probation of First Offenders Act, 1887.	The whole Act.
1 Edw. 7. c. 20.	The Youthful Offenders Act, 1901.	Section twelve.

Addenda.

Zu Seite 6: Gladstone hat auf einem Bankett eine große Gefängnisreform für den nächsten Sommer angekündigt, die vermutlich als *non-party*-Maßregel leicht durchgehen wird; Grundzüge sind: völlige Trennung der Jugendlichen von den älteren Gefangenen, Ausbau des Borstal-Systems, längere Freiheitsstrafen, die das Durchmachen ordentlicher Handwerkskurse möglich machen; für Unverbesserliche Strafkolonien, in denen sie nach Verbüßung der eigentlichen Strafe unter Aufsicht bleiben und arbeiten müssen.

Zu Seite 17: Edalji ist durch Verfügung des *Master of the Rolls* am 25. November wieder in die Liste der Solicitors eingetragen und dadurch endgültig rehabilitiert worden.

Zu Seite 167 Anm. 92: Daß die Menschen, also auch die Richter, gegen kleine Vermögensdelikte schärfer reagieren als gegen die schlimmsten Roheitsverbrechen, ist eine alte Klage. Machiavelli sagt im Principe, cap. XVII: Quando pure gli bisognasse procedere contro al sangue di alcuno, farlo quando vi sia giustificazione conveniente e causa manifesta; ma sopratutto astenersi dalla roba d'altri, perchi gli uomini sdimenticano più presto la morte del padre che la perdita del patrimonio. — In Byrons *Don Juan* (Canto X stanza LXXIX; Murray Edition, Poetry vol. VI p. 424) kommt die Klage wieder:

Alas! how deeply painful is all payment!
Take lives — take wives — take aught except mens purses:
As Machiavel shows those in purple raiment,
Such is the shortest way to general curses.
They hate a murderer much less than a claimant
On that sweet ore which everybody nurses. —
Kill a man's family and he may brook it,
But keep your hands out of his breeches pocket.

Im Neujahrsgedicht des Punch "*To Justice*" vom 2. Januar 1892 kommt wieder unter den Sünden der Justiz das Mißverhältnis der Strafen zuerst:

Easy let-off for a bogus "promoter"
Helping the ruin of hundreds for gain;
Six months for stealing a turnip or "bloater",
Ditto for bashing a wife on the brain...

Personenregister.

(Parlamentarier, Kronbeamte, Geistliche, Richter, Magistratspersonen, Anwälte; Parteinamen sind nicht angeführt. (P) bedeutet Polizeirichter; A mit kleiner Zahl bedeutet Anmerkung.)

Sachregister.

Druck von Georg Reimer in Berlin.

FSC
www.fsc.org
MIX
Papier | Fördert
gute Waldnutzung
FSC® C083411

Kolibri 360 GmbH
Ferdinand-Jühlke-Straße 7
99095 Erfurt, Deutschland
produktsicherheit@kolibri360.de